중년
연습

Midlife Tune-Up: Six Simple Steps
Copyright © 2006 by Tim Burns

중년 연습

Midlife Tune-Up

팀 번즈 지음 | 정미현 옮김

베이직북스

담장 너머를 향해 있는 힘껏 공을 쳐라. 그러면 베이스를 하나씩 밟으며 돌 수 있는 시간이 생길 것이다.

- 존 W. 레이퍼

모든 자기계발 프로그램에서 가장 어려운 부분은 일관성을 유지하는 것이다. 나는 여태껏 여러 프로그램을 실행해본 경험이 있는데 나의 모든 목표마다 형형색색 형광펜을 그어가며 공들인 프로그램도 있고 아주 간단하게 마친 프로그램도 있다. 내가 느낀 바로는 간단한 프로그램이 가장 효과적이다. 이 부분에 대해서는 Part 2의 계획 파트에서 충분히 살펴볼 것이다.

이 책에서 소개하는 중년 연습 프로그램을 성공적으로 실행하기 위해서는 장기적인 목적을 우선순위로 두고 구체적인 목표와 활동으로 세분화한 다음 그 활동을 일정에 따라 실행하면 된다. 절대 어려운 것은 아니지만 궤도를 유지하기가 만만치는 않다. 다시 돌아가고 싶은 마음이 굴뚝같을지도 모른다. 사실상 되돌아가라는 유혹의 목소리는 저항하지 못할 만큼 강렬하게 작용할 것이다. 여기저기서 밀려난다고 너무 놀랄 필요는 없다. 지극히 당연한 일이다.

성공적인 중년 연습의 첫 번째 비결은 적당한 목표 설정에 있다. 저기 가시권에 들어왔지만 지금 당장 손에 닿지 않는 목표를 세우되

시야에 들어오지 않는 것은 목표로 삼지 말아야 한다. 내가 접시 위에 너무 많은 것을 쌓아두고 목표를 너무 하늘 높이 세웠을 때 어떤 결과가 나왔는지를 보고 깨달은 점이다. 나는 도무지 앞으로 나아갈 수가 없었다. 일이 진전되지 않았다. 내가 세운 목표들이 비현실적이기도 했고 집중도 되지 않았다.

두 번째 비결은 자신이 무언가 제대로 일을 해냈을 때 스스로에게 보상하는 법을 터득하는 것이다. 이 방법은 좋은 행동을 강화하는 긍정적 기능을 한다.

세 번째 비결은 자신의 장기적 목표를 주기적으로 점검하는 것이다. 매월, 또는 매분기별로 자신이 지금 어디쯤 와 있는지 확인한 뒤 계획을 더 세우면 된다.

마지막으로, 해야 할 일 목록 대신 하지 말아야 할 일 목록을 만드는 게 최선일 때가 있다. 별로 가치도 없이 시간만 잡아먹는 활동을 줄임으로써 좋은 상태를 구축해 집중력을 유지할 필요가 있다. 쓸모없는 일들은 활력을 약화시킬 뿐 아니라 시간을 야금야금 좀먹을 뿐이다.

이 책은 3개의 파트로 구성되어 있다.

Part 1에서는 이 시대 중년남자들이 처해 있는 경제적, 사회적, 정서적 현실을 조명해 본다. 누구나 알다시피 현대의 중년은 이제까지의 그 어느 시대와도 다른 특수한 상황에 처해 있다. 지금까지 어느 시대의 중년도 지금처럼 힘들고 어렵고 막막한 처지였던 적은 없었다. 그런 의미에서 현대를 살아가는 대부분의 중년남자들이 겪고 있는 어려운 상황을 함께 공감하고 극복하려는 노력이 더욱 필요한 시점이다.

Part 2에서는 성공한 사람들이 공통적으로 갖추고 있다는 성공의 6가지 요소를 다룬다. 열정, 목적, 힘, 계획, 관점, 인내, 이 6가지 성공요소를 잘 단련해서 조화롭게 내면화하는 것이 핵심이다.

Part 3에서는 6가지 성공요소를 인생에서 가장 중요한 7개 영역(정서, 경제, 직업, 관계, 건강, 지성, 영성)에 적용하여 튜닝하는 과정을 체계적으로 실천하는 방법을 제공한다.

젊은 시절로 돌아가서 세상을 다시 살 수는 없다. 그러나 이제까지 멋모르고 인생의 반을 살았다면 이제 앞으로 남은 인생의 반은 스스로 설정하고 기획할 수 있어야 한다.

"일단 시작하라. 그렇게 배짱을 부리면 비범한 재능과 힘, 마법이 생긴다."라고 괴테는 말했다. 괴테니까 그런 말을 할 수 있는 거라고 속단하지 말자. 물론 괴테는 우리와 다른 사람이다. 아마도 그는 세상 인류의 0.001%의 천재 그룹에 속하는 사람일 것이다. 그런 그가 우리처럼 평범한 사람은 결코 도달할 수 없는 우주의 비밀을 전해준 것이다. 일단 시작해보자.

모든 중년남자들이 질적, 양적으로 삶의 폭을 확장시키고 더 행복하고 더 만족스러운 삶을 즐길 수 있기를 바라며 이 책이 혹독한 시절을 살아가는 이 시대 중년남자의 인생 튜닝에 확실한 지침서 역할을 할 수 있기를 바란다.

2013년 1월

팀 번즈

차례

머리말 4

PART 1

진짜 인생은
지금부터 시작이다:
위기의 중년

1 중년기를 깨우는 소리 12
내게 찾아온 격통 13
중년기에 꼭 필요한 인생 튜닝 29

2 중년의 도전과 기회 38
중년이란? 39
중년의 도전 41
중년의 기회 46
평가 과제 51

PART 2

행복은
생각보다 멀지 않다:
성공의 6가지 요소

1 열정 54
열정 회복하기 55
건강한 열정 vs. 해로운 열정 62
내면의 중심에서 샘솟는 열정 66

2 목적 70
목적은 비전이다 71
자신의 목적에 전념하라 75
감히 꿈꾸어라 78

3 힘 80
개인적 힘 키우기 81
두려움 극복하기 90

4 계획 102
효과적인 계획 수립 103
질서정연한 인생 108
점증적인 목표 설정 110

5 관점 114
관점이 태도를 결정한다 115
허리케인 카트리나: 관점에 대한 교훈 123
세상만사 다 이유가 있는 법 136
주의 집중 139

6 인내력 142
인내란 열매 143

PART 3

인생이란
만들어가는 것이다:
중년 연습의 핵심영역

1 정서적 튜닝 148
감정적 응어리가 열정을 방해한다 154
정서적 안정을 목적으로 삼기 162
스스로에게 정서적인 힘 충전하기 178
정서적 튜닝 계획 181
건강한 정서적 관점 유지하기 183
인내심을 갖고 정서적 튜닝에 임하기 187

2 경제적 튜닝 188
성공 의식이 열정을 전해준다 189
경제적 자립을 목적으로 삼기 194
경제적인 힘 충전하기 197
재정 계획 수립 207
장기적 관점으로 투자하기 212
재정 관련 인내력 213

3 직업 튜닝 214
자기 직업에 열정 갖기 215
자기만의 고유한 직업 목적 알아내기 221
자기 직업에 힘 충전하기 231
직업 계획 세우기 237
직업적 관점 유지하기 242
직업적 성공을 위한 인내심 244

4 관계 튜닝 246

    열정에 불 지피기 256
    우리의 목적은 멋진 관계 유지 261
    관계에 힘 충전하기 264
    관계 향상을 위한 계획 수립 267
    오랜 기간의 관계에 대한 관점 271
    관계와 인내력 272

5 신체적 튜닝 274

    신체적 튜닝이 열정을 만든다 275
    건강한 생활습관을 목적으로 삼기 277
    적절한 영양 공급과 운동으로 힘 충전하기 279
    신체적 튜닝 계획 281
    신체적 튜닝의 관점 유지 285
    신체적 건강과 인내력 287

6 지적 튜닝 288

    배움의 열정 키우기 289
    목적은 평생학습 290
    배움의 힘 291
    평생학습 계획 세우기 293
    학습의 관점 유지하기 294
    배움과 인내력 295

7 영성 튜닝 296

    규칙적 영성 훈련을 위한 열정 키우기 297
    영적인 면의 목적은 절대자와의 교제 303
    일상적인 영성 수련으로 힘 충전하기 305
    일상적인 영성 훈련 계획 309
    일상적인 영성 훈련이 올바른 관점을 갖게 한다 315
    영적 인내력 317

후기 318

*본문의 모든 주는 옮긴이의 주입니다.

진짜 인생은 지금부터 시작이다
─위기의 중년

1

중년기를 깨우는 소리

역경은 진리에 이르는 첫 번째 길이다.
— 조지 고든 바이런 경, 《돈 주안Don Juan》

인생은 40부터.
— 무명씨

수많은 사람들이 고요한 절망 속에 살아간다.
— 헨리 데이비드 소로우, 《월든Walden》

내게 찾아온 격통

　　　　　… 중년의 격통은 거의 예상치 못한 순간에 우리를 강타한다. 그 순간 갑작스러운 슬픔과 후회, 열망이 폐부를 관통하게 된다. 이 극심한 고통이 불시에 나에게 닥친 순간은 툴레인대학교 A. B. 프리먼 경영대학에서 기업가 정신 클래스 마지막 수업을 진행하던 때였다. 그 수업은 학생들이 각자의 사업계획 프로젝트를 발표하는 시간이었다.

　파릇파릇한 학생들이 인터넷 메일박스에서 파워포인트 파일을 수월하게 다운로드한 다음 붙박이식 LCD 화면에 띄워 발표하는 사이, 내 교수 과정의 주무기 내지 동반자 같았던 칠판은 애처로울 만큼 어색해 보였다. 한 학생이 발표하는 '젊은' 고객을 대상으로 한 엔터테인먼트 서비스 관련 사업계획 중에는 뉴올리언스의 20~35세 사이의 고객을 상정한 최신 유행의 바와 레스토랑이 있었다. 애석하게도 나는 주 고객층 나이보다 이미 열 살이나 많은 사람이었다. 학생들의

뛰어난 발표 수업에 집중하려고 안간힘을 썼지만 내 마음은 이미 갈
곳을 잃고 헤매는 중이었다.

얼마 전까지만 해도 나는 학생들을 가르치는 일이 늘 즐거웠다.
꽤 오랫동안 대개 나보다 나이 많은 성인들을 가르쳤었는데, 모교로
돌아와 처음으로 대학생들을 가르치던 그 순간이 내겐 크나큰 충격
으로 다가왔다. 툴레인대학교는 내가 오래 전부터 기억하던 그 느낌
을 여전히 간직하고 있었지만, 캠퍼스 곳곳에는 수많은 신축 건물들
이 들어서 있었다. 현재 경영대학으로 쓰이는 위풍당당한 신축 건물
도 그 중 하나였다.

나는 삐삐, 휴대폰, 노트북, 팜파일럿(PDA), 심지어 팩스도 상용화
되기 이전에 학교를 졸업했다. 유일하게 사용해본 컴퓨터라고는 대
학교 전체를 관할하는 중앙 집중식 컴퓨터뿐이었다. 내가 대학을 졸
업한 이후부터 지금까지 대체 그 사이에 무슨 일이 벌어졌던 것일
까? 근 20년 넘는 세월이 나도 모르는 새 조금씩 흘러가버렸다. 오래
전 일이 마치 어제처럼 느껴졌다.

나는 묵직한 배낭을 짊어지고 늘 뛰어다니던 학생이었다. 녹음이
우거진 툴레인 캠퍼스를 헐레벌떡 내달려 강의실에 도착해 낡은 교
실 뒤편에 놓인 목재 책상 하나를 찾아 소심하게 기어들어가 앉곤 했
다. 이미 수업이 시작된 후였던 날이 태반이었다. 그 당시에는 내 인
생이며 커리어 모두 나를 훨씬 앞질러간 아득한 먼 미래의 일인 것
같았다. 그런데 지금 내 눈앞에 보이는 학생들은 층층으로 된 원형
강의실의 편안한 회전의자에 앉아 당당하고 자신감 넘치는 모습을
한껏 빛내고 있다. 대학 강의실이라기보다는 마치 회사 컨퍼런스 센

터의 정경 같았다. 나는 내가 학생들에게 점수를 주는 것이 아니라 오히려 학생들이 나를 평가한다는 느낌을 종종 받았다.

이런 저런 생각에 빠져 있는 사이 발표 수업은 계속 진행되었다. 한 학생이 대차대조표를 포함한 사업 재무 예측에 대해 발표하고 있었다. 나는 그 발표를 들으면서 나 자신의 대차대조표에 대해 생각해보았다. 당시 나는 아내는커녕 진지한 사랑에 대한 관심조차 없었고, 맡은 일은 무력하게 어영부영 흘려보내고 있었다. 게다가 나의 순자산은 닷컴 불황 때문에 만신창이가 되었더랬다. 그전에는 어떠했던가? 나도 한때는 툴레인대학교 강의실 뒤쪽에 앉아 주기적으로 경솔한 논평을 일삼으며 괜히 젠체하던 학생이었다. 그러나 최근에는 으쓱댄 적도 없고 우쭐한 기분을 느낀 적도 전혀 없었다. 차라리 철저히 무력하고 비참한 기분을 느끼는 쪽이었다.

이 생각 저 생각에 떠다니다 문득 마음 한 구석이 찔렸다. 내가 학생들에게 공정하지 못한 선생인 것 같아 뜨끔했다. 학생들이 발표를 위해 나름대로 만반의 준비를 해왔으니까 나는 그 내용에 완전히 집중함으로써 그들에게 보상해야 할 의무가 있었다. 나는 우울한 생각을 있는 힘껏 옆으로 밀어낸 다음 학생들의 발표에 집중했다. 더 이상 상념에 빠져 헤매지 않고 수업을 마칠 수 있어서 다행이었다.

수업이 끝났는데 몇몇 학생들이 강의실을 떠나지 않고 내 수업이 좋았다느니 하는 말을 수줍게 건네기도 하면서 꾸물거렸다. 그 학생들이 건네는 강의 평가 중 일부는 진심으로 들리기도 했다. 그들의 대학 성적 증명서 한 장과 그들 인생의 한 조각이 내 손에 달려있던 셈이다. 하지만 내 눈앞의 학생들은 자기 힘과 능력을 그네들 손에 야무지게 그러쥔 채 자신의 창창한 앞날을 활짝 열어가고 있는 것처럼 보였다.

마지막 학생까지 전부 강의실을 빠져나간 후 나는 학생들이 앉아 있던 회전의자 하나를 골라 앉아 생각에 잠겼다. 학창 시절 나는 한창 이상주의에 빠져 있었다. 나는 저 창공마저 좁으니 어쩌니 하면서 온 세계를 활활 태워보리라는 원대한 야망을 품은 청년이었다. 그러나 이제 와서 내게 남은 것은 부서지고 다 타버린, 더 나을 수도 있었던 인생의 잔해뿐이었다. 인정하기는 싫지만 그게 사실이었다.

나는 툴레인에서 학부와 대학원 공부를 마쳤고 8년간 정신없는 시간을 보낸 후 학위 세 개를 거둬들였다. 유행처럼 너도 나도 따는 학위 MBA(경영학 석사)와 J.D.(Juris Doctor 법학박사), 그리고 이력서에 보기 좋은 장식을 좀 넣어주겠다는 심산으로 CPA 시험까지 통과했다. 인생 항로에 들어설 준비를 완벽히 마친 기분이 들었다.

한동안은 내 인생이 제대로 굴러가는 듯했다. 졸업과 동시에 뉴올리언스의 전통 있는 고급 로펌 기업에 가뿐히 슬라이딩해 들어가 안착했고 연봉도 최고 수준으로 받았다. 그런 다음 나는 로펌에서 보낸 3년이라는 시간을 다음번 내기에 판돈 걸 듯 투자했다. 포춘지 상위 500대 기업에서 훨씬 센 연봉을 받기 위한 투자였다. 내가 일하던 기업은 당시 뉴욕에서 뉴올리언스로 이전해 기업 법무부서를 강화하려고 상황을 예의주시하던 중이었다.

나는 무한한 열정으로 무장하고 새로운 업무에 돌입했다. 기업 내 고속승진 경로에서 유리한 위치를 선점하기까지 시간이 얼마 걸리지도 않았다. 나는 종횡무진 전 세계를 돌아다니며 아무나 하기 힘든 복잡하고 특별한 계약을 성사시키면서 동료들의 기를 죽였다. 나의 학력, 지성, 지구력 하나하나가 빠짐없이 요구되는 어려운 업무를 거뜬히 해내면서 겨우 서른 살이었는데도 이미 나는 고위 경영진의 주목을 받는 인재였다. 특별 거래 한 건을 성사시켜 회사의 최종 결산 결과에 수천만 달러를 보태기도 했다. 날이 갈수록 나에 대한 신망은 더욱 두터워졌다.

그러나 나는 너무 바빠서 중요한 사실을 간과하고 말았다. 일을 지나치게 많이 하고 있으며, 내 개인적 삶을 너무 등한시하고, 정신 없는 업무 스케줄 속에 모든 인간관계를 쑤셔 넣고 있다는 사실을 감지하지 못한 것이다. 내가 유일하게 신경 쓰는 일이라곤 '어떻게 하면 내 경력이 보다 더 굉장해질까?' 뿐이었다.

그러던 차에 내게 변화가 찾아왔다. 1980년대가 마감되고 1990년대가 시작되면서 다른 미국 기업들과 마찬가지로 우리 회사도 구조 조정에 착수했다. 고상하게 표현하자면 '개편' 과정이 시작된 것이다. 한동안 해고와 인사이동이 회사 지점이나 외곽 부서에서만 제한적으로 시행되었지만 그 광풍은 이내 회사 중심부로 들이닥쳤다. 나는 스스로를 동료들에 비해 생산적인 변호사로 자부했는데도 결국 뉴올리언스 기업 본부의 법무부에서 내쫓기는 신세가 되었다.

나는 배턴루지 주의회에 공석으로 남아 있던 정부 관련 부처에 배치되었는데, 아마도 법률 부서의 인원 감축을 방지하기 위한 조치였던 것 같다. 특히나 번거로운 개편 과정에서 살아남은 데 대해 고마워해야 했지만 나는 도무지 감사하는 마음이 들지 않았다. 내가 느끼는 한 나는 국제적 계약을 성사시키는 도전 정신 넘치는 무대, 내가 사랑해마지 않는 무대에서 부당하게 축출되어서 그간 쌓은 내 경력과 재능이 너무 아깝게도 로비 활동이나 하는 기업의 외딴 지점으로 망명을 간 불운아였다. 살아보고 싶다는 생각이 추호도 안 드는 도시에서, 함께 일하고 싶은 생각이라곤 전혀 안 드는 관리자와 일해야 하는 딱한 처지에 놓인 것이다.

다른 부서로 갈 수 없냐고 문의했지만, 빡빡한 경제 상황 속에서 마음 편히 정착할 만한 곳은 웬만해선 찾을 수가 없었다. 여차저차 새 부서에 둥지를 틀었고 나는 나름대로 최선을 다했다. 그 와중에 다행스러웠던 건, 동에 번쩍 서에 번쩍하며 일벌레로 살던 삶에 얼마간 빈틈이 생기자 그때까지 애처로이 무시당했던 내 인생의 수많은 문제들을 점검하고 다른 관심사를 돌아볼 시간이 생겼다는 점이다. 기업 본부에서는 일시 해고든 정리 해고든 사람들이 계속 퇴장 당하고 있었지만 왠지 안전해 보이던 회사 지점에서 근무하는 나로서는 본부의 살벌한 분위기를 감지하기란 쉽지 않았다.

그러다 청천벽력이 날아들었다. 회사에서 갑작스런 발표문이 나왔다. 회사 수익이 좋지 않다는 이유로 회사 인력 중 3분의 1을 정리하고 국내 자산 대부분을 털어낸다는 소식이었다. 내가 속한 주의회 근무처도 정리 대상에 포함돼 있었다. 일련의 새로운 정리해고 바람이 마치 시퍼런 칼날을 흔드는 추처럼 내 눈앞으로 다가오며 불길한 기운을 풍겨오자, 여태껏 안전하다 여기던 회사 지점에서 느껴온 안일함이 슬슬 사라졌다. 이전에는 그렇게나 싫어하던 지점 일에 죽자 사자 매달리기 시작했다. 필사적으로 다른 일자리를 찾으면서도 나는 현재 일이 마치 구명보트라도 된 양 있는 힘껏 매달렸다.

놀랍고도 섬뜩한 경험이었다. 나의 경력, 그동안의 성과, 학력이 미국 경제계에서 완전히 무시당하는 느낌이었다. 마음이 부대끼고 힘들었던 가장 큰 이유는 그 당시 다른 회사들 역시 직원들을 우수수 내보내고 있다는 사실이었다. 특히 법조계는 해당 분야 내에서 수평 이동하기가 하늘의 별 따기만큼 어려운 걸로 악명이 높았다. 나한테 딱 맞는다고 생각했던 대형 로펌은 자기들 입맛대로 주물럭거릴 수 있는 파릇파릇한 젊은 인력을 선호하는 경향이 있었고 새로운 사업을 갖고 들어오는 기존 변호사들을 충당하는 데만 관심이 있었다. 사실 나는 법률 관련 업무 경력이 길지 않았던 데다 따로 내 고객이라 부를 만한 의뢰인도 없는 처지였다.

60일 이후 결국 나는 회사에서 정리해고 당했다. 비교적 큰 충격 없이 무난하게 하강해서 착륙했다는 점은 다행이라 할 수 있다. 다른 회사와의 컨설팅 계약 기회가 있었고 결국에는 고등학교 동창의 로펌에서 법률 고문으로 일하는 쪽으로 방향이 잡혔다. 나이 마흔에 모든 것을 다시 시작해야 한다는 사실이 즐거울 리 없었고 법률 관련 업무를 그리 오래 해온 것도 아니어서 그 로펌의 법률 고문 자리가 몸에 맞지 않는다는 기분이 들기도 했다.

내 친구와 친구의 동업자가 회사를 공동 소유하고 있었다. 그 동업자는 얼추 내 또래였는데 나머지 동료들은 대개 최근에 법학과를 졸업한 파릇파릇한 사회 초년병들이었다. 내 동창은 주변 상황이나 관계를 정리하는 데 수완이 뛰어났다. 그는 내가 학창 시절 '똑똑한 아이'였다고 틈만 나면 나를 추켜세웠다. 하지만 내가 그렇게나 '똑똑' 했다면 어떻게 이 모양으로 뒷걸음질쳐서 나보다 열 살 넘게 어린 변호사들과 같은 출발선상에 설 수 있었겠는가?

　내 개인생활 역시 오르락내리락 기복이 심했다. 졸업 후 수년간 내가 하는 일에 따라 요리조리 임의대로 바꿀 수 있는 해로운 인간관계의 안팎을 들락거렸던 것 같다. 필요에 따라 입맛대로 맺고 끊고 하는 얄팍한 인간관계 속에서 허덕이다가 회사에서 전출 통보를 받은 즈음에 드디어 괜찮은 여자를 한 명 만났다. 이혼한 지 얼마 안 됐던 그녀를 만나면서 나는 생애 처음으로 진지한 관계에 돌입하게 되었다. 몸은 비록 배턴루지로 가지만 내 심장은 그녀가 살던 폰처트레인 호수 북부 뉴올리언스 교외의 맨더빌에 머물렀다. 그녀를 만나러 시도 때도 없이 차를 몰고 왔다 갔다 하다 보니 어느 새 나는 우리 둘을 갈라놓은 기나긴 고속도로 길에 금세 익숙해져 눈 감고도 길을 찾아갈 정도가 되었다.

　좋은 일은 또 있었다. 대학 시절 이후로 손 놓고 지내던 글쓰기를 다시 시작한 것이다. 그리고 새 근무처에서 일하는 동안 여행도 자주 다녔다. 다른 사람을 대동해도 되는 여행이었기 때문에 나는 이따금 회사 비용을 들여 그녀와 같이 여기저기로 여행을 다녔다. 그녀와 함께 보낸 나날은 썩 흡족했다. 특히 내가 전출된 후 인생의 지각 변동이 일어나기 전 몇 년간은 더없이 만족스러운 시절이었다. 한동안 나는 정말로 아주 행복했다.

　그러나 내가 완벽히 이해하지 못했던 무엇인가가 내 마음을 붙들어 결국 나는 그녀에게 모든 걸 쏟아 붓지 못했다. 우리는 한동안 관계 상담 과정을 거쳤고 커플 워크숍에 참석하기까지 했다. 나는 기도도 하고 명상도 하면서 관계나 감정적 유대에 관련된 읽을거리를 탐독했다. 그녀에게 값비싼 약혼반지도 사주고 함께 외국의 결혼 휴양지도 알아보며 공을 들였다. 난 모든 걸 다했지만 결혼 날짜만은 정해놓지 않았다. 몇 주가 몇 달이 되고 몇 년이 돼가면서 우리의 사랑은 서서히 퇴색하기 시작했다. 결국 그녀는 해변에서 살겠노라며 오래도록 소중히 품어온 꿈을 찾아 내 곁을 떠나갔다. 사실 감정적으로 우리는 이미 수년 전에 둘의 관계에서 떠나가 있긴 했다.

내 재정 상황은 여전히 신통치 않았다. 다른 사람들과 마찬가지로 나 역시 1990년대 후반 주식 시장 붐에 온통 마음을 빼앗기고 말았다. 그중에도 특히 과학기술 주식에 흠뻑 빠져들었다. 주식시장이 침체기에 접어들 즈음에도 내 거래를 도맡아 봐주는 주식 중개인은 그 침체 현상이 일시적 하락세일 뿐이라며 끊임없이 나를 안심시켰다. 그렇지만 수많은 과학기술 고공비행주의 시장 하락세가 절대 일시적 하락세가 아니었다는 걸 이제는 모두들 안다.

중개인한테 화가 나기도 했지만 사실 나는 내 자신에게 더 많이 화가 났다. 나는 명색이 MBA 학위 소지자인데도 개인 자산과 은퇴 자산을 어처구니없을 정도로 한 부문에 편중시키는 실수를 저질렀다. 내가 가르치는 학생 중 아무나 1학년 재무 수업만 듣고도 얘기할 만한 위험 배분에 대한 조언을 무시했던 것이다. 말하자면 달걀을 한 바구니에 넣지 말라는 조언을 깡그리 무시했다. 내 순자산은 거의 대량 학살 수준으로 전멸해갔다.

아마 이런 상황 때문에 내가 무일푼이고 외롭고 실패했다는 느낌이 들었을 것이다. 이 시기에 나는 가족 셋을 잃었다. 생애 마지막 순간까지 많은 결실을 거두고 장수하신 할머니, 폐암과 싸우다 돌아가신 아버지, 그리고 조카. 조카가 살아낸 어린 생의 초반기가 너무 비극적이어서 거기에 대해선 뭐라 말할 수 없지만 우리 여동생과 여동생의 가족들을 위해 기도만 할 뿐이었다.

긴 시간 동안 이 생각 저 생각을 떠돌던 내 의식이 겨우 빈 강의실로 돌아왔다. 어쩌면 진짜 비극적인 생각은 나의 자기연민에서 도출되었을 것이다. 나는 확실히 중년의 위기가 주는 격통의 중심에 서 있었지만 그딴 고상한 표현이 내게 조금도 도움이 되지 않을 거라고 징징거리며 투덜대기만 했다. 나는 완전히 패배감에 사로잡혔다.

어느 샌가 나는 인생의 방향키나 목적도 없이 둥둥 떠다니고 있다는 느낌이 들었다. 중요하지도 않은 일들을 고민하며 잠에서 깼고, 있지도 않은 사람들에게 말을 걸었으며, 삶이 내게 또 하루를 허락해주기를 맹목적으로 바라곤 했다. 어쩌다 누군가가 다정한 말을 해줄 때라야 기분이 좋아졌지만 점차 그런 확신에 찬 말들은 듣기 힘들어졌다. 내가 줄기차게 투덜대는 통에 친구들의 공감도 말라버렸고 사실상 나는 낯선 이들의 친절함에 의지하는 상태가 되었다. 부정적인 한마디나 불친절한 행동 하나가 나를 나락으로 빠뜨릴 정도였다. 나에 대한 주변의 혹평은 계속 쌓여갔다. 나는 끊임없이 실수했고 마감일을 넘겼으며 변명하기에 급급했다. 나를 아래로 끌어당기는 불길한 소용돌이에 빠져 뱅뱅 돌고 있는 것 같았다.

그즈음 오랜 친구 한 명을 우연히 만났다. 친구는 애들 키우는 얘기, 돈 버는 얘기를 들려주면서 재밌게 지내고 있다는 소식을 전했다. 나는 친구가 말한 것 중 아무것도 하는 게 없다고 답했다. 삶에 대한 열정이 눈곱만큼도 내게 남아있지 않은 걸 느꼈다. 나는 단지 그 인생의 활동들을 우두커니 바라볼 뿐 삶을 끌어안기보다는 삶으로부터 도망치기 일쑤였다. 자신만만하게 성공을 추구하는 대신 어떻게 하면 실패를 피할 수 있을까 노심초사했다.

나도 모르게 눈물이 고였다. 강의실 책상에 머리를 대고 있는 동안 아무도 강의실에 들어오지 않았으면 하고 빌었다. 어쩌다 내 인생이 이렇게 비참해진 것일까? 그간 나는 원리 원칙대로 살아왔다. 열심히 공부했고 최선을 다해 일했으며 내가 해야 하는 일은 대체로 다 해냈다. 뭐가 문제였을까? 어떻게 해야 이 상황에서 벗어날 수 있을까? 뭘 어찌 해야 할지 전혀 감이 오지 않았다.

그때 내가 오래 전에 알던 누군가가 기억났다. 덥수룩한 머리에 청바지와 티셔츠를 걸치고 있던 그 남자는 크게 눈길을 끌 만한 사람은 아니었다. 솔직히 그는 객관적으로 봤을 때 다소 경솔한 게 아닌가 싶을 정도였다. 그도 그의 부모도 돈이 전혀 없을 때인데도 비싼 사립 대학교에서 여러 개의 학위를 따겠다는 야무진 계획을 공공연히 얘기하고 다녔다. 그의 상황을 감안한다면 그가 품은 꿈이 전부 웃기는 소리로 들릴 뿐이었다. 그런데 희한하게도 그 남자는 성공적으로 목표를 달성했다. 그 과정이 쉽지는 않았다. 곳곳에 장애물이 엄청 많았다. 하지만 그는 끈질기게 견뎌냈고 어떻게 해서든 학업을 다 마쳤다. 한 번에 일을 세 개나 하면서 학자금 대출도 받았고 요즘으로 치면 25만 달러 정도 되는 학비 지원도 받았다. 그가 성공했던 이유는 다른 데 있지 않았다. 그는 자신이 이룰 거라고 생각한 목표에 대해서 단 한 번도 의심하지 않았던 사내였다.

패기 넘치던 그 사내, 바로 그 젊은 시절의 내가 그 모든 걸 해냈다면 지금도 해낼 수 있겠다는 생각이 들었다. 내 안에 긍정적 에너지와 희망이 솟아오르는 걸 느꼈다. 오랫동안 잊고 있던 느낌이었다. 과거에 나는 당당히 성공을 이뤄냈던 사람이다. 학업을 마치기 위해 엄청난 역경을 뚫었던 사람이다. 상황에 굴하지도 않았고 비교의 잣대에 기가 꺾이지도 않았던 사람이다. 학창 시절 나는 어떻게 성공적으로 학업을 마칠 수 있었을까? 내가 성공할 수 있었던 열쇠가 무엇이었는지 분명히 떠올랐다.

실패할 리 없다는 듯 행동하라

그 순간 나는 서류 가방에서 수첩을 찾아 이렇게 적었다.

실패할 리 없다는 듯 행동하라.

이즈음 나는 마치 실패가 막 모퉁이를 돌아 들이닥칠 듯 굴고 있었다. 하지만 과거에는 어떠했던가? 내가 툴레인대학교 입학에 성공할 수 있었던 이유는 간단했다. 실패가 내 인생의 선택 사항에 속해 있지 않아서였다. 사실 우리 부모님은 나를 비싼 엘리트 그래머 스쿨과 고등학교에 보내느라 등골이 휠 지경이었다. 그래도 내 친구들이 대부분 툴레인에 갔으니 나 역시 툴레인에 가지 않을 이유가 없었다. 나는 대학 입학이라는 목표를 두고 100퍼센트 성공할 자신이 있었고 당차게 그 목표를 이루었다.

물론 내내 수많은 역경이 닥쳤다. 나는 루이지애나 주의 트루먼 장학금 수혜자 최종 후보에 올랐지만 액수가 제법 되는 그 권위 있는 장학금을 결국에는 놓치고 말았다. 받을 가능성이 있던 또 다른 장학금도 손가락 사이로 스르륵 빠져나갔다. 가끔은 포기하고 싶을 때도 있었으나 내 안에서 보다 강한 힘이 나를 붙들어 쉽사리 그만두지 못하게 했다. 학업을 마치고 싶다는 열망 속에서 나는 요지부동으로 중심을 잡고 스스로에게 꽤나 혹독하게 굴었다. 정문이 닫혀 있는 것 같으면 옆문을 열려고 애썼다. 옆문도 닫혀 있을 때는 뒷문을 두들겼다. 만약 그렇게 시도하고 또 시도하는 것을 그저 의무사항으로 느꼈더라면 나는 안으로 비집고 들어가 목표를 쟁취하지 못했을 것이다.

갖은 노력 끝에 마침내 내게 필요했던 틈새를 찾아냈다. 자금 사정이 나빴던 시기에 다행히도 장학금과 일자리를 모두 손에 쥘 수 있었다. 다른 지출을 메우기 위해 학비 융자금을 빼서 썼다. 상황이 녹록치는 않았지만 수년간 미리 계획을 세워두었기 때문에 학부와 대학원 공부를 제 일정에 맞게 끝낼 수 있었다. 결론적으로 봤을 때 내가 성공을 거뒀던 가장 큰 이유는 내가 실패할 리 없는 사람처럼 굴었던 데 있다. 자신감이 덜한 상태로 학업이라는 그 위압적인 봉우리를 오르려 했다면 아마 도중에 미끄러져 낙상했을 게 뻔하다.

중년의 격통을 느꼈던 그날 밤, 캠퍼스 강의실에 혼자 앉아 있으면서 내가 깨달은 건 공부를 마치는 과정에서 내가 이뤄낸 성공의 아이러니다. 절대적으로 기이한 결과가 나온 거라는 생각이 들었다. 내가 따낸 여러 개의 졸업장들 이면에 자리한 자신감과 인내야말로 내 경력의 출발점이 되었어야 했다. 나는 그 자신감과 인내를 발판 삼아 박차 올라야 했지만 웬일인지 졸업 이후 슬슬 기운이 빠져갔다.

졸업 후 나는 학창 시절에 내 주위에 즐비해 있던 수많은 장애와 역경 곁으로 절대 가까이 가지 않으려 했다. 마치 툴레인에다 나의 자신감을 송두리째 놔두고 온 듯했다. 일단 직장인 대열에 들어서자 두려움과 자기파괴적 행동들이 내 인생으로 스멀스멀 끼어들었다. 최근에는 일도 잘 안 풀리고 오래 만나던 사람과도 헤어지면서 한 조각 남아 있던 자존심마저 산산이 부서지고 내 인생 자체가 탈선 위기에 봉착하고 말았다. 어떻게든 나를 제 궤도로 돌려놓으려고 안간힘을 쓰긴 했으나, 사실 일말의 가능성과 운, 심지어 낯선 이들의 친절함에 매달릴 지경까지 쇠약해져버린 것이다. 어쩌면 하늘이 열리고 행운이 다시 나를 굽어보며 미소지어 줄지도 모른다며 온 사방에서 답을 찾아 다녔다. 그런데 답이 있는 곳만 쏙 빼고 찾아 헤맸던 모양이다. 시선을 안으로 돌려야 했다.

이제 툴레인에다 두고 떠나왔던 그 자신감을 소환할 시점이었다. 엉망으로 뒤집혀버린 내 인생을 되돌려 안정화시키기 위해 조치를 취해야 했다. 무엇보다 "실패할 리 없다는 듯 행동하라."는 명제를 구체화하고 이를 지키는 데서 출발하는 게 급선무였다. 다른 생각들도 후두둑 머릿속에 떠올랐다.

자신의 행동을 전적으로 책임져라

그거다. 전적으로 책임지기. 내 삶을 돌아보면 남들과 마찬가지로 좋은 기회와 나쁜 시기가 골고루 찾아왔다. 최근 내가 일을 하면서 겪게 된 딜레마는 모든 걸 처음부터 다시 시작해야 한다는 데서 비롯되었다.

내가 더 큰 회사로 간다면서 로펌을 떠날 거라고 공표하던 날, 로펌 선배는 개인 변호 업무를 버리고 떠나는 결정을 재고하라고 만류했다. 그 선배는 의뢰인들이 곧 변호사 경력의 토대이며 변호사들이 자신의 운명을 통제 관리할 수 있는 힘은 곧 의뢰인을 통해서 나온다고 조언했다. 그 선배의 말은 내가 그간 일과 관련해서 들었던 조언 가운데 가장 의미심장했다. 그리고 유감스럽게도 가장 예지력 있는 말이었다.

성공을 향한 길에서 마케팅 기술과 의뢰인 '보유력'은 단순히 변호사 업무를 수행하는 것보다 훨씬 더 중대한 부분을 차지한다는 말, 톱 세일즈맨이 왜 그렇게 연봉이 높다고 생각하느냐는 물음, 유감스럽게도 나는 당시 그의 조언을 마음에 새기지 않았다. 그리고 대형 회사의 손에 내 이력을 덜컥 맡겨버렸다. 미국 경제계가 느닷없이 직원들을 공격하기 시작할 즈음이었다.

후회 따윈 하지 마. 인생을 놓쳐버릴 지도 몰라

뮤지컬 '렌트Rent'에 나오는 이 가사가 기억났다. 나는 이 경이로운 작품을 하도 여러 번 봐서 사운드트랙을 거의 외우다시피 했다.

이제 와서 뒤돌아보기에는 너무 늦은 것 같았다. 새 회사에서 일한 걸 후회한다고 말할 순 없다. 그 회사에서 근무하는 동안 나는 소중한 경험을 했다. 거기서 일하지 않았으면 얻지 못했을 경험이었다.

모든 일이 생기는 데는 대개 그만한 이유가 있다. 알다시피 우리는 인생이 던져주는 교훈을 통해 배운 뒤 다음 단계로 넘어가야 한다.

다른 사람이 문제가 아니라 바로 내가 앞으로 나아가야 할 때임이 분명했다. 그러나 뭘 해야 할지 확신할 수 없었다. 정확히 내 인생을 처음으로 되돌릴 순 없는 일이었다. 물론 이 불가능한 유혹이 내 머릿속을 괴롭히긴 했다. 걸핏하면 지난날에 대한 후회가 현재를 엉망으로 만들고 미래에 먹장구름을 드리웠다. 내가 이것만 했더라면, 저것만 했더라면, 이 주식에 왜 투자했을까? 왜 그 기회를 잡지 않았을까? 내가 만약, 만약, 만약……

이건 아니다! 나는 바로 지금 이 자리에 중심을 잡고 서 있으면서 내가 가진 것으로 최선을 다할 필요가 있었다. 내가 나 자신에게 엄격했던 만큼 내가 받은 축복을 깨닫고 감사해야 했다. 건강, 배움의 기회, 수많은 경험 등 감사히 여길 부분이 분명 있었다. 잃어버린 기회를 두고 통탄할 수도 있었고 원기 회복과 자기쇄신의 길을 따라 내 인생에 에너지를 다시 주입하고 삶에 재집중할 수도 있었다. 내 인생의 중간 지점에서 내게 정말 필요했던 건 바로 '인생 튜닝'이었다.

중년기에 꼭 필요한 인생 튜닝

나는 평소에 자동차를 빗대서 말하길 좋아한다. 오랜 세월을 거쳐 오면서 내가 깨달았던 사실은 좋은 차를 사서 오래 몰고 다니는 게 이득이라는 점이었다. 로스쿨 졸업 직후 처음 구입한 내 차는 상류층이 몰고 다니는 고급 스포츠카였는데 가격 때문에 화들짝 놀라게 되는 차였다. 친구들 대부분은 내가 쓸데없이 허세를 부린다고 생각했다. 그런데 한 해 두 해가 지나도 차를 구입한 바로 그날 같은 상태로 계속 차를 몰고 다니자 친구들은 상당히 놀라는 눈치였다. 내가 수년간 그 스포츠카를 몰고 다니던 즈음 다른 친구들은 이미 두 번째, 세 번째 차를 갈아 치우고들 있었다. 결국 내가 고급 차에 들인 돈이나 그들이 차 두 세 대에 들인 돈이 엇비슷한 수준이었다. 그래서 나는 정말 내 차가 좋았다.

1980년대 이후로 자동차 산업에 커다란 변화가 찾아왔다. 예전에는 채 10만 킬로미터도 못 채우고 기력이 쇠했던 차들이 이제는 수십만 킬로미터를 달려도 끄떡없다. 내 두 번째 차는 30만 킬로미터도 넘게 달렸는데 사람들은 새 차인 줄 알았다. 사실 그 두 번째 중고차를 구매하기 전에 나는 7만2천 킬로미터 남짓 되는 주행거리에 약간 신경이 쓰였었다. 차 구매 계약서에 최종 사인을 하기 전에 일단 믿을 만한 정비사한테 그 차를 점검해달라고 끌고 갔다. 정비사는 때마침 정비소에 있던 비슷한 기종의 차 두 대를 가리키며 주행거리가 각각 29만, 39만 킬로미터라고 알려줬다. 내가 끌고 간 차를 보면서 정비사는 "이 차는 이제 막 길들여지는 중입니다."라고 말하며 나를 안심시켰다. 그의 말이 옳았다. 그 차는 겉모습도 좋아 보였고 달리기도 잘 달렸다. 내가 지속적으로 튜닝을 해주었고 수리를 잘해줬기 때문이다.

자동차와 마찬가지로 인간의 삶 역시 양적으로나 질적으로 비할 바 없이 길어지고 높아졌다. 우리 대부분은 중년기 즈음에 본래의 컨디션을 되찾거나 막 '길들여지기' 시작한다. 인생이라는 도로를 주행하는 우리의 능력은 이제 수십 년쯤 연장되었다. 고급 자동차처럼 우리 신체 역시 오랫동안 좋은 모습으로 제 기능을 훌륭히 수행할 수 있다. 단, 주행 거리계에 정신을 쏟지 않은 상태에서 우리 스스로를 돌보는 데 집중하기만 한다면 가능하다.

인생을 튜닝하는 6개의 성공요소

일단 시작만 하면 일은 쉬워진다. 시작이 반이다.
— 호라티우스, 《서간집Epistles》

내 인생을 튜닝하는 과정에 대해 한동안 곰곰이 생각했다. 자동차의 스파크와 플러그를 교체하듯 나의 태도와 시각, 행동을 바꾸는 과정이 필요했다. 나는 근 20년 이상을 자기계발 문학에 깊이 빠져 있었고 숱한 동기부여 세미나와 피정(retreat, 일상생활에서 벗어나 조용한 곳에서 일정 기간 행하는 종교적 수련)에 참석했었다. 그리고 행복해 보이고 인생에 성공한 것 같은 여러 사람들을 관찰했다. 그 결과 다음의 6가지 성공요소를 다지는 과정을 정리했다.

• 열정

열정은 성공의 씨앗이며 내 인생의 중대한 목표 달성의 밑거름이 되고 있다. 나는 학업을 끝내는 문제에 관한 한 대단한 열정을 발휘했던 사람이다. 나의 학창시절은 말도 못하게 정신없었지만 또 그만큼 좋기도 했다. 그 도전의 시간 동안 나는 내 나름의 탐색 과정에 힘을 쏟았고 내 인생 전체는 활기와 에너지로 불꽃을 튀겼다. 그러다 나중에는 어쩐 일인지 열정이 시들어버렸다. 우리는 인생의 어떤 부분에 진지한 열정을 꽃피우게 될까? 우리를 아침에 잠에서 퍼뜩 깨우는 건 무엇일까? 다들 느끼겠지만 열정의 길을 좇아가는 편이 아무 열정 없이 사는 것보다 훨씬 쉽고 즐겁다.

• 목적

학창 시절 나의 목표는 더없이 간단명료했다. 학교를 졸업하는 것. 일단 이 목표를 이루고 나자 다음 목표를 설정하는 데 애를 먹었다. 바라볼 곳을 잃어버린 느낌이었다. 우리가 목적한 바는 곧 우리 인생이 향하고 있는 바로 그곳 아닌가. 목적을 찾기만 하면 인생은 폭발하듯 활기를 띠게 될 것이다. 심장 깊숙한 곳에서 자신이 목표를 향해 나아가고 있으며 의도한 대로 삶을 살고 있음을 아는 것이야말로 어느 무엇과도 비교할 수 없는 기쁨의 결정체다.

• 힘

자기계발에서 가장 중요한 개념은 스스로에게 힘을 부여하는 것이다. 자신이 목적한 바를 실제로 성취할 수 있다는 굳건한 자기 믿음을 키우는 게 곧 힘이다. 학업을 마치기 위해 애쓰는 과정에서 나는 스스로 힘을 충전하는 기분이 들었다.

• 계획

과제와 학기제라는 제도적 구조 속에서 학교는 학생의 시간을 정리하기 위해 학교 나름의 시간 배분을 계획한다. 그러나 인생은 친절하게 강의 요강을 제공하지도 않고 발전상을 측정하려고 점수를 매기거나 정해진 측량법을 제시하지도 않는다. 그러므로 스스로 자신의 우선순위를 정하고 발전 단계를 관리하는 훈련이 꼭 필요하다. 일을 계획한 다음 그 계획대로 일을 해야 한다는 점을 명심하자.

• 관점

조금 부풀려서 말하자면 내가 지금껏 읽은 모든 자기계발서는 올바른 관점이나 좋은 태도를 갖추는 것의 가치를 격찬하며 입에 침을 튀긴다. 긍정적 태도의 가치를 계속 되풀이해 들려주는 바람에 그런 말은 마치 듣고 싶지 않아도 어딜 가나 들리는 최신 히트송 같다는 생각이 종종 든다. 그렇지만 건강하고 낙관적인 관점을 강조하는 데는 다 이유가 있다. 삶의 질에 극적인 영향을 끼치기 때문이다. 더불어 '난폭한 운명의 돌팔매와 화살'(셰익스피어의 《햄릿Hamlet》에 나오는 대사)에 대처하는 능력에도 놀라운 변화가 일어난다.

• 인내력

마지막 성공요소는 인내력이다. 그 누구도 어마어마한 장애물과 역경을 이겨내지 않고서 위대한 일을 달성할 수는 없었다. 성공이 바로 코앞에 있는 경우가 다반사인데도 수많은 이들이 여러 우회로와 장애물 때문에 스스로 단념하고 만다는 게 참으로 유감이다. 나처럼 학업을 끝내는 데 비슷한 어려움을 겪었던 친구에게 힘을 불어 넣어 주려고 애쓰던 적이 있었다. 그 친구는 내가 도중에 어떻게 포기하지 않았는지 궁금해 했다. 나는 실제로 두 손 두 발 다 든 적이 꽤 여러 번 있었다고 답해줬다. 단지 나는 그만두지 않았을 뿐이다.

균형감 갖고 튜닝하기

일만 하고 놀지 않으면 바보가 된다.
— 무명씨

　균형감이야말로 자기계발 과정의 필수 요소이다. 앞서 들려준 내 이야기를 듣고 독자들도 추론했다시피 나는 인생의 다른 중요한 영역을 볼모 삼아 거의 강박적으로 일에만 매달렸던 사람이다. 기진맥진할 수준까지 나를 몰아붙였고, 데이트를 하거나 가족을 꾸리는 걸 남의 일인 양 뒷전으로 넘겨버렸으며, 인생의 단순한 즐거움을 스스로에게 허락하지 않았다. 하지만 그렇게 미친 듯이 일을 했음에도 내 인생에서 선뜻 내보일 만한 것이 거의 없었다.

　균형에 대해 곰곰이 생각해보면서 나는 루이지애나 맨레사 피정의 집 영성 훈련에 참석했을 때 작성했던 기록을 다시 읽어봤다. 매년 맨레사 피정에 참석하는 일이 나의 영적인 기초를 구성하는 중요한 일부가 되었다. 전국적으로 명성을 얻고 있는 이 수도원은 3일간의 침묵 피정을 하기에 더없이 아름다운 환경을 갖추었다. 피정 참가자들은 3일 동안 쉬면서 묵상 시간을 가질 수 있다. 가장 최근에 만난 피정 스승은 굉장히 특별한 분이었다. 균형 잡힌 삶의 이로움에 대한 그분의 강연은 참으로 인상적이었다. 삶의 균형을 이루는 네 가지 구성 요소에 대해 그가 설명했던 내용은 다음과 같다.

- 일: 자부심을 갖고 일에 접근하되 잠식당하지 않는다.
- 놀이: 노는 시간을 따로 떼어놓고 새로운 활력을 재충전하면서 자신이 일을 하고 있는 이유를 만끽한다.
- 예배: 자기 자신보다 더 훌륭한 누군가를 인정하고 그분에게 감사를 표한다.
- 사랑: 다른 누군가를 행복하게 해주려고 기꺼이 희생을 감수한다.

삶의 균형을 유지해야 하는 이유가 아무리 확실하다 할지라도 막상 실행에 옮기기란 쉬운 일이 아닐 수도 있다. 가령 돈 버느라 자기 시간을 다 보내고 가족이나 다른 삶의 영역을 등한시하는 사람은 삶의 주된 목적을 잃어버린 사람이다. 그와 반대로 가족들과 함께 24시간을 보내는데 일은 하지 않는다면 가족들에게 필요한 것을 공급할 수 없는 사람이다. 누구든 넘어지지 않기 위해서는 삶의 균형을 유지해야 한다. 인생의 중요한 영역에는 정서, 재정, 직업, 관계, 건강, 지성, 영성 등이 있다.

나만의 인생 튜닝하기

조언을 듣는 사람은 많지만, 조언을 실천하여 득을 보는 사람은 거의
없다.

— 푸블릴리우스 시루스, 《격언집Moral Sayings》

이 책에 담긴 원칙은 다름 아닌 나 자신에게 도움이 되었기 때문
에 독자들 역시 이 원칙들의 효력을 맛볼 수 있을 거라 자신한다. 모
든 질문에 답을 다 해줄 수 있다는 말이 아니다. 내가 독자들 손에 건
네는 것은 나의 인생 경험, 연구, 식견에 바탕을 둔 믿을 만한 조언이
라고 생각한다.

앞서 언급했다시피 나는 근 20년 이상을 자기계발 문학에 푹 빠져
지냈다. 영감을 얻고 싶었던 마음만큼 절망감에서 벗어나려는 필사
적인 노력도 컸다. 나는 인생의 답을 찾기 위해 상당한 노력을 쏟아
부으며 세미나, 피정, 자기계발 모임, 기도 등에 힘썼다. 아름다운 붉
은 암벽이 가득한 세도나(Sedona, 애리조나 주의 피닉스와 플래그스태프 사이
에 위치한 명소)에서 명상을 하면서 심신을 정화하기 위해 2주 동안 하
루 다섯 시간씩 발한실(發汗室)에 앉아있기도 했다. 물론 발한실보다
야 세도나 자체가 좋았다. 나는 상담가들도 숱하게 만났다. 그리고
성공한 사람들을 수도 없이 만나 그들에게 조언을 들려 달라 간청하
는 게 내 일과였다.

이 책에 담긴 성공 원칙 대부분은 사실 누구나 다 아는 상식적인
내용이다. 복잡한 성공 수식을 도출해내기 위해 로켓 만드는 과학자
씩이나 될 필요는 없다. 그렇지만 누구나 아는 상식을 특별한 통찰력

과 실천력으로 변환해서 삶의 질을 극적으로 향상시키기 위해서는 체계적인 접근법이 필요하다.

모든 자기계발 프로그램에서 가장 큰 도전 과제는 바로 실행력이다. 아무리 좋은 프로그램이라도 실행에 옮기지 못한다면 매년 반복되는 새해 다짐만큼이나 쉽사리 곁길로 흘러가고 말 것이다. 동기부여의 달인들이 들려주는 강연과 세미나 내용에 한껏 충전되었다가도 어느 샌가 일상생활 속으로 슬그머니 미끄러져 들어가 다시 방전 상태가 되었던 경험이 대체 몇 번이었는지 셀 수도 없다.

내가 이 책에서 제시하는 것은 각자의 삶을 더 낫게 만들 수 있는 청사진이다. 누구나 쉽게 이해하고 실행할 수 있는 방식으로 이 청사진을 정리해두었다.

솔직히 말하건대 이 튜닝 과정 덕분에 나의 인생이 극적으로 좋아졌다. 이 원칙을 적용한 뒤 채 3개월이 안 되어 내 삶은 눈에 띄게 호전되었다. 좋은 기회가 찾아와 직장을 옮겼고 새롭게 재정비한 집중력과 활력으로 일에 덤벼들었다.

한 10kg쯤 몸무게를 덜어내고 예전보다 몸과 마음을 가뿐하게 만들기 위해 운동과 식이요법을 시작했다. 매일 아침 명상 시간을 가졌고 하루를 마주하면서 산뜻한 차분함을 느꼈다. 주식 시장의 손실 때문에 찝찝하게 남아있던 마음의 먼지를 툴툴 털어냈고 투자 자문도 바꾼 다음 경제적 독립을 위해 나만의 계획을 수립했다.

수년간 마음의 감옥에 나를 감금했던 몇몇 감정적 문제도 해결하기 시작했다. 그리고 내가 정말로 매력을 느끼는 사람에게 데이트 신청을 하는 용기도 키웠다. 나는 순식간에 상대에게 매료되었다. 친밀감에 겁 먹고 도망치는 대신 난생 처음 품을 열고 상대를 힘껏 껴안았으며 약간 늦기는 했지만 드디어 가정을 이루고 정착하겠다는 계획을 세우기 시작했다.

지난 수십 년간 느꼈던 것과는 비할 바 없는 행복과 생동감을 느꼈다. 그리고 이 책도 쓰기 시작했다. 예전에 책을 몇 권 쓴 적도 있고 그 중 두 권은 출판도 되었지만 이 책은 처음으로 내 영혼에서 우러난 진심어린 결과물이었다. 나는 그야말로 신이 났다.

자, 이제 독자들 역시 행복하게 이 책을 읽어나가길 바란다. 그리고 부디 이 책을 통해 각자의 삶을 멋진 인생으로 조율하는 데 도움을 얻기를 진심으로 빈다.

2
중년의 도전과 기회

자녀에게 모범을 보인다는 건 중년의 즐거움을 몽땅 빼앗긴다는 뜻이다.
— 윌리엄 페더,《인생 비즈니스The Business of Life》

오직 지금뿐이야
다만 여기뿐이야
사랑 앞에 무릎 꿇지 않으면
두려움 속에 살게 될 걸
다른 길은 없어
다른 방법도 없어
다른 날도 없어
오직 오늘만 있을 뿐
— 조나단 라슨,〈렌트Rent〉

중년이란?

… 다른 모든 것과 마찬가지로 중년 역시 상대적인 용어다. 특히 오늘날처럼 급속도로 변화하는 사회에서는 더더구나 그렇다. 넓은 범주의 중년층은 오늘날의 베이비붐 세대와 얼추 겹칠 것이다. 대중매체와 사회학자들이 정의한 이 세대는 대략 1946년부터 1964년 사이에 태어난 이들이다. 대부분의 베이비붐 세대는 1960년대의 사건, 음악, 사회적 변화에 크게 영향을 받았다. 이혼율을 50퍼센트까지 밀어올린 장본인도 바로 이 베이비붐 세대였다.

하지만 숫자상의 나이에 대해서는 그만 생각하자. 사회 전체가 그렇듯 우리는 숫자에 너무 집착한다. 이런 계산법은 우리 나이가 몇인지를 판단할 때 전문성이 떨어진다. 저명한 작가 디팩 초프라의 책 《사람은 왜 늙는가Ageless Body, Timeless Mind》에 정리된 나이 측정법 세 가지를 보면 상당한 통찰력을 엿볼 수 있다.

첫 번째는 물론 생활연령(숫자상의 나이)이다.

두 번째는 신체연령이다. 사람의 '신체적 상태'가 나이를 측정하는 매우 중요한 척도라는 것이다. 우리는 자기 나이에 비해 얼마나 괜찮은 모습을 갖추고 있고 얼마나 좋은 기분을 느끼고 있는가? 우리 주변을 보면 자기 나이보다 훨씬 어려 보이거나 한참 나이 들어 보이는 사람들이 있다.

세 번째는 감정연령이다. 내면으로는 자신이 얼마나 상태가 좋으며 얼마나 젊다고 느끼는가? 누군가의 정서적 심리 상태는 그 사람의 행복에 매우 중요한 요소가 된다. 70대, 80대의 사람들이 자기 나이의 반쯤 되는 사람들에 비해 정서적으로 더 젊은 수준을 보여주는 경우도 있다. 신체적 나이와는 상관없이 이들의 눈빛은 반짝반짝 빛이 난다. 이들은 주저 없이 삶에 뛰어들어 인생의 모든 면면을 한껏 즐기고 산다. 우리 할머니가 바로 그런 사람이었다. 할머니는 90대에도 절대 늙어 보이지 않았다.

일반적으로 한 사람의 생활연령이 신체연령이나 감정연령에 비해 행복에 끼치는 영향이 적다는 점이 핵심이다. 그런데도 사람들은 생활연령에 강박적으로 매달린다. 부디 55세 이상에게 사직하라고 말하지 않기를 바란다. 이 단계의 사람들 중 많은 이들이 아직 30년은 족히 일할 수 있다. 우리가 중년기를 올바로 이해한다면 인생의 후반전에서 전반전보다 훨씬 훌륭한 경기를 펼칠 수 있다. 일단 우리는 중년기에 이르면 대체로 삶에 대한 통제력을 더 많이 확보하게 된다.

중년의 도전

지혜롭게 나이 들어가는 사랑스러운 노부인보다 더 매혹적인 대상
이 세상에 있을까? 나이에 맞게 살아간다면 몇 살이 되든 매혹적일
수 있다.
— 브리짓 바르도

받아들여야 할 게 있다면 늘 기꺼이 받아들여라. 주어진 걸 받아들이
고 자기 방식으로 운용하면 된다. 내 인생의 목표는 현재 무슨 일이
벌어지든 항상 그 상황에 맞춰 나 자신을 지키는 것이었다. 상황을
거스르는 게 아니라 함께 흘러가기.
— 로버트 프로스트

중년기는 수많은 도전과제를 선사한다. 특히 젊음과 미모에 집착
하는 사회일수록 중년이 부딪히는 도전 종목은 수두룩하다. 우리는
대중매체가 끊임없이 전해주는 메시지 폭격을 맞으며 산다. 그 내용
은 대부분 우리 자체로는 뭔가 부족하므로 보다 충만하고 보다 나은
삶을 살기 위해 자기네들 제품이 필요하다는 것이다. 특히나 우리가
집중 공세를 받는 부분은 늙는 건 좋지 않으며 젊은 게 좋다는 식의
반복적 주제이다. 더구나 젊게 보이고 젊다고 느끼고 젊게 행동하기
위해 할 수 있는 건 뭐든 해야 한다고 떠든다.

중년이 느끼는 구체적인 도전 과제 중에는 이런 게 있다.

- 노화 과정에 대한 두려움. 주로 신체적 변화
- 인생 최고의 시절이 다 지나갔으며 앞으로 기대할 만한 게 별로 없다는 사실 때문에 깜짝 놀람
- 지나온 길, 가보지 않은 길에 대한 후회. 구체적으로 경력이나 배우자 선택에 대한 후회. 젊은 시절의 꿈을 이루지 못한 것 때문에 느끼는 실망감

나이듦에 대한 두려움

고전 영화 〈오즈의 마법사〉를 보면 서쪽의 사악한 마녀가 도로시를 방에 가둬두었던 극적인 장면이 나온다. 마녀는 모래시계를 뒤집은 다음 겁먹은 도로시에게 소리친다. 모래시계의 모래는 도로시한테 남은 생이 얼마나 되는지를 보여주는 상징물이다. 도로시의 친구들인 허수아비, 양철 나무꾼, 겁쟁이 사자가 다들 모래시계의 모래가 다 떨어지기 전에 문을 부수려고 허둥지둥하는 사이 도로시의 눈에 공포가 가득했던 순간이 인상적이다.

우리 역시 각자 인생의 모래시계에 집착하고 있다. 주르르 미끄러져 가는 시간과 모래시계 바닥에 쌓여가는 시간의 모래알에만 온통 신경 쓰면서 스스로를 고문하는 통에 현재를 제대로 살아가지 못한다. 모래시계가 일깨워주는 바는 삶이 소중하며 유한하다는 것이긴 하지만 그 말이 꼭 삶의 질이 낮아진다는 뜻은 아니다.

인생의 튜닝 과정을 거친다면 우리는 남은 생애를 충분히 만끽할

수 있다. 신체적으로 얼마나 더 나은 기분을 느낄 수 있을지 상상해보라. 그리고 경제적 독립을 누리거나 자신이 사랑하는 일을 하고 있는 스스로의 모습을 그려보라. 우리는 도로시가 아니다. 사악한 마녀도 없다. 그러니 모래시계 따위는 잊어버리자.

물론 우리 신체가 나이 들어가는 것은 부인할 수 없는 현실이다. 지금보다 더 젊었을 때에 비하면 그때랑 똑같은 모습일 수는 없다. 그렇지만 우리는 성숙해가면서 계속 매력을 유지하고 훨씬 아름다워질 수도 있다. 노화에 관한 일반적 통념을 깨는 배우들을 보는 건 꽤 기분 좋은 일이다. 소피아 로렌, 수잔 서랜든, 엠마 톰슨, 조디 포스터 그리고 세월을 무색하게 만드는 숀 코너리가 있다. 그는 오히려 젊을 때보다 지금 더 인기가 많다. 더구나 록스타들도 근사하게 나이 들어간다. 중년의 나이에 섹스 심볼이자 유명 연예인이라는 이름표를 달고 성공을 만끽하는 스팅과 존 본 조비가 대표적이다.

이상의 연예인들이야 일반인에 비해 화장품, 영양사, 트레이너, 성형수술 등을 누릴 기회가 더 많지 않느냐고 한마디 던질 사람도 있을 것이다. 맞는 말이다. 하지만 노화 방지와 관련된 여러 제품, 서비스, 시술 등은 날이 갈수록 많은 사람들에게 보편화되고 있는 추세다. 그렇다고 해외 원정까지 가며 유난을 떨자는 말은 아니다.

다시 스무 살처럼 보이는 게 목표가 아니라 자기 나이에서 좋은 모습을 보이는 게 핵심이다. 우리 할머니는 90대에도 사랑스러워 보이는 여성이었다. 늘 깔끔하고 우아한 옷차림을 유지했기 때문에 가는 곳마다 찬사를 받았다. 분명히 말하지만 어느 누구도 할머니를 젊은 여성으로 오해했던 적은 없다. 그렇지만 열 살, 스무 살은 더 젊게

들 봤다. 할머니는 아주 우아하게 나이 들어가셨다. 물론 성형 수술 한 번 받으신 적 없다. 그리고 우리 어머니 역시 나이에 비해 멋진 모습을 보이신다.

어느 광고 문구처럼 자기 나이를 속이지 말고 당당히 맞설 필요가 있다. 자기 나이에 비해 좋은 모습을 유지하는 게 중요하지, 다시 10대가 되려고 애쓰자는 게 아니다.

내 전성기는 지났구나

사람은 와인과 비슷하다. 간혹 식초처럼 시큼하게 변하는 경우도 있지만, 최상품은 세월과 더불어 훌륭하게 익어간다.

— 교황 요한 23세

친구 녀석들이 "내 전성기는 다 지났어."라고 말하는 소리를 들은 게 한두 번이 아니다. 자기 전성기를 전 배우자에게 다 바쳤다며 통탄하는 사람들도 있다. "내가 그 인간한테 내 전성기를 다 바쳤다고!" 그런데 대체 누가 자기 생이 끝나기 전에 언제가 전성기인지 확신할 수 있을까? 단순히 젊은 시절이 더 좋다고 가정하는 건 아닐까? 왠지 그런 것 같아서? 어쨌거나 과거에 우리는 '젊은이'이긴 했다.

그렇지만 대체 누가 우리의 10대, 20대가 반드시 전성기라고 말하는가? 더구나 아이들이 눈 깜짝할 속도로 커버리는 이 사회에서? 그러면 30대는 어떤가? 30대가 전성기일까? 내가 이 책에 쓰고 있다시피 나의 전성기는 아직 오지 않았다고 굳건히 믿는다. 이전의 내 삶은 극심한 고통과 성장의 시기였다. 어마어마한 동요와 자기파괴 성향에서 살아남았다는 게 천만다행이라고 느낀다. 나는 인생의 수많은 적군과 싸워 이긴 후 지금은 예전보다 더 만족스러운 모습이 되었다. 보다 중요한 건 내가 미래를 고대하고 있다는 점이다. 내가 내 삶을 조율하고 내게 최고의 성취감을 선사해줄 많은 일들을 계획하기 때문이다. 나는 지나가버린 과거에 슬퍼하는 대신 내 앞의 여러 기회를 즐거운 마음으로 기다린다.

진심으로 스무 살로 돌아가고 싶은가? 그 시절부터 지금 사이에 겪은 모든 고군분투에 대해 생각해보라. 얼마간 억지로 하기도 했던, 얼마간 꽤나 고통스러웠던 학업 과정 전부를 생각해보라. 그 모든 고통과 무지의 시간을 정말로 되풀이하고 싶은가? 혹시 나한테 후회되는 게 있냐고 묻는다면, 나의 지난날을 충분히 만끽하지 못했던 것이라고 답하겠다. 항상 나는 내가 가진 것보다는 원하는 것에 더 집중했다. 그리고 지나온 언덕과 비탈길에 마음 쓰는 대신 내 앞에 여기저기 솟은 산들에 대해 더 걱정했다. (거대한 산인 줄 알았는데 두고 보니 언덕에 불과했던 인생의 산이 얼마나 많았던가?) 내가 받은 선물보다는 눈앞의 문제에, 나를 사랑해주는 사람보다는 나를 괴롭히는 사람들에게, 내가 성취한 목표보다는 놓쳐버린 기회에 너무 정신이 팔려 있었다. 하지만 그런 나날이 나에게 가르쳐준 게 있다. 바로 삶이다.

중년의 기회

나는 온갖 고통과 불행에 대해 생각하는 게 아니라 여전히 남아있는 아름다운 것들에 대해 생각해. 내가 해줄 수 있는 조언은 이거야. 밖으로 나가 봐. 들판으로 가서 자연과 햇살을 즐겨 보라고. 밖으로 나가서 너와 신 안에 충만한 행복을 되찾기 위해 애써 봤으면 해. 네 안에, 네 주변에 아직 남아있는 모든 아름다운 것들에 대해 생각하면서 행복을 만끽해 봐!

— 안네 프랑크

인생에 변화를 주고 싶다면 먼저 인생에게 기회를 줘야 한다. 그러기 위해선 자신의 상황을 평가하고 변화를 감행하겠다는 용기를 불러 모을 필요가 있다. 꿈을 품고 있다면 그 꿈을 실현하기에 늦은 시점이란 없다. 그런데 일단은 시도해볼 용기가 필요하다.

중년기에 자신의 현재 상황을 쉽게 받아들여 극적인 변화를 이뤄 낸 이들이 많다. 다음에 소개하는 사람은 자기 삶에서 굉장한 변화를 이뤄낸 인물이다.

이 남자는 처음에 라디오 아나운서였다가 나중에는 영화배우가 된 사람이다. 실제로 몇몇 유명한 영화에 출연한 경력이 있다. 그러다가 40대 중반 즈음 배우로서의 경력이 시들해지기 시작했고 멋들어진 역할이 자꾸 비껴가게 되었다. 설상가상으로 결혼생활도 삐걱거렸다. 그의 아내는 아카데미상을 수상한 직후 자신이 보다 크고 대단한 것을 할 운명이라고 다짐하는 눈치였다. 물론 그 다짐에는 이 남자가 포함되지 않았다. 아내가 승승장구하는 동안 남자는 점점 반대 방향으로 내몰리고 있었다. 결국 여자는 남자를 떠났다.

중년의 이 남자는 더 이상 갈 곳이 없는 것처럼 보였다. 하지만 실패한 결혼과 엔진 꺼진 배우 경력이라는 잿더미에서 탈출하게 해줄 한 가지 소망을 품게 되었다. 바로 정치 입문에 대한 불타는 열망이었다. 그는 정치극에 매료되었고, 정치 과정에서 텔레비전의 영향력이 부상하고 있다는 사실을 간파했다. 그는 제너럴일렉트릭의 대변인이 되어 전국을 돌면서 연설을 하고 자신의 화술을 갈고 닦았다. 나중에는 TV로 전국에 방송된 정치 집회에서 감동적인 기조연설을 펼쳐 사람들의 이목을 끌었다. 그렇지만 그가 인기 있는 현직 의원과 맞붙어 캘리포니아 주지사에 출마하기로 결심했을 때만 해도 누구 하나 그를 진지하게 받아들이지 않았다. 그 막강한 현직 의원은 다름 아닌 전직 부통령이자 나중에는 대통령이 된 리처드 닉슨을 제쳤던 인물이었다. 이런 골리앗과 맞붙은 풋내기 정치인은 방대한 주 전체를 운영하는 과정에서 발생하는 복잡한 문제들을 다룬 경험이 거의 없긴 했지만, 현재 상황에 도전하는 시민정치가인 자신의 의사소통 기술이 꽤 빛을 발할 것이라고 생각했다. 마침내 그는 정치 경험이 부족한 전직 배우가 막강한 후보인 현직 의원과 대결할 수 있게 도와 달라고 캘리포니아의 저명한 정치 자문을 설득했다. 자문 회사는 선거 레이스에서 다룰 만한 쟁점을 간추려서 100개의 색인 카드로 만들었고 중년의 배우는 이 내용을 모조리 암기했다. 나머지는 그의 애드립으로 해결됐다. 이런 노력에도 불구하고 여전히 그에게서 대단한 가능성을 찾는 사람은 없었다.

그런데 이 중년 배우의 의사소통 기술이 평범한 유권자들의 심금을 울리는 순간이 찾아오자 전통적 정치 원리가 근본적으로 뒤집히고 말았다. 그가 100만 표 차이로 캘리포니아 주지사로 당선된 것이다. 이렇게 로널드 레이건은 55세에 새 이력을 펼치기 시작했다.

레이건이 주지사가 되었는데도 여전히 사람들은 그를 전국 수준의 인물로 받아들이지는 않았다. 하지만 그는 끈질기게 살아남아 일흔의 나이에 미국 대통령으로 선출되기에 이르렀다. 그에 대한 개인적 선호도는 차이가 있겠지만 적어도 레이건이 대통령 집무에 중대한 영향을 끼친 점에 대해선 대부분 동의할 것이다. 몇몇 정치학자들은 대통령의 직무 자체에 의문을 표하고 있었고, 그 당시 나온《대통령직의 황혼기The Twilight of the Presidency》라는 책은 대통령 집무가 헌법상 효율성을 잃었다는 주장까지 내놓았다.

그러나 로널드 레이건은 현대적 대통령 집무를 재정의했으며 그 뒤에 대통령직을 맡은 부시 부자와 클린턴은 기퍼(Gipper, 레이건의 별명)의 집무 방식을 따라했다. 또한 레이건은 고령자가 어떤 모습을 갖춰야 하는지를 보여주면서 이에 대한 정의도 새롭게 했다. 말하자면 고령의 나이에도 매우 유능하고 낙관적인 모습일 수 있다는 걸 몸소 증명했다. 레이건의 재선 당시 나이 문제가 대두되었을 때 그는 정치 논쟁 사상 가장 인상적인 말로 나이 문제를 가볍게 일축했다.

"나는 경쟁 후보의 젊음과 경험 미숙을 선거에 이용하지 않을 겁니다."

자신의 꿈이 다 지나가버렸다는 생각이 들 때면 로널드 레이건을 떠올려보라. 그는 새로운 이력을 향해 열정적으로 뛰어드는 대신 조용히 은퇴할 결심이나 하며 쉽게 살 수도 있는 사람이었다.

웬일인지 인생이 많이 지나가버렸다는 생각에 한없이 시무룩해져 중년기에 접근하는 사람들이 많다. 이들은 젊은 시절 품었던 원대한 꿈들이 어느 새 공중으로 흩어져버렸고 이제는 절대 그 꿈을 실현할 수 없을 거라 생각한다. 다른 사람들을 부러워하면서 그들의 성공이 어디서 비롯되었는지를 궁금해할 뿐이다. 지금 알고 있는 것을 예전에 알았으면 어땠을까 같은 생각이나 하면서. 그러나 사실상 성공의 원천을 알고 있는데 중년기까지 본 궤도에 오르지 못하는 사람들은 얼마든지 많다. 시야를 넓혀보자.

전 세계적으로 메가히트를 기록한 해리 포터 시리즈의 저자 J. K. 롤링은 30대의 나이에 싱글맘이 되었다. 생계를 위해 국가 원조를 받아야 할 상황에 몰렸을 당시 책을 쓰기로 결심했다. 그녀는 유모차에서 자는 어린 딸을 옆에 두고 커피숍에 앉아 작가로서의 경력을 시작했다. 겨우 10여 년이 흐른 후 롤링의 재산은 영국 여왕보다 더 많다고 추정될 정도가 되었다.

KFC 패스트푸드점은 커넬 샌더스가 60대에 시작한 사업이다. 창업 당시 샌더스의 유일한 자산은 닭요리 레시피밖에 없었다. 그는 여기저기 가게를 전전하며 그 레시피를 팔기 위해 애를 썼고 거의 천 번의 "No"를 들은 후 드디어 처음으로 "Yes"를 듣게 되었다.

루스 퍼텔 역시 중년에 음식점 경영자로서 성공을 거둔 좋은 본보기가 된다. 퍼텔의 친구들은 하나같이 궁금해 했다. 음식 서비스 사업이라곤 전혀 해본 적 없는 중년의 이혼녀가 뉴올리언스에 있는 식당을 왜 인수하려고 하는지 도무지 알 수가 없었다. 크리스 스테이크

하우스라는 그 식당은 벌이도 변변치 않은 가게였다. 퍼텔은 식당 이름을 루스 크리스 스테이크하우스로 바꾸고 최상급 고기를 주문하여 지글지글 소리가 날 정도로 뜨거운 불에서 스테이크를 요리했다. 그러면 요리 접시가 손님에게 나갈 때 쉿쉿하는 독특한 소리가 났다. 사업은 나날이 번창했고 전국 규모의 프랜차이즈 사업으로 확대되었다. 이제 루스 크리스는 공개 주식회사로 우뚝 서게 되었다.

성공이 사고처럼 갑자기 찾아오는 경우는 드물다. 대개 성공을 정의하기를, 준비된 자와 기회가 만났을 때 성공이 도출된다고 한다. 더 많은 인생 경험을 축적할수록 성공을 경험할 확률이 높아진다. 단, 부단히 스스로를 향상시키고 꾸준히 준비하는 자에게 해당되는 말이다. 링컨은 일기에 이런 글을 남겼다.

"나는 계속 공부하면서 스스로를 준비시켜 둘 것이다. 그러면 어느 날 내 시대가 오게 되리라."

이 얼마나 멋진 생각인가! 비록 자신이 생각한 만큼 뭔가를 이루지 못했다 하더라도 절대 늦지 않다. 중년의 도전처럼 보이는 것조차도 늘 기회를 동반하고 있다는 점은 정말 좋은 소식이 아닐 수 없다.

빌 게이츠나 마이클 델처럼 아주 젊은 나이에 엄청난 부를 축적한 소문난 컴퓨터 천재들도 있긴 하다. 하지만 최상의 소득 잠재력에 속도가 붙는 시기는 대체로 중년기에 찾아온다.

평가 과제

인생의 의미를 알고자 하는 사람에게 고함. 감상적인 허영에 비춰 봤을 때 자기 자신에 대한 사실이 추해 보일지라도, 그 사실 이면에 있는 진실을 알게 되기 전에 일단 스스로에 대한 사실을 기꺼워하는 법을 터득하라. 사실 이면의 진실은 결코 추하지 않다.
― 유진 오닐

효과적인 중년기 튜닝 과정에 착수하려면 자기 인생을 평가하는 데 전적으로 정직하게 접근해야 한다. 사람들이 자기 자신에 대해 솔직해지는 걸 피할 수만 있다면 무슨 짓이라도 할 것처럼 덤벼드는 모습을 보면 정말 놀라울 따름이다. 정직함이란, 자기 삶에 대해 절대 아무 편견 없는 시선을 던지는 것이다. 전혀 만족스럽지 않은 인간관계나 일에 얽매여 맥없이 머물러 있는 사람들이 얼마나 많은가? 우리는 실제로 일이 잘 풀리지 않을 때도 잘 되는 중이라고 어떻게든 스스로를 설득한다. 은퇴해야겠다는 결심을 할 때 든든한 재정 플랜이 있는가? 아니면 어떻게든 충분히 채워지겠거니 바라고만 있는가? 건강 문제는 어떠한가? 적당한 식이요법과 운동이 주는 혜택이 무엇인지 모르는 사람은 없지만 어떤 이유에서든 계속 미루고만 있다. 원하는 체중보다 조금씩은 더 나가는 경우가 많을 텐데도 저울을 보고 이 사실을 확인하기도 꺼리고 원하는 체중에 도달할 계획을 세우는 것도 차일피일 미룬다.

고통스럽긴 하겠지만 튜닝 과정을 진행하는 동안 자기 삶을 정직하게 점검해야 한다. 우리가 이 사회 속에 살아가면서 느끼는 재미있는 점 중 하나는 바로 우리에게 긍정적 변화를 일으킬 수 있는 능력이 있다는 사실이다. 우리가 진심으로 노력을 기울인다면 삶 전반을 변화시키기에 결코 늦은 시기란 없다. 엄청난 역경을 이겨낸 사람들은 우리 주변에 얼마든지 있다. 중병이나 장애를 이겨낸 뒤 행복하고 생산적인 삶을 이어가는 사람들이 좋은 예가 된다. 우리는 스스로에 대한 진실을 직관적으로 알고 있다. 일단 그 진실을 인정할 수 있다면 긍정적 변화를 향한 궤도에 성공적으로 진입할 수 있을 것이다.

성공한 이들은 몇 가지 공통된 속성을 지니고 있다. 나는 이 성공 요소들을 튜닝 과정에서 통합적으로 다룰 생각이다. 성공한 사람들은 분명한 목적을 세운 뒤 열정을 갖고 거기에 덤벼들었다. 그리고 어떤 방해물이 있더라도 스스로에게 힘과 능력을 부여했다. 자기만의 관점을 갖고 계획을 세웠으며 강한 인내심을 발휘했다. 목적, 열정, 힘, 관점, 계획, 인내력이 삶 속에서 총괄적으로 어떻게 발현되는지 Part 2에서 하나씩 살펴보도록 하자.

행복은 생각보다 멀지 않다
─성공의 6가지 요소

1

열정

이 세상 모든 위대한 업적 가운데 열정 없이 성취된 건 없다.
— 헤겔,《역사 철학Philosophy of History》

우선 어떤 존재가 될 것인지 다짐해보라. 그런 다음 해야 할 일을 해내라.
— 에픽테토스,《대화Discourses》

당신이 할 수 있는 것이든 꿈꾸는 것이든 일단 시작하라. 그렇게 배짱을 부리면 비범한 재능과 힘, 마법이 생긴다.
— 괴테

열정 회복하기

      ··· 튜닝 과정은 삶에 대한 열정 회복에서 출발한다. 얼마간 좌절과 실망을 맛본 이후라면 대번에 열정이 시들해진다. 사는 데 환멸을 느끼고 세상만사가 지리멸렬해진다. 아침에 눈을 떠 움직이기 시작하면서 기계적으로 하루하루를 대하게 된다. 삶에 대한 열정을 잃고 인생은 짜릿한 모험과는 점점 멀어지면서 끝없이 따분해지고 만다.

  전 세계를 정복하기 위해 인생 여정을 시작하지만 나중에는 기껏 땅 덩어리 한 조각 소유하고 만족한다는 속담이 있다. 결국 우리는 그 땅 덩어리 값을 치르느라 일생을 보내는 셈이다. 인생 막바지에 이르면 고작 한 덩어리 땅 안에 귀속된 자신을 발견하게 된다. 이 얼마나 칙칙하고 편협한 세계관인가! 왜 우리는 처음에 높은 목표를 바라보며 보무당당히 출발하고 난 다음, 인생의 역경과 불행과 대면한 뒤 서둘러 환멸에 빠지고 마는가?

생각을 곱씹다보면 환멸을 느낄 대상은 무수히 많다. 삶은 나날이 한층 복잡하고 분주해지고 이래저래 걱정하며 사는 게 우리 모습이다. 그렇지만 우리 주변에는 감사해야 할 일 역시 많다. 인류 역사상 가장 풍족한 시대에 살고 있지 않은가! 건강이 허락하는 한 열정을 쏟을 대상을 찾아서 그것을 향해 나아가야 한다. 열정을 다하지 않고서 성공한 사람은 없다.

한껏 충전되어 세상과 대결을 펼칠 준비가 되어 있던 내 모습이 기억난다. 그러다 알게 모르게 내 안에 실망감이 쌓여가기 시작했고 점차 나는 모든 것에 환멸을 느껴 미련 없이 삶에 '정착'하는 쪽으로 마음을 돌리게 되었다. 단순히 그럭저럭 살아가는 게 낫다는 식으로 체념하게 된 것이다. 그러나 내 안의 무기력과 직면했을 때 삶에 대한 나의 열정과 목표의식에 다시 불을 붙이는 게 중요하다는 사실을 깨달았다. 혈기방장 젊은 시절에 느꼈던 삶을 향한 돌격 의지를 다시 한번 느끼고 싶었다.

젊은 시절을 돌이켜보는 것이야말로 열정 재점화의 단초가 될 수 있다. 자신의 꿈을 속삭여주던 내면의 작은 목소리를 생각해보라. 우리 안에는 열정을 불러일으키던 젊은 날의 목표나 이상이 있었지만 유감스럽게도 절대 그것을 좇지는 못했다. 그런 열망은 쉽사리 사라지지 않고 잠재의식 속에 잠복해서 끊임없이 우리를 괴롭힌다. 이런 상태라면 우리는 원래 하기로 돼 있는 것을 제대로 하고 있지 않다는 생각에 빠져 심란해지기 마련이다. 이 같은 가책과 후회 때문에 열정 가득한 생명력이 차츰 약화될 수밖에 없다.

우리 영혼의 연료는 바로 열정이다. 자동차를 고치든 잔디를 깎든 그 무슨 일을 하든 자신이 하는 일에 온 영혼을 다 쏟아 붓는다는 느낌이 들 때 그 순간이 바로 열정의 결정체다.

중년기의 도전 과제 중 하나가 바로 청년 시절의 열정을 회복하는 것이다. 10대 후반부터 20대까지의 기간 동안 자기 안에 휘몰아치던 고삐 풀린 낙관주의, 진짜로 세상을 변화시킬 수 있다고 생각했던 믿음을 되찾아봐야 한다. 그런 가능성은 여전히 우리에게 내재돼 있다. 그게 진실이다.

열정은 단순히 일이나 경제적 목표에 관한 부분만이 아니라 삶의 모든 영역을 관통한다. 열정은 곧 생활의 기쁨이다. 꿈과 포부를 넘어설 뿐만 아니라 삶의 단순한 경이로움을 만끽하며 감사할 줄 아는 유쾌한 자아와 관련돼 있기도 하다. 직장에서 끔찍한 하루를 보낸 후의 어느 저녁 무렵이 기억난다. 평소처럼 늦게까지 일했던 날이다. 늘 그랬듯 집에 갖고 가서 후딱 먹고 치울 음식을 사려고 패스트푸드점에 들렀다. 여느 때처럼 줄을 서서 기다려야 한다는 게 약간 짜증이 났다. 일이 벅찼던 하루를 생각하느라 머릿속이 분주했다. 회사에서 가져온 산더미 같은 일 속으로 뛰어들기 전에 허겁지겁 입에다 우겨넣을 햄버거를 사려고 기꺼이 줄을 서 있을 기분이 아니었다. 분명한 건 이왕지사 힘들었던 그날 하루를 끔찍한 저녁으로 끝마치리라 마음먹었다는 것이고 나는 그런 일에 이미 도가 튼 사람이었다. 그런데 줄을 서서 기다리는 동안 문득 그 음식점에 있는 핀볼 기계가 눈에 들어왔다. 핀볼 게임을 해본 지 어언 몇 년이 되었던가? 젊었을 땐 핀볼을 정말 좋아했었는데……. 레버를 능숙하게 작동해 은색의 작은 공이 계속 부딪히도록 게임을 할 때 등장하는 번쩍이는 불빛, 댕

댕거리는 벨 소리. 나는 다른 무엇보다도 그 독특하고 시끄러운 충돌 음이 좋았다. 나뿐만 아니라 그 공간에 있는 손님들에게 내가 최고 점수를 냈으며 게임에 이겼음을 알리는 소리였기 때문이다. 그런 생 각에 이끌렸는지 어느 결에 나는 주머니에서 1달러를 꺼내 핀볼 기 계에 밀어 넣고 있었다. 내가 마지막으로 이 게임을 했을 때는 25센 트였던 기억이 났다. 내가 예전처럼 전설의 핀볼 명수가 되어 능수능 란하게 작은 은색 공을 튕겨서 범퍼와 라이트 속으로 집어넣자 마치 마법처럼 내 안의 에너지가 치솟았다. 테이크아웃 음식이 차갑게 식 어가는 동안 열정의 온기가 내 안에서 빛을 뿜으며 달아오르는 게 느 껴졌다. 한동안 느껴보지 못했던 소박한 인생의 기쁨이 정말 오랜만 에 내게 찾아왔다. 그 느낌은 말할 나위 없이 짜릿했다.

고되고 단조로운 일에 스스로를 맡겨버릴 때 그 맥없는 삶에서 우 리를 끌어내주는 기쁨은 작고 사소한 것들인 경우가 많다. 열정은 세 상을 정복하는 게 아니라 세상이 주는 선물을 만끽하는 것이다. 우리 는 시인 윌리엄 워즈워스가 〈The world is too much with us〉에서 '벌고 쓰는 일'(getting and spending)이라 표현했던 것에 얼마나 많이 사로잡혔던가? 우리에게 즐거움을 선사해줄 것들이 많고 많은데 우 리는 전혀 시간을 내지 못하는 건 아닌가? 취미나 오락, 또는 자기가 진짜 좋아하는 무엇인가를 함으로써 우리 안의 열정이 점화되는 일 이 자주 있다. 흔해빠진 얘기로 들릴 수도 있지만 여기 뉴올리언스 식으로 표현하자면 '커피 향' 만끽할 시간만 누려도 열정이 샘솟을 수 있다. 예전에 누렸던 이 간단한 기쁨을 잊기란, 그런 즐거움을 부 러 외면하고 살기란 얼마나 쉬운 일인가. 우리는 삶이 주는 기쁨을

와락 껴안기 전에 일단 우리 앞에 말쑥하게 줄지어 선 모든 욕망을 충족시켜줄 완벽한 날을 기다린다. 유감스러운 소식이 있다. 한껏 기뻐할 큰 건만 노상 목 빼고 기다린다면 덧없이 오랜 기다림을 감수해야 할 수도 있다는 사실이다.

내가 애지중지하는 가죽 서류가방 지퍼가 고장 나 수선을 받으러 간 날이 기억난다. 수선하는 분이 지퍼 부위를 살펴보면서 가방 여기저기를 손으로 아주 조심스럽게 만져보더니 수선해서 쓸 만큼 훌륭한 가방이라는 평가를 내렸다. 멕시코를 여행하다 엔세나다 시에서 그 가방을 샀는데 어디서도 그만큼 마음에 드는 가방을 찾을 수가 없었다. 수선 가게 주인이 다 고친 가방을 내게 건네고 반응을 살폈다. 아끼는 가방이 다시 제 모습을 찾은 걸 보고 내가 어떤 반응을 보이는지 주시하더니 내심 상당히 만족하는 것 같았다. 대수롭지 않은 일이라 여길 사람도 있겠지만 내 눈에는 그가 자기 일에 굉장한 열정을 품고 있는 게 보였다. 내가 수리비로 낸 돈은 고작 20달러였지만 그가 느낀 기쁨은 그 액수를 훌쩍 넘어섰다. 나도 내 일에서 그런 열정을 느껴보고 싶었다.

그런데 열정을 꽃피울 두 번째 기회가 중년기에 찾아오는 경우가 종종 있다고 하니 참으로 다행이다. 중년에 직업을 바꾸고 완전히 다른 분야에서 총력을 기울이는 사람들의 얘기가 심심찮게 들려온다. 학위를 따려고 학교로 돌아가는 사람들도 있다. 이들은 학업을 마친 후 후학 양성에 매진할 수 있을 것이다.

몇 년 전 〈월스트리트저널〉에 실린 어떤 기사를 보니 의사가 된 변호사 얘기가 있었다. 그가 새로 세운 목표는 결코 만만치 않은 일이었다. 본격적으로 의대에 지원하려면 그 전에 일단 의대 예과 과정을 밟기 위해 학교를 다시 다녀야 했다. 그는 자신이 가던 길 중간에서 경력을 멈추고 180도 다른 길로 전향할 용기를 지닌 사람이었다.

내 친구 부인은 40대에 간호 공부를 하려고 법인 회사의 안정된 직급을 박차고 나왔다. 친구네는 경제적으로 안정된 가정이었는데도 부인은 간호학교의 엄격한 교육과정을 기꺼이 감수했고 그 할 일 많은 직업을 선뜻 자기 일로 받아들였다. 왜냐하면 그게 바로 중년기에 깨달은 자신의 천직이었기 때문이다. 반면에 의료계에 몸담고 있다가 다른 직업을 찾아 떠나는 사람들도 있다. 사실상 직업을 바꾸기에 늦은 시기란 없다.

물론 자신이 좋아한 일에 둥지를 틀고 그 일에 매진하는 게 이상적이긴 하지만, 세상 살아가는 과정이 이상적으로만 흘러가지는 않는다. 여러 개의 직업을 거친 사람들은 얼마든지 많다. 작고한 소니 보노는 자신이 세 가지 분야에서 성공을 거뒀다고 말하면서 꽤 흡족해했다. 첫 번째는 자기 아내 셰어와 함께 연예계 일을 한 것이다. 연예계 종사자로서 이들의 경력은 사실 여러 번의 굴곡을 겪었다. 음반 사업이 기울자 이들은 각종 청구서를 감당하기 위해 변두리 나이트클럽 공연을 시작하면서 버라이어티쇼에 맞게 자기들 모습을 재정비했다. 어느 날 저녁, 나이트클럽을 찾은 누군가가 소니와 셰어의 궁합이 텔레비전에서도 먹힐 것 같다고 느꼈고 그 직감은 적중했다. 나중에 소니는 셰어와 헤어진 뒤 요식업에 뛰어들었다. 그의 레스토랑이 잘 되긴 했지만 창업과 관련된 성가신 규정과 절차가 그를 상당히 골탕 먹였다. 시청을 상대로 한판 벌이고 싶었던 소니는 정계에 입문하기로 결심했다. 처음에 그는 팜스프링스 시장으로 선출되었고 그 뒤 1994년에는 미국 국회에까지 입성했다. 알다시피 소니 보노는 1998년에 스키 사고로 비극적 죽음을 맞았지만 남다른 그의 인생이 던져주는 울림은 크다. 정식 교육을 많이 받지 못한 사람이 어떻게 수많은 직업에서 걸출한 성공을 거둘 수 있는지를 분명히 보여준 사례이다. 소니 보노는 성공한 사람인 동시에 열정적인 사람이었음에 틀림없다. 셰어 역시 자기 경력을 훌륭히 가꿔갔다. 노래와 연기를 넘나들더니 아카데미상을 수상하기까지 했다.

열정에 관한 언급 가운데 유독 내 마음을 탕 때린 말이 있다. 아주 용기 있게 유방암을 이겨낸 한 여성이 한 말이다.

"나는 더 이상 하루하루를 그냥 '사는' 게 아닙니다. '마지막 한 방울까지 바짝 짜내서 사는' 겁니다!"

비범한 여인의 입에서 나온 이 얼마나 놀라운 말인가! 이 말은 삶에 대한 열정 그 자체를 들려준다. 예전에 우리 할머니가 날마다 행복감을 느낄 만한 일을 찾으라고 말씀하신 적이 있다. 비슷한 맥락에서 인생의 기쁨과 열정에 대해 말씀하셨던 것 같다. 그러나 불행히도 우리 중 많은 이들은 삶을 전혀 다른 각도에서 보고 있다. 행복해질 일을 찾는 대신 구질구질하고 괴로운 일을 찾아 헤매는 형국이다.

건강한 열정 vs. 해로운 열정

신은 내게 세 가지를 허락하셨다.
나의 능력으로 변화시킬 수 있는 것들을 바꿔볼 용기,
바꿀 수 없는 것들을 받아들일 마음의 고요,
그리고 변화 가능성과 변화 불가능성의 차이를 아는 지혜.
— 체스터 W. 니미츠, 알코올 중독자 갱생회의 표어.《국군 기도서
The Armed Forces Prayer Book》

건강한 열정과 해로운 열정을 구별하는 시각이 무엇보다 중요하다. 열정은 돌진하는 인생의 소용돌이를 덥석 품어주는 것이자 우리에게 기쁨을 주는 요소들을 한껏 즐기는 것이다. 올바른 이유를 토대로 세워둔 건설적인 목표를 바라보며 일하는 것 역시 열정에 포함된다. 이에 반해 해로운 열정은 어떤 대상을 향해 불건전한 몰입도를 보이는 것이다. 가령 집착은 해로운 열정에 해당된다. 사실 집착으로 인해 파괴적이고 위험한 결과가 초래된 경우가 아주 많다. 그러니 배우자나 소중한 사람에게 정열을 다하되 부디 집착하지는 말자. 자기 일에 열정을 바치되 제발 집착하지는 말자. 열정과 집착은 쉽게 혼동될 수 있다. 자칫 '집념'이 대단한 사람처럼 보이지만 사실은 무서운 '집착'을 보이는 많은 이들이 최소한 표면적으로는 매우 성공한 것처럼 보이기 때문이다. 그러나 조금만 깊이 들여다보면 그네들 삶의 균형이 완전히 흐트러진 것을 확인할 수 있다. 그들은 자기 인생의 나머지 부분을 전부 희생한 채 특정 부분에 지나치게 정신을 쏟아 온

몸과 마음을 소진하고 있기 때문에 그다지 행복하지 않다.

집착은 우리의 관점을 앗아간다. 바로 이 점이 문제다. 우리는 목표를 향해 나아갈 때 모든 사안을 올바른 시각으로 주시해야 한다. 그러므로 관점은 튜닝 단계에서 중요한 위치를 차지한다. 집착에 빠진 사람은 특정 목표를 위해 무엇이든 불사할 준비가 되어 있다. 나름의 균형 잡힌 관점이 갖춰지면 열정은 상식 수준에서 조절이 된다. 즉각적인 만족감을 조장하는 사회에서 특정 목표를 성취하기 위해 달려가면서 자기 관점을 잃기란 얼마나 쉬운 일인가. 집착에 사로잡힌 이들은 자기가 '약속의 땅'이라 파악한 곳을 향해 그 어떤 지름길도 마다하지 않을 태세를 갖추고 있다.

살을 빼는 데 혈안이 돼 체중계 눈금을 줄일 수만 있다면 뭐든 하겠다고 덤비는 사람들을 생각해보자. 이미 여러 차례 요요 현상을 겪었는데도 단기간에 체중을 감량시킨다는 말에 현혹돼 위험한 약물을 복용하는 경우가 더러 있다. 장기간의 계획을 세워 운동과 식단으로 생활습관을 바꾸면 보다 지속적으로 효과를 볼 수 있고 건강한 결과를 얻을 수 있는데도 웬만해선 이 방법을 택하지 않는다.

애초에 나의 정치적 야망은 열정에서 출발했지만 결국에는 집착으로 변질되고 말았다. 절친한 친구가 주의회에 입성하기 전까지는 법조계에서 일하는 내 위치에 만족했었다. 그 친구는 훌륭한 선거 운동을 벌였고 혼잡한 정치판에서 우뚝 일어서 예상 밖의 승리를 거두는 깜짝쇼를 벌였다. 대학원 시절 나와 그 친구는 함께 후보자들을 지지하며 선거운동에 뛰어든 적이 있었다. 그러면서 언젠가 우리도 입후보하자는 얘기를 종종 했었다. 그런데 진짜로 친구가 당선되고 나자 무작정 나도 당선되어야 한다는 생각이 들었다.

나는 다음 선거에 출마하기로 결심했고 반드시 이겨야만 했다. 그러나 발 딛는 곳마다 문제가 속출했다. 무엇보다도 내가 사는 지역구에는 이미 인기 높은 현 의원이 떡 버티고 있었을 뿐더러 내가 다른 공직으로 진출할 기회도 제한돼 있었다. 그래서 다른 선거구로 옮겨가야 할 상황이었다. 나는 스스로를 맹렬히 몰아치며 완벽한 선거구를 찾아 헤맸고 다른 직위로 출마하는 후보자나 약점이 있는 현 의원들을 면밀히 분석했다. 나는 다음 선거일까지 정계를 향해 거침없이 직선 주행을 하고 싶었고 그 사안에 잔뜩 힘을 실었다.

나중에야 나는 정치가 곧 타이밍이라는 사실을 깨달았다. 내가 노렸던 그 시기는 절대 좋은 타이밍이 아니었다. 우리 회사 대표는 내가 출마하는 걸 원치 않았다. 만약 내가 모든 걸 뒤로하고 결심대로 밀고 나가려면 값 비싼 희생을 치러야 했을 것이다. 더군다나 새로운 선거구로 이사도 가야 하고 다음 선거를 대비해 늦지 않게 내 입지를 구축하려고 아등바등해야 했을 것이다. 그 시기에 나는 목표에 집착하고 승리에 집착했기 때문에 통찰력을 송두리째 잃어버렸다.

몇 년 뒤 입법부 대의원수의 재배분을 통해 내가 사는 지역에 새로운 자리가 났다. 격렬한 선거운동에 뛰어들어 승산 있는 싸움을 할 만큼 훨씬 좋은 타이밍이 찾아왔다. 나는 그 자리를 얻기 위해 정말 열심히 선거운동을 했고 마침내 다른 네 명의 경쟁자를 물리치고 첫 번째 예비선거에서 승리를 거뒀다. 그 당시 내가 깨달은 교훈은 신이 시기를 늦추는 것이 곧 신의 거절 신호는 아니라는 점이었다. 드디어 최종 승리를 거머쥐었을 때 나는 몇 년 전에 비해 보다 준비된 정치인의 모습, 그 위치에서 성공적인 활동을 하는 데 필요한 성숙함을 더 든든히 갖추고 견문도 많이 넓힌 사람이 되어 있었다.

중독 또한 해로운 열정의 한 형태이다. 해로운 습관의 힘을 빌려 자신의 삶 속에 열정을 주입하려고 애쓰는 사람들이 얼마나 많은가? 이들은 자기 인생의 잃어버린 불꽃을 되살리려고 불륜, 도박, 약물 같이 잘못된 방법을 택한다. 내가 아는 최고의 변호사 한 명은 마약과 도박 중독에 빠져 일과 가정을 모두 파탄내고 말았다. 모든 음주와 내기가 다 나쁘다는 말이 아니다. 문제는 균형감이다. 우리 할머니는 내기나 도박에 엄청난 열의를 보이던 분이다. 하지만 할머니는 스스로 제한선을 그어두고 정해진 수입 내에서 책임질 정도로만 게임을 즐길 줄 알았다. 안타깝게도 모두가 우리 할머니처럼 자제력이 있지는 않다. 어떤 이들은 집이며 회사까지 다 잃고 만다. 유감스럽게도 중독은 우리 사회에서 무시 못 할 주요 문제로 대두되고 있다. 이 부분에 대해서는 정서적 튜닝 단계에서 더 자세히 다뤄볼 것이다.

내면의 중심에서 샘솟는 열정

열정에서 우러난 행동을 할 때 비로소 인간은 진정으로 위대해진다.
— 벤저민 디즈레일리

열정은 내면에서 비롯되는 것이지만 외부의 영향력을 통해서도 자극받을 수 있다. 새로운 정보, 새로운 아이디어, 새로운 인식, 새로운 접촉점, 새로운 깨달음, 새로운 꿈 등이 모두 삶의 활기를 소생시키고 진정한 성공을 이뤄내는 데 도움을 준다. 내 친구 하나는 영화 〈에린 브로코비치〉를 보고 상당히 힘을 얻었다. 정규 교육을 받지 못했던 그 친구는 늘 평범한 일을 전전하며 지냈다. 그런데 별 볼 일 없는 학력에 세련되지도 않은 여성이 법률 조수로 일하다 결연한 의지와 노력을 통해 성공을 빚어낸 과정을 보자, 친구는 자기 이력을 끌어올리는 데 부쩍 관심을 갖게 되었다. 이 친구의 반응은 일종의 모델링, 즉 다른 사람의 생각과 열망을 따라하려는 현상으로 볼 수 있다. 매우 성공적인 삶을 산 사람들의 행동을 따라하는 건 전혀 잘못된 일이 아니다. 성공한 이들을 주의 깊게 관찰하기만 해도 영감을 받고 동기 부여를 얻게 될 때가 많다. 나는 성공한 사람들의 일대기를 다룬 책이나 TV 프로그램을 좋아한다. 어느 새 마음 깊숙한 곳에서 열정이 불쑥 솟아나기 때문이다.

어린이들을 관찰해 봐도 그들에게서 굉장한 열정을 배울 수 있다. 환희와 흥분으로 눈을 반짝반짝 빛내면서 미끄럼틀이며 그네며 정글짐 사이를 종종거리고 뛰어다니는 놀이터의 아이들을 한번 보라.

아이들은 노는 데 순도 높은 열정을 보인다. 원하는 대로 열의를 다해 노는 것이다.

나는 내 의뢰인한테서 열정에 관한 훌륭한 가르침을 얻었다. 그는 마치 열정의 화신 같다. 고작 몇 년 전만 해도 그는 몸도 마음도 너덜너덜 엉망이 되어 나자빠져 있었다. 목 때문에 대수술을 받고 목 보조기를 낀 채 생활하고 있었고 아내와 세 자녀를 두고 이혼했다. 근 20년간 충성을 다했던 회사가 매각되었고 근면 성실했던 그의 업무에 대한 보상이라곤 90일 후 고용 계약 해지가 다였다. 어느 순간 그는 친구네 집 소파에서 잠을 청하는 신세가 되고 말았다.

하지만 그는 단 몇 년 만에 상황을 역전시켰다. 연금을 일시불로 받고 융자를 받아서 당시 근근이 운영되던 해양 회사의 반을 매입했다. 사업은 술술 잘 풀렸고 1년 뒤 나머지 반을 매입했으며 그가 매입한 자산에 차입금을 이용하여 투자했다. 몇 년 만에 그는 투자 가치를 50배나 높이는 놀라운 결과를 보여줬고, 지금은 국내에서 가장 성장세가 빠른 해양회사 중 하나를 소유하게 되었다. 그는 정규 교육을 받지 못한 그저 평범한 사내처럼 보였지만 불같은 열정이라는 비밀 병기를 들고 나날이 승승장구했다.

그가 나를 데리고 낚시를 간 적 있는데 그때 사건을 통해 나는 그의 열정이 얼마나 대단한지 실감할 수 있었다. 당시에도 그는 성공 가도를 달리고 있었지만 지금 갖고 있는 20미터짜리 요트 대신 소박한 낚싯배를 갖고 있었다. 우리는 미시시피강과 멕시코만이 만나는 늪지에서 얼마동안 낚시를 했다. 그러다 돌아오는 길에 조류가 바뀌면서 우리가 탄 배가 늪지에 끼어 오도 가도 못하는 상황에 처했다.

나는 우리 둘의 목숨이 경각에 달렸다는 생각은 하지 않았지만, 해는 뉘엿뉘엿 저물고 우린 점점 드세지는 모기떼의 습격에 꼼짝없이 당하고만 있었다.

답이 안 보이는 지난한 사투가 벌어지던 와중에 내 친구가 갑자기 허리께까지 오는 물에 뛰어들어 배를 흔들기 시작했다. 나도 똑같이 그렇게 하면서 거들어야 한다는 의무감 때문에 더러운 진흙구덩이로 뛰어들긴 했지만 애초에 내가 여길 왜 왔으며, 지금 뭐 하는 짓인지 심란해 죽을 지경이었다. 우릴 이 상황까지 몰고 온 친구 녀석한테 잔뜩 화가 났다. 나는 내 친구가 모험을 좋아하는 사람이었다는 걸 안다. 그가 사업을 할 때 과감히 모험을 즐길 줄 아는 모습을 내가 존경하고 좋아하긴 했지만 내 몸의 안전이 위태로워지는 건 전혀 달갑지 않았다. 그는 배가 꿈쩍도 하지 않는데도 개의치 않고 계속 배를 밀어댔다. 그러면서 나한테 다시 배에 올라가 키를 잡고 조종해보라는 지시를 내렸다. 나로선 그 지시에 따르지 않을 이유가 없었다. 배를 밀고 또 밀다가 마지막으로 젖 먹던 힘까지 쥐어짜내는 사이 그의 얼굴이 시뻘개졌다. 기적적으로 배가 늪에서 빠져나와 자유를 찾았고 나는 그의 지시대로 항로를 향해 배를 조종했다. 기진맥진한 그는 다리에 힘이 풀려 풀썩 주저앉더니 점점 몸이 가라앉아 얼굴만 겨우 물 밖으로 나와 있는 상태가 되었다. 그 순간 나는 배를 버리고 물에 뛰어들어 그를 구해야 하는 건 아닌가 하고 생각했다. 다행히도 그는 이내 기력을 되찾아 배를 향해 헤엄쳐 왔고 우리는 안전하게 부두로 귀항했다.

그 낚시 여행은 내게 강렬한 인상을 남겼다. 그가 온힘을 다해 배를 밀어 마침내 움직이게 했던 순간 그의 기력이 얼마나 대단했는지 잊을 수가 없었다. 애초에 그건 도저히 불가능한 임무처럼 보였기 때문에 나는 더욱 놀랄 수밖에 없었다. 충분히 위축될 만한 확률 앞에서 실패 따위는 생각하지 않고 용감하게 도전해서 성공을 이뤄낸 그의 삶을, 인생의 비결을 이해할 수 있었다. 그렇게 대담하고 열정 넘치는 사람이 감히 실패란 걸 할 수 있겠는가? 나는 낚시 여행을 통해 잊지 못할 열정의 드라마 한 편을 보고 그에게 경외심을 갖게 되었다.

열정 대신 공포감을 안고 인생에 접근하는 이들이 너무 많다. 시험 삼아 소심하게 깜빡거려보는 열정은 세상으로부터 부정적인 피드백을 받는 즉시 소멸되고 만다. 안전지대로 퇴각하기란 참으로 쉬운 일이다. 우리는 그곳에서 안전하다는 느낌을 받지만 사실 완벽한 안전지대는 아니라는 걸 안다. 머뭇거리다보면 선택 능력이 무력화될 수 있다. 배우자를 선택하고 직업을 바꾸고 재정 목표를 세우는 등 모든 개인적 포부를 마비시키는 것이 바로 머뭇거림이다.

그런데 진짜로 열정적인 사람은 온갖 실패와 어려움에도 인내할 줄 안다. 열정이 이미 그들 내부에 아주 깊숙이 자리해서 존재의 일부가 되었기 때문이다. 역경에 아랑곳없이 그들은 열정 덕분에 계속 전진한다.

목적

자신이 꿈꿔온 삶을 살기 위해 스스로의 꿈과 노력이 이끄는 방향으로 자신 있게 나아
간다면, 평범한 나날 속에 뜻밖의 성공과 조우하게 될 것이다.
― 헨리 데이비드 소로우

목적은 비전이다

　　　… 목적을 깨닫는 즉시 열정이 불타오
를 수 있다. 목적은 인생의 비전, 그리고 지금 이 땅에 사는 이유와 매
우 밀접하게 연관돼 있다. 우리는 저마다 고유의 기술을 갖고 태어났
다. 각자 최대한의 능력을 발휘해 이 기술을 실행하는 것이 곧 우리
의 목적이다. 목적에 대한 설명은 영화 〈굿바이 뉴욕, 굿모닝 내 사랑
City Slickers〉에 잘 표현돼 있다. 이 영화는 중년기의 여러 문제와 씨름
하던 일군의 사내들이 고된 관광 목장에서 벌이는 좌충우돌을 담고
있다. 한 장면에서 빌리 크리스탈이 멘토 겸 안내인(잭 팰런스 분)과 인
생의 의미에 대해 이야기를 나눈다. 잭 팰런스는 검지를 들어 올려
자기 손가락이 '그것'을 나타낸다고 크리스탈에게 알려준다. 크리스
탈이 질문하자 팰런스가 대답한다. 일단 '그것'이 뭔지 알아내면 그
길로 인생이 정해진다고 답을 준다. 물론 예상하다시피 '그것'은 목
적을 가리킨다.

목적을 찾게 된다는 건 말 그대로 인생이 바뀌는 경험이다. 일생에서 자신이 노력해 얻어낸 나만의 고유한 역할이 그것에 어울리는 관심사와 재능, 능력과 맞아떨어진다면 그 얼마나 짜릿한 일이겠는가! 자신의 목적을 확정지을 때 무엇보다도 자기 스스로에게 전적으로 솔직해지는 게 중요하다. 지금 자신이 하고 있는 일에 만족하는가? 아니면 그것 말고 다른 일을 하는 자기 모습을 떠올리고 있는가? 수많은 자기계발 서적에서 어슷비슷하게 제기되는 질문이 있다.

"만약 절대로 실패하지 않는다면 무슨 일을 하겠는가?"

매일 아침 눈을 떠 자기 앞에 놓인 도전 과제에 한껏 들떠 힘을 내는 모습을 그려보자. 목적을 좇아가는 삶이라면 충분히 가능한 그림이다. 문제는 많은 이들이 그렇게 간절한 마음으로 하루하루를 대면하며 잠에서 깨는 건 아니라는 데 있다. 아마도 십대 시절에 택했을 현재의 직업을 마치 덫처럼 여기며 거기에 사로잡혀 있다고 느끼는 이들이 주변에 수두룩하다. 이런 사람들은 이제 계속 그대로 사는 수밖에 어쩔 도리가 없다고 생각한다. 어쨌거나 그게 출발점 아니었던가. 하지만 십대 청소년들에게 직업 관련 조언을 구하는 사람은 아무도 없을 것이다. 그러니 수십 년 전에 일찌감치 정해두었던 직업을 억지로 고수할 이유는 전혀 없다.

중년기 튜닝의 중요한 측면 중 하나는 바로 자기 삶을 재평가하고, 필요하다면 진짜 목적을 향해 삶을 재조정하는 것이다. 진정한 목적을 수립한다고 해서 반드시 기존의 직업을 완전히 내치는 과정을 거쳐야 하는 건 아니다. 간단한 수리나 미미한 수정 작업만 거쳐도 진짜 목표를 세울 수 있다. 이를테면 자기 일 자체는 좋아하지만 사업 분야에 싫증이 나는 경우가 있다. 대형 공업 회사의 회계 담당 업무가 지겨워진 사람이 어느 순간 연예 사업에 상당히 매료될 수도 있다. 또는 회계학을 가르치는 쪽으로 마음을 굳힐 수도 있다. 물론 이럴 경우 종신 재직 직위를 얻기 위해 박사 학위는 필요할 것이다. 언젠가 나는 기업 변호사로 일하는 게 진력이 나서 직업 전문가가 실시하는 직업 관련 종합 테스트를 받은 적이 있다. 세상에나! 전문가가 보여준 결과지에 '기업 변호사'라는 단어를 본 순간 나는 너무 놀라 숨이 턱 막혔다. 나한텐 그저 새로운 환경과 새로운 도전 과제가 필요했던 것이다. 한창 성장 중인 활기찬 회사의 사내 근무직을 수락하자 내 마음의 폭풍 구름이 스르르 사라졌다.

우리는 스스로에 대해 얼마나 확실한 이미지를 갖고 있을까? 많은 이들이 자기가 원하는 분명한 자아상을 갖고 있다. 단지 그 이미지를 구축하기 위해 노력하길 두려워할 뿐이다.

코미디언이자 성공한 TV 명사 존 스튜어트의 인터뷰를 본 적 있다. 그 어느 분야보다도 성공 확률이 낮으며 살벌한 경쟁이 요동치는 곳이 바로 연예계일 것이다. 걷잡을 수 없이 빠르게 변해가며 관대함이란 눈을 씻고 찾아봐도 없는 연예계 환경 속에서 어떻게든 인지도를 높이기 위해서 분투하지만 스타가 되는 사람은 극소수에 불과하다. 스튜어트는 경력 상의 터닝포인트가 무엇이었냐는 질문에 텔레비전을 자신의 목표 지점으로 삼고 거기에 완전히 전념해야 한다고 깨닫는 순간이 있었다고 말했다. 그리고 상상도 못할 거대한 장애물에 부딪혔지만 그는 자신이 목적한 바를 향해 열심을 다한 후에 마음이 꽤나 홀가분해졌다고 전했다. 일단 일에 전념하자 모든 것들이 자신의 경력에 유리한 쪽으로 딱딱 맞아떨어지기 시작했다. 현실에서 그런 순간이 찾아오면 그야말로 짜릿한 해방감을 느끼게 된다.

어떤 분야에서건 스스로를 몽땅 던져 넣는 사람들의 성공률이 훨씬 높다. 그런데 성공과 닿아있는 그 길 위에는 각고의 노력과 땀을 거부한 실패자들도 여기저기 널브러져 있다.

직무 경험이 주는 주요 혜택은 우리가 하기 좋아하는 것, 그리고 좋아하지 않는 것에 대한 실제적인 참고 사항을 제공한다는 점이다. 자신은 어떤 타입인지 생각해보자. 사람들과 만나 뭔가 주고받길 좋아하는가? 문제 해결에 짜릿함을 느끼는가? 아니면 무엇이든 만들어내길 좋아하는가? 사람들 중에는 보석, 요식업, 컴퓨터 등 특정 사업이나 제품에 매력을 느끼는 이들이 있다. 아니면 판매나 데이터 분석처럼 과정을 둘러싼 직업에 관심을 갖는 사람도 있다. 경우에 따라서는 자신에게 있는 기존의 기술을 다른 분야로 옮겨가면서 직업 변경을 모색할 수도 있다. 이와는 다르게 자기 분야에 대해 하나부터 열까지 잘 알고 있지만 다른 직무에 관심이 가는 경우도 있다. 가령 한 사업 분야에서 재무 업무가 지겨워질 즈음 마케팅 쪽으로 옮겨가고 싶은 마음이 들 수 있다. 이러한 접근법이 자기 일을 얼마나 산뜻하게 탈바꿈시키는지를 확인하면 정말 놀랄 것이다.

자기 목적을 무엇으로 정해야 하는지 아직 감이 안 온다면 모든 관심사를 속속들이 탐색해보라. 그리고 절대 포기하지 말자. 저기 어딘가 목적이 있으므로 관심을 갖고 찾기만 하면 된다.

자신의 목적에 전념하라

왜 위험을 무릅쓰지 않는가? 저기 열매가 보이지 않는가?
— 프랭크 스컬리

길을 발견하면 그게 자기만의 길인지 알아보게 될 것이다. 앞으로 필요한 모든 에너지와 상상력을 그 순간 갑자기 얻게 될 것이므로.
— 제리 길리스

때론 목적 부재가 문제가 아니라 스스로에게 너무 많은 부담을 주고 심지어 상충되는 일을 짊어지워서 문제가 된다. 삶의 진짜 목적이 정신 산만한 요소와 활동들 둔덕 아래에 묻혀있을 수도 있다. 지나칠 정도로 이것저것 손대는 사람은 결국 거의 아무것도 이루지 못한다. 성공의 기운을 지닌 이들은 단 하나의 목적에 집중할 줄 안다. 특별한 사업체 설립이나 새로운 일 시작하기처럼 하나의 초점을 향해 나아간다.

너무 많은 활동을 벌이는 외중에 각종 활동의 균형을 유지하려는 노력이 자칫 자신의 노력과 에너지를 흩뜨리는 것처럼 보인다. 목적을 이루려면 우선 자기만의 독특함을 찾은 다음 거기에 집중해야 한다. 내 경험에 의하면 지나친 활동으로 자기 삶을 어수선하게 만들 경우 자신의 목적은 분명 방해를 받을 수밖에 없다.

무엇보다도 자기 삶의 최우선 목적을 정하는 게 중요하다. 예컨대 부동산 개발인지, 부동산 판매인지 제1의 목적을 확정지을 필요가 있다. 목적을 여러 개 갖고 있다면 성공에 도달하기가 훨씬 어려워진다. 동시에 회사 세 개를 창업하려고 이리 뛰고 저리 뛰는 사람 중에 성공하는 사람이 대체 몇이나 되겠는가? 물론 모든 면에서 균형을 유지하면서 똑소리나게 잘해내는 사람이 아주 없진 않다. 하지만 결코 흔치 않다.

목적을 좇아가는 와중에도 먹고사는 문제를 소홀히 할 수는 없다. 소설가 퍼트리샤 콘웰은 자신의 첫 번째 책을 쓰는 동안 법 집행기관에서 일하면서 생활비를 충당했다. '주간 직업'은 생계 수단이 돼주었을 뿐 아니라 소설 작업에도 큰 도움이 되었다. 그 직업 덕분에 범죄 소설에 보다 믿을 만한 근거와 생생함을 보태줄 관련 지식과 경험으로 무장할 수 있었다. 법률 관련 돈벌이를 하면서도 콘웰은 자신의 목적이 소설가가 되는 것임을 한시도 잊지 않았다. 결과적으로 콘웰은 자신이 추구한 바에 따라 꽤 성공한 소설가가 되었다.

자신의 목적을 정할 때 보다 득이 되는 활동에 집중하고 나머지는 넘겨버리는 게 중요하다. 중년 즈음이면 대체로 자신이 뭘 잘 하고 뭘 못 하는지 제법 잘 파악하게 된다. 대부분의 중년은 아마 자신이 잘 하는 전공 분야에 집중하기 시작했을 것이다.

나의 전문 경력은 공인회계사, 법인 및 세금 변호인으로 일한 것이었다. 납세 신고서를 작성하진 않았지만 소유집중회사의 사업계획서에 관한 한 전문가로서 내 몫을 다했다. 비록 나는 온갖 복잡한 개인 소득세에 관한 내용을 업데이트하지 못했지만 공인회계사가 된 뒤로는 내 세금 신고는 내가 해야겠다는 의무감을 느꼈다. 하지만 개인 세금 신고는 내가 전문으로 다루는 것과는 다른 지식을 필요로 한다. 세법이 계속 바뀌고 있었고 내 세금 신고는 나날이 복잡해져갔다. 마감일이 8월 15일까지 연장되었는데 그 전까지 어떻게든 세금 신고서를 완성해보겠다고 나는 아등바등 새벽 두 시까지 눈에 핏발을 세우고 있었다. 끝이 보인다고 생각했는데도 나의 세금 소프트웨어 프로그램은 내 세금 신고서 곳곳에 계산 오류가 수두룩하다는 결과를 보여줬다.

결국 나는 두 손 두 발 다 들고 말았다. 세금 신고서 때문에 완전히 돌아버릴 지경이었다. 내 세금 신고서를 붙들고 대체 얼마나 많은 시간을 보냈는지, 얼마나 고통스러웠는지를 생각하다보니 개인 세금 신고서 작성 전문가인 공인회계사를 쓰는 쪽이 훨씬 낫다는 사실을 깨닫게 되었다. 나는 기한 연장 신청을 한 다음 공인회계사 일을 보는 친구에게 내 세금 신고서를 넘겼다. 그가 찾아낸 추가 공제액은 내가 그에게 서비스 비용을 여러 번 지불할 만큼 많았다.

내 경험을 단적인 예로 들었지만 인생이라는 큰 틀에서 보더라도 자신의 목적을 전문화하고 나머지는 위임하는 자세가 필요하다. 나를 도와줄 만한 적합한 사람을 찾기만 해도 성공에 성큼 다가갈 수 있다. 의미 있는 무엇인가를 성취하는 길은 바로 자신의 목적에 집중하는 것이다.

감히 꿈꾸어라

영예로운 승리를 거두려면 엄청난 일을 불사하는 편이 낫다. 설혹 실패로 인해 파란만장한 삶을 살게 된다 할지라도, 인생을 한껏 즐기지도 못하고 그렇다고 고통을 다부지게 겪어보지도 못한 가련한 영혼들과 어깨를 나란히 하는 것보다 훨씬 낫다. 승리가 무엇인지 패배가 무엇인지 전혀 모른 채 칙칙한 어스름 속에 사는 불행한 이들과 나란히 설 이유는 없다.
— 시어도어 루즈벨트

영광의 순간을 경험하고 싶다면 과감해져야 한다. 비록 과감함 때문에 실패자로 전락한다 하더라도 이들은 평생 단 한 번도 성공과 실패를 경험하지 못한, 무기력하고 어정쩡한 삶을 산 이들보다 훨씬 훌륭한 사람들이다. 평범한 목표를 세운 사람은 운명적으로 평범한 삶을 살게 돼 있다. 비즈니스 관련 유명 작가 짐 콜린스는 독자들에게 특별한 도전 과제를 제시한다. 크고(big), 스릴 있고(hairy), 대담한(audacious) 목표(goal), 즉 BHAG를 세우라고 강권한다. 일반적으로 우리의 열정에 제대로 불을 붙이는 건 이런 큰 목표이다. 이것이 바로 열정과 목적 사이의 고유한 상호작용이다. 이 둘은 서로를 추동하면서 활활 불타오르게 한다.

많은 이들이 원대한 꿈을 설정하지 않는 주된 이유는 실패에 대한 두려움 때문이다. 목적과 자기의심에 관한 숱한 교훈은 전혀 새로울 게 없다. 동기부여 강연가로 잘 알려진 토니 로빈스가 "성공은 단서를 남긴다."는 표현을 썼다. 성공한 이들을 살펴보면 다들 원대한 목적을 세워 거기에 전념하고 모든 에너지를 쏟아 최선을 다하는 데 집중했다. 그들은 낙관주의와 열정으로 무장한 다음 자신의 꿈에 달려들었다. 이 세상에서 무엇이든 할 수 있고 실패하지 않을 거라면 과연 무엇을 할 것인가? 정말 하고 싶은 게 있는데 혼잣말로 속삭이고만 있는 건 무엇인가? 쥘 베른의 고전 작품《지구 속 여행Journey to the Centre of the Earth》에 나오는 탐험팀은 다음과 같은 말로 기치를 드높인다.

"용맹한 여행자여, 분화구로 하강하라. 그러면 지구의 중심에 도달하리라."

목적을 정할 때 스스로를 '용맹한 여행자'로 설정하자. 자신의 목적에 관한 한 스스로에게 절대 솔직해야 하지만 어느 정도 위험을 감수할 준비도 해야 한다. 지금 이 시점에서 어떻게 목적을 달성해야 할까를 걱정하진 말자. 일단 목적을 정하는 게 먼저다.

자기 인생의 중대 목적을 달성하는 건 절대 쉬운 일이 아니다. 사람들 대부분은 스스로를 한껏 흥분시키고 자신의 열정을 세차게 흔들어줄 만한 원대한 목적을 설정하지 못한다. 방법을 모르는 것인가, 두려워하는 것인가? 내 책상 위에는 간단하지만 중요한 메시지를 담고 있는 액자가 놓여있다.

"꿈꾸어라."

부디 꿈꾸길 두려워하지 말라.

3
힘

고요히 믿고 의지하는 것이 힘을 얻는 길이다.
— 이사야 30장 15절

대담함만 있다면 어떤 일이든 맡을 수 있다. 하지만 모든 일을 다 할 수는 없다.
— 나폴레옹 보나파르트

신은 담대하고 강한 심장을 총애하신다.
— 알렉산더 반데그리프트 장군

개인적 힘 키우기

… 개인적 힘이란 자신의 목적을 추구하는 확신을 뜻한다. 나는 꽤 강한 자기 확신을 갖고 일을 시작했지만 인생은 필연적인 우여곡절을 끌어다 놓았고 나의 자기 확신 역시 인생의 굽이굽이에 휘둘렸다. 자기 불신은 내 인생을 끝없는 나락으로 빠져들게 했다. 그런데 어느 땐가 내 인생에 대한 권한을 되찾을 수 있다면 다시 성공할 수 있으며, 과거에 내가 실제로 성공을 일궈냈다는 사실을 깨닫는 순간, 내 삶의 중요한 전환점이 찾아왔다. 자기 확신은 우리로 하여금 대담하고 결단력 있게 행동하게 해준다. 마치 절대 실패하지 않을 듯, 모든 장애물을 극복하고 마침내 성공을 이뤄낼 듯 행동하게 만든다.

‘힘’이라는 용어는 부정적인 어감으로 들리기도 한다. 힘에 굶주린 재계 거물이나 파렴치한 정치인의 이미지를 떠올리게 하기 때문이다. 그러나 여기서 말하는 개인적 힘은 자신에게 힘을 불어넣는 자기 강화와 관련돼 있다. 즉 자신이 실제로 목적을 달성할 수 있다는 강한 믿음을 스스로에게 주입함으로써 성공을 자기 손으로 일궈낼 수 있게 하는 힘이다. 성공한 사람들의 공통분모는 자신이 성공할 수 있는 능력을 지니고 있다는 강한 믿음이다. 나는 내가 무언가를 할 수 있다고 믿을 때마다 대체로 다 해낼 수 있었다. 하지만 강한 의혹을 품을 때면 여지없이 실패하고 말았다.

사람들은 보통 자기 믿음의 수준만큼 올라가거나 내려간다. 더도 덜도 말고 자기 가능성을 믿는 수준에서 무엇인가를 이뤄낸다. 성공은 우리의 믿음이 직접 기능하는 영역이다. 그리고 이 믿음의 기능은 인생 전반에 적용된다. 개인적 힘을 키우는 건 곧 자신이 성공할 수 있으며 훌륭한 삶을 누릴 수 있다는 자기 믿음을 되찾는 과정이다. 혹시 지금까지는 그저 그런 평범한 삶을 살았다는 느낌이 든다면 이제는 뭔가 근사한 인생을 꾸려봐야겠다고 마음먹어보라. 뭘 기다리고 있는가? 인생의 중요한 영역을 더욱 가치 있게, 더욱 좋게 만들기 위해 스스로에게 힘을 부여하겠노라며 마음을 다잡아야 할 때다.

개인적 힘을 설명할 때 필요한 또 다른 용어가 바로 극기(克己)이다. 이는 우리 인생에서 가장 감당하기 힘든 제멋대로인 존재, 바로 자기 자신에게서 최고를 뽑아내는 능력을 말한다. 얄궂게도 우리 자신보다 남들이 우리 능력을 더 신뢰하는 경우가 많다. 자신감이 부족하다면 개인적 힘을 키우는 길은 꽤나 험난해진다. 살면서 누구나 긍정적으로든 부정적으로든 삶을 확 바꿔놓는 사건을 만난다. 그러나 부정적인 반응을 어지간히 들어온 경우라면 갑자기 스스로를 믿기 시작하는 게 말처럼 쉬운 일이 아니다. 때로는 자신감을 키우기 위해서 제법 수고를 들여야 한다. 이는 마치 운동선수들이 경기에 앞서 훈련을 하고 컨디션을 조절하는 과정과 닮았다.

자신의 개인적 역량을 폭발시키는 첫 번째 단계는 과거의 성과 돌아보기이다.

지금껏 우리는 특별하고 색다른 것들을 성취하며 살아왔다. 자신이 가장 자랑할 만한 성과는 무엇인가? 아무것도 이룬 게 없다는 말 따위는 하지 말라. 다시 생각해보라. 친한 친구나 가족들에게 물어봐도 좋다. 내 친구 중 한 녀석이 자기는 눈에 띌 만한 성과를 낸 게 아무것도 없다고 단언하듯 말했다. 그래서 나는 친구의 양육 기술을 짚어줬다. 자녀들의 여러 활동에 얼마나 세심하게 관심을 갖고 도움을 주는지도 일깨워줬다. 더구나 그는 훌륭한 남편이자 지역에서 존경받는 인물이기도 했다. 하지만 그는 자신이 뭔가 가치 있고 훌륭한 일을 이뤄냈다는 점을 믿기 힘들어하는 눈치였다. 다른 친구 하나는 병든 부모를 모시면서 거의 영웅적인 수준으로 책임을 다하는 모습을 보였다. 내가 그 친구의 노력이 얼마나 가치 있는지를 언급하자 처음에는 손사래 치며 자기 노력을 과소평가했다. 그래도 내가 계속 내 의견을 피력하자 친구는 마지못해 내 말을 인정했다.

자기 자신을 믿고 칭찬할 건 칭찬해주자. 남들도 그렇게 한다. 우린 모두가 훌륭한 일을 하고 있다. 자신의 성과를 돌아보고 뿌듯해할 필요가 있다. 그런 다음 과거의 풍부했던 자원을 현재로 끌어오겠다고 다짐하면 된다.

자신의 개인적 역량을 끌어올리는 두 번째 방법은 현재의 성과 정리하기이다.

헨리 데이비드 소로우는 가치 있는 목표들을 하나하나 점진적으로 성취해가는 것이 곧 성공이라고 정의했다. 이 정의 안에는 크나큰 지혜가 담겨 있다. 성공을 일련의 세부 목표들로 잘게 분해해서 한 가지 목표를 성취하면 좀 더 어려운 다음 번 목표를 달성하는 데 도움을 얻을 수 있다는 것이다. 차곡차곡 쌓여가는 성공을 잊지 말고 자축해야 한다.

사람들은 앞만 보고 내달리는 사이 성공이 순차적인 단계로 이뤄져 있다는 사실을 자주 잊어버린다. 하지만 중간 단계의 목표를 마주하기 시작하면서 우리의 자신감이 더 탄탄해짐을 느낄 것이다. 신참 정치인이 대뜸 주지사부터 출마하지는 않는다. 우선 지역 의회에 출마한 다음 점차 위로 올라가기 마련이다. 모든 기업가들 역시 같은 수순을 따른다. 원하는 결과를 얻으려면 그 결과의 부분을 이루는 작은 성공 여러 개를 하나 둘 쌓아가야 한다.

이처럼 체계적이고 순차적인 방식으로 접근하면 궁극적인 목표나 목적을 달성하기가 훨씬 쉬워질 뿐 아니라 성공을 향한 여정 내내 계속 힘을 충전하게 된다. 내가 다시 글을 쓰기 시작했을 때 8만에서 10만 단어의 원고를 완성해야 한다는 생각으로 상당히 기가 질려 있었다. 특히나 온종일 글에 매진하는 게 아니라 짬짬이 시간을 내서 글을 써야 했기에 도무지 엄두가 안 났다. 하지만 작가 컨퍼런스에서 한 강연가가 한 말에서 큰 힘을 얻을 수 있었다. "하루에 한 페이지를 쓰면 1년에 책 한 권을 완성할 수 있다"는 말 덕분에 당초 불가능해 보였던 임무가 가능해진 것이다.

큰 덩어리의 목표를 보다 작은 덩어리로 나눠 두면 최종 목표 달성의 가능성을 높일 수 있고 이로 인해 두려움이나 불확실성을 줄일 수 있다. 모든 단계의 성과에 주목할 필요가 있다. 지속적으로 앞으로 나아갈 자신감을 충전해주기 때문이다.

인생의 한 영역에서 이룬 성공은 또 다른 부분의 성공을 불러오기 마련이다. 나를 예로 들자면, 내가 운동과 식이요법 계획을 착실히 잘 지킬수록 자존감도 더 높아졌고 하는 일에서도 더욱 성공할 수 있었다. 작은 성공을 만끽하고 삶의 균형을 추구하며 자기 확신을 강화하자 내 삶은 이내 상승 작용을 보이며 기분 좋은 만족감을 발산하기 시작했다. 내가 스스로 힘을 충전하니까 내 인생의 다른 부분들도 협력하기 시작한다는 사실을 깨달았다. 자신감을 얻었으므로 그때부터는 더 나은 결정을 내리게 되었다. 결정할 사안을 앞에 두고 끊임없이 괴로움에 몸부림칠 때 인생길의 정체 현상을 느끼던 그런 기분은 싹 사라졌다. 내가 나의 의사 결정 능력을 신뢰하지 않았을 때는 여지없이 형편없는 결정이 나오곤 했다. 세분화된 모든 부분을 살펴보면서 전체 윤곽을 그려볼 시간을 갖지도 않고 결론을 향해 성급히 돌진했기 때문이다.

사실 의사 결정은 자신감을 높이는 데 도움을 준다. 확신이 있는 사람들은 결단력이 있고 신속한 결정을 내릴 줄 안다. 이들이 항상 옳다는 말을 하는 게 아니다. 세상 그 누구도 늘 완벽한 결정을 내리지는 못한다. 하지만 우리가 내리는 결정은 행동이라는 노정 위에 우리를 데려다준다. 내가 참여했던 피정 기간 중에 나는 한 영성가에게 나의 의사 결정력에 대한 어려움을 털어놓았다. 당시 나는 무엇이든 결정 내린다는 것을 굉장히 힘겨워했다. 예전에 뉴올리언스 로욜라

대학교 심리학과에 몸담았던 그 사제가 알려준 답은 간단했다. 의사 결정의 두려움을 극복하는 유일한 방법은 결정을 내리는 것 그 자체였다. 끝 간 데 없이 무기력해질 때면 그날 뭘 먹어야 할지도 정할 수 없을 지경이었다. 의사 결정 능력이 모조리 방전돼버린 상태였다. 실수하는 게 두려워 아무것도 결정할 수가 없었다. 진지한 연인 관계도 너무 오랫동안 불확실한 상태에 머물러 아무 진전이 없었다. 뭘 어떻게 해야 할지 아무 생각이 안 떠올랐다. 결국 그 관계에 대한 결정권은 나한테 있었는데도 나는 아무것도 못했다. 개인적인 힘은 자신을 믿는 믿음을 되찾는 것이다. 결정 내리기는 자기 믿음 과정의 한 단계라 할 수 있다.

강한 힘과 자신감을 타고나는 사람들도 있긴 하지만 후천적으로 개발해야 하는 이들도 있다. 내가 가끔 보는 TV 프로그램 중에 VH-1 채널의 〈비하인드 더 뮤직〉이 있다. 록스타들의 삶을 일대기로 보여주는 프로그램인데 그 패턴이 일정하기 때문에 내용을 얼추 예상할 수 있을 때가 많다. 말하자면 이런 식이다. 젊은 아티스트가 있다. 무명 시절을 겪으며 고군분투하다가 어느 순간 갑자기 명성을 얻게 된다. 더불어 몸값도 치솟는다. 수많은 스타들은 갑작스레 덤벼든 부와 인기를 건사하기엔 너무 미숙하다. 지나친 부담에 숨을 헐떡이다 약물에 손을 댄다. 경력이 막다른 곳에 다다른다. 때론 목숨까지도 위태로워진다. 대충 이런 패턴이다. 정상까지 올라가 거기서 안정적으로 머무는 연예인을 찾기란 하늘의 별 따기다. 그래도 간혹 그런 연예인이 있긴 하다. 개인에 따라 호불호가 확실히 나뉘는 가수, 바로 마돈나다. 마돈나는 개인적 역량이 경력에 얼마나 지대한 영향을 미치는지를 보여주는 훌륭한 예가 되기도 한다. 마돈나의 라이프스타일이나 이미지를 싫어하는 사람이라도 팝 문화에 끼친 어마어마한 영향과 연예인으로서의 높은 위상까지 부인할 수는 없을 것이다.

마돈나에 관한 VH-1 스페셜을 보는 동안 나는 이 가수가 거둔 성공의 씨앗이 아주 어린 시절에 뿌려져 있었다는 걸 확인했다. 어릴 때부터 품은 강한 자신감과 굳은 의지가 성공의 비결이었던 것이다. 마돈나가 스물한 살 때 〈아메리칸 밴드스탠드〉에 첫 출연한 장면을 보면 한 인간으로서 그의 모습이 가장 잘 드러나 있다. 딕 클라크가 마돈나의 면전에 마이크를 쑥 들이밀고 물었다.

"하고 싶은 게 뭔가요?"

자, 뭐라고 답했을 것 같은가? 히트 음반이 나왔으면 좋겠다고 했을까? 그 당시 마돈나는 아직 히트곡 하나 없는 무명가수였다. 성공적인 음반 경력을 쌓는 것이었을까? 이제 막 음반사와 계약한 시점이었으니 성공은 한참 먼 일이었다. 마돈나의 답은 이랬다.

"세계를 지배하고 싶어요."

무명의 스물한 살짜리 입에서 나오기에는 상당히 당돌하고 야망 넘치는 대답이 아닐 수 없다. 하지만 어떤가? 마돈나는 자기 방식으로 정말 세계를 지배하기에 이르렀다. 마돈나가 연예계라는 세계를 지배했다는 점은 의심할 여지없는 사실이다. 그녀는 셀 수 없는 히트곡을 냈고 팝 문화계에 자기만의 길을 뚜렷이 개척한 장본인이다. 연예인으로서 마돈나를 분석하기 시작하면 흥미로운 점을 발견하게 된다. 가수를 하지 말았어야 했던 수많은 이유를 찾아낼 수 있다. 일단 목소리부터 시작해보자. 연예계에 종사하는 많고 많은 다른 가수들 목소리가 더 낫다. 외모는 어떤가. 분명 마돈나가 무난히 나이 들어가는 예쁜 여성이긴 하지만, 훨씬 매력적인 외모의 다른 가수들이 많은 건 확실하다. 연예계 기준으로 봤을 때 마돈나는 눈길을 확 잡아끌 만큼 아름답진 않다.

마돈나가 성공할 수 있었던 건 다른 무엇보다도 의지와 자신감, 즉 개인적 힘 덕분이다. 그녀는 자기만의 독특한 스타일을 발전시켰고 자신이 성공하게 될 거라는 사실을 추호도 의심하지 않았다. 마돈나는 부와 명성을 얻기 위해 집을 떠나 뉴욕으로 향했다. 생존을 위해 온갖 일을 했다. 쓰레기통을 뒤져 배를 채울 때도 있었다. 누군가를 만나 데이트도 했고 음반 제작자를 만나기 위해 나이트클럽을 전전하기도 했다. 온갖 장애물과 맞닥뜨렸지만 자기 자신에 대한 확고부동한 믿음만은 단단히 붙들고 있었다. 이런 개인적 힘이 바로 수많은 신인 가수들과 마돈나를 갈라놓는 지점이 되었다. 숱한 신인 가수들이 마돈나의 스타일을 모방하려고 애를 썼다. 한두 곡 정도 히트곡을 냈을지는 모르지만 이들의 경력은 금세 김이 빠져버렸다.

테일러 데인이라는 가수가 있었다. 1980년대 후반에 등장한 이 가수는 '새로운 마돈나'라고 불리며 인기를 구가했다. 하지만 내가 마지막으로 데인의 콘서트를 봤을 당시 작은 공연장에 고작 수십 명의 관객이 있었던 기억이 난다. 솔직히 참 안 됐다는 생각이 들었다. 좋은 목소리를 지닌 아름답고 섹시한 외모의 여성인데 왜 데인의 가수 인생은 완전히 망해버렸고 마돈나는 내내 비상하고 있는 걸까? 마돈나의 자기 믿음, 그리고 절대적인 의지력이 해답이다.

샤니아 트웨인 같은 다른 가수들 역시 성공을 위해 개인적 역경과 경력상의 어려움을 극복해야 했다. 이들이 지닌 불굴의 자신감은 이름 없이 사라져가는 사람들에게선 찾아볼 수 없는 경우가 많다. 변덕스러운 소비자들의 취향은 말 그대로 하룻밤 새 돌변한다. 오래가는 연예인들은 굉장한 재능뿐만 아니라 강한 자기 확신을 갖춘 이들이다. 라스베이거스에서 닐 세다카의 공연을 본 적이 있다. 그의 전성기는 우리 세대보다 약간 이전이긴 했지만 명성은 익히 들어 알고 있었다. 세다카는 1950년대 후반부터 1960년대 초반까지 상당한 인기를 누렸다. 그의 순수하고 유쾌한 록 음악은 큰 인기를 얻어 천만 장의 앨범 판매고를 올릴 정도였다. 그런데 1964년 어느 날 영국의 록 그룹 비틀즈가 〈에드 설리반 쇼〉에 등장했다. 대중들은 이 새로운 로큰롤 브랜드에 구름떼 같이 몰려들었고 세다카는 10여 년간 종적을 감췄다. 하지만 그 사이에 세다카는 사라진 게 아니라 자신이 가장 잘 하는 것을 꾸준히 하고 있었을 뿐이다. 그러다 1980년대 중반 즈음 또 다른 베스트셀러 음반이 나오게 되었다. '세다카 돌아오다'라는 적절한 이름을 달고 나온 음반이었다. 이처럼 최정상과 나락을 넘나들며 자신감을 혹사시키는 롤러코스터에 대해 연예인들만큼 잘 아는 사람은 없다. 그래도 연예인뿐 아니라 모든 사람들이 잘 알고 있는 사실이 있다. 인생의 모든 경우에 해당되는 보편적 핵심 요소는 바로 자기 믿음, 즉 스스로에게 힘을 부여하는 것이라는 사실 말이다.

두려움 극복하기

고난 없이 승리 없소
고통 없이 왕위 없소
쓰라림 없이 영광 없소
십자가 없이 면류관 없소
— 윌리엄 펜,《고난 없이 영광 없나니No Cross, No Crown》

나를 죽이지 못하는 것은 나를 더욱 강하게 만들 뿐이다.
— 프리드리히 빌헬름 니체,《우상의 황혼Twilight of the Idols》

사느냐, 죽느냐, 그것이 문제구나
난폭한 운명의 돌팔매와 화살을
묵묵히 견뎌내야 하는가
아니면 환난의 격랑에 맞설 무기를 부여잡고
끝끝내 싸워야 하는가
어느 쪽이 더 고결한 것인가
— 셰익스피어

    자신감을 불러와 잘 간수하는 것은 쉽지 않다. 기분이 좋을 때에
도 좌절감, 부정적인 생각, 꿈이 실패하고 말 거라는 불안감이 내내
따라다니며 마음을 쿡쿡 쑤신다. 원하는 목표나 목적에 대해 생각하
고 그것을 향해 나아가리라 결심할 때마다 두려움이 그 노정을 방해

하는 가장 유력한 피고가 될 것이다. 당연히 목표를 이룰 자격이 충분한 사람들한테서 목표를 앗아가버리는 것도 다름 아닌 두려움이다. 마음이 끌리는 사람을 만났지만 거절당할까 두려워 데이트 신청도 못한다. 다른 일을 해보고 싶지만 지금의 직장을 떠날 용기가 안 난다. 두려움은 여러 가지 형태로 찾아온다. 실패에 대한 두려움, 성공에 대한 두려움, 미지의 것에 대한 두려움 등등.

두려움은 만인 공통의 감정이다. 누구든 살아가면서 수없이 많은 두려움을 경험한다. 경험이 많은 베테랑 공연자들조차도 무대에 오르기 전엔 여전히 마음이 조마조마하다고 토로한다. 자신감에서 둘째가라면 서러울 CEO들도 자신의 결정이 잘못될까봐 노심초사한다. 흔들림 없는 자기 확신으로 무장한 것처럼 보이는 사람들이 속으로는 거대한 두려움과 교전 중인 경우도 부지기수다.

핵심은 '두려움을 감지하면서 어떻게든 해내는 것'이다. 수잔 제퍼스의 책에서 몇 가지 조언을 들어보자. 제퍼스의 조사 내용이 밝히다시피, 성공한 사람들은 자신의 두려움을 어떻게 통과하는지 그 방법을 터득했기 때문에 두려움을 느끼면서도 어떻게든 자기 일을 해낸다. 만일 두려움한테 통제권을 줘버린다면 그 두려움은 얼마든지 우리를 옴짝달싹 못하게 만들 게 분명하다. 그렇다고 시간이 지나면 저절로 두려움이 사라지는 것도 아니다. 두려움이 저 혼자 간단히 사라지진 않는다. 개인적 힘은 자신의 두려움을 밀어 제쳐버리는 능력도 포함하고 있다. 하지만 두려움과의 한판 승부가 말처럼 쉽지는 않다. 특히나 두려움이 실제적이고 그 자체로 흥미를 끈다면 더욱 만만치 않다. 두려움 해결 방법에 대해 생각해보자.

무엇보다도 모든 사람이 두려움을 안고 있으며 염려와 불안의 동굴 속에 자기 혼자만 있는 게 아니라는 사실을 깨달아야 한다. 두려움을 피하거나 부정하려고 애쓰기보다는 정면으로 바라보고 면밀히 조사하는 쪽을 택하라. 자신의 두려움을 이해하고 분석한 뒤 종국에는 이로운 것으로 바꿔야 한다.

실제로 자신이 두려워하는 것은 무엇인가? 과감히 안전지대 바깥으로 발을 내딛는 게 두려울 수 있다. 보다 구체적으로 말하자면 실패나 거부가 두려운 것이다. 우리는 잠재된 부정적 결과를 지나치게 강조해서 두려움을 확대하곤 한다. 이성적으로 위험 부담을 검토하기보다는 일어날 수 있는 모든 최악의 결과를 상정해 그게 얼마나 멀리 떨어져 있든 상관없이 병적으로 매달린다. 두려움에게 개입 허가증을 주는 순간 그것은 우리를 집어삼켜버릴 수도 있다. 그러니 한 발 물러서서 두려움을 분석해보라. 진짜, 정말로, 두려워하는 게 무엇인가? 실제로 일어날 가능성이 있는 최악의 상황은 무엇인가? 우리가 두려워하는 결과 가운데 90퍼센트는 절대 일어날 리 없다는 점을 명심하자. 자기 삶을 차분히 한번 돌아보면 이 말이 진실임을 인정하게 될 것이다. 전혀 벌어지지도 않았던 일을 전전긍긍 걱정했던 경우가 얼마나 많았는가? 마크 트웨인은 이런 말을 했다.

"내 인생에는 끔찍한 경험이 많았다. 그런데 그중에 몇 가지는 실제로 일어난 일이었다."

최악의 상황에 대비해 '현실성 있는' 준비를 해두겠다고 결심해야 한다. 무엇인가를 시도하기 전에 실제로 일어날 수 있는 최악의 결과가 무엇인지 자문할 필요가 있다. 그 최악의 상황을 감당할 수 있는가? 이 단계는 두려움의 크기를 줄이는 데 중요한 역할을 한다. 예를 들면 많은 이들이 사업상의 새로운 고객에게 전화를 할 때 두려움을 느낀다. 확실히 나도 그렇다. 하지만 스스로에게 물어보자. 최악의 시나리오는 무엇인가? 험한 비난의 말 몇 마디 듣는 것? 아니면 통화 도중 상대방이 전화를 확 끊어버리는 상황? 그게 다다. 전화 한 통화 끊어졌다고 해서 경제적으로든 직업적으로든 엄청난 손해를 입을 리 만무하다. 그것 때문에 쓸데없이 하루를 망치거나 그래서도 안 된다. 거부에 대한 두려움을 충분히 감당할 수 있다면 주저 말고 수화기를 들고 전화를 걸어라.

공직에 출마하고 싶다면 어떤가? 일어날 수 있는 최악의 상황이라 해봤자 선거에 지는 것밖에 없다. 내가 선거에 출마했을 당시 맞닥뜨려야 했던 고민이다. 나는 선거에 지더라도 충분히 마음을 추스를 수 있고 재정적인 문제도 감당할 수 있을 거라는 결론을 내렸다. 경제적 타격을 주지 않을 만큼의 선거 비용 예산을 잡았고, 시간을 분배한 다음, 과감히 주사위를 던졌다.

창업을 원한다고 가정해보자. 사업을 시작했을 때 생길 만한 최악의 상황은 무엇인가? 사업 실패일 것이다. 어느 젊은 여성은 쇼핑몰에서 카트 하나로 시작하는 초콜릿 소매업을 창업하길 원했다. 남편이 재정적으로 안정돼 있는 데다 초콜릿 사업 초기 비용이라 해봤자 채 만 불도 안 됐기 때문에 충분히 해볼 만한데도, 그 여성은 실패에 대한 두려움 때문에 단 한 발자국도 내딛지 못했다. 내 사무실에 상담 받으러 와선 거의 눈물을 쏟을 지경까지 겁을 내고 있었다. 나는 그 모험은 위험성 면에서 큰 부담이 되지 않으며 재정 상태에 거의 영향을 미치지 않을 거라고 확인시켰다. 하지만 그 여성의 머릿속은 부정적인 가정으로 가득 차 있어 도무지 마음이 바뀔 기미가 안 보였다. 결국 사업을 시작하지 못했다.

그 여성과는 정반대의 경우도 있다. 너무 필사적으로 창업을 원하고 심지어 위험 부담 가능조차 거부하는 의뢰인들도 있다. 인터넷 상용화 초창기에 온라인 학습 회사를 창업하는 데 전 재산을 걸 준비가 된 의뢰인이 있었다. 나 역시 그 분야에 잔뜩 마음이 끌려 있던 터라 온라인 학습 산업 박람회에 참석해 여러 사업 리더들과 얘기도 나눴던 때였다. 나는 의뢰인한테 자금을 더 모으고 계획에 집중해야 하며, 거대 기업들에 맞서 경쟁하겠다며 야심차게 노후 대비 저축까지 던져 넣는 건 무모한 결정이라고 조언했다.

다행히 중용을 지킨 의뢰인도 있다. 앞서 언급했던 사람인데 그는 자기 노후 대비 저축을 선박 회사에 투자했다. 평생을 해운업에 종사했던 그는 배가 매물로 나왔고 이미 그걸 사려는 사람들이 줄 서 있다는 것을 알았다. 그 정보를 입수했을 때 좋은 기회가 찾아왔다고 감지했고 실제로 과감히 모험을 걸어볼 준비가 돼 있었다. 물론 선박에 투자해서 실패할 수도 있었지만 정황상 가능 손실액이 적당하다고 판단했다. 이 지점이 바로 힘과 계획이 맞물리는 곳이다. 신중하게 계획을 세우면 위험을 감수할 힘을 얻게 된다. 제대로 된 계획 없이 모험을 감행하는 것만큼 무모한 일은 없다. 나는 온라인 학습 회사라는 큰 도박에 자기 노후 대비 저축을 몽땅 들이부으려고 안달복달하는 의뢰인더러 차라리 라스베이거스 카지노에서 도박을 하라고 말해줬다. 최소한 즐거운 시간이라도 보낼 것 아니겠는가?

의사인 내 친구는 베트남전에서 조종사로 복무했었다. 그가 느꼈던 가장 큰 두려움은 가학적인 적군에게 붙잡히는 것이었다. 이 친구의 두려움에 비하면 우리가 느끼는 두려움은 상당히 무색해진다. 더구나 그 극적인 경험 때문에 내 친구는 전투나 논쟁, 싸움에 관한 어마어마한 스트레스를 처리할 능력을 갖추게 되었다. 친구가 자신의 최대 두려움을 감당할 수 있다고 마음먹는 순간 나머지는 식은 죽 먹기처럼 보였다.

마치 온몸에 통증을 유발하는 것 같은 두려움을 느낄 때면 최악의 시나리오를 그려보라. 그 상황을 감당할 수 있겠는가? 우리는 위험 부담에 관해 각자 다른 수용치와 방침을 갖고 있다. 해양 회사에 몸담고 있는 내 친구는 위험 부담 수용치가 나보다 훨씬 높다. 핵심은 각자 나름의 상황을 감안해서 적당한 위험을 감수하는 것이다. 일단 우리가 최초의 두려움을 한울타리 안에 몰아넣어두면 수용 가능한 위험 부담과 불가능한 위험 부담에 대해 보다 나은 판단을 내릴 수 있다. 받아들일 수 없는 위험을 거절하는 건 전혀 잘못된 결정이 아니다. 전문적 투자 회사들은 위험률과 투자회수율을 항상 평가하면서 수용 불가능한 위험 부담은 거절한다. 그러나 평가를 하는 과정에서 손실에 대한 두려움 때문에 판단이 흐려지지 않게 해야 한다.

과도한 두려움은 부정적인 사고방식에서 비롯되는 경우가 종종 있다. 최악의 상황을 상정하는 경향이 있다면 자기 인생이 타인의 기대 수준에 영향을 받는 현상으로 변할 수 있다. 나는 거의 평생 동안 부정적 사고방식과 격투를 벌여야 했다. 모든 게 비교적 순탄할 때조차 무엇이든 잘못된 걸 찾아낼 수 있었다. 돌이켜보면 나를 야금야금 갉아먹던 걱정거리 대부분이 실제로는 절대 일어나지 않았다는 걸 깨달았다.

나는 한 젊은 여성 덕분에 긍정적으로 사고하는 방법을 배웠다. 내게 크나큰 영감을 준 그 여성은 긍정적 사고방식에 관한 한 훌륭한 본보기가 되는 사람이다. 몇 가지 건강상의 문제가 있는데도 그 여성은 내가 아는 사람 중에 가장 행복해 보인다. 그녀는 소화기 질환 때문에 벌써 수년째 휴대용 영양공급 튜브를 사용해야 할 정도로 건강이 좋지 않은데도 가족을 돌보고 자기 일을 계속하면서 늘 바쁘게 살아간다. 그러던 중 뇌종양 진단을 받게 되었다. 그 힘든 화학요법 치료를 다 겪어내면서도 그녀는 강한 정신력을 유지했다. 그 여성에 비하면 당시의 내 문제들은 별 것 아닌 것으로 보였고 나의 부정적인 사고방식이 솔직히 몹시 부끄러웠다.

어느 날 그녀가 가족들과 함께 바닷가로 여행을 떠났다가 딸과 함께 해변에 앉아 있는 동안 벌어졌던 흥미로운 사건에 대해 내게 들려주었다. 멕시코만에 천둥, 번개, 폭풍우가 몰아치던 즈음에 그녀는 폭풍우 경계선 지대의 해변에 딸과 함께 앉아 있었다. 그들의 시야에 들어온 바다는 정확히 반으로 나뉘어 극명한 대조를 보였다. 왼쪽은 근접한 폭풍우 때문에 기분 나쁘게 어두침침한 반면, 오른쪽은 한여름 낮의 눈부신 아름다움을 뽐내고 있었다. 폭풍우가 해안 쪽으로 다가오자 얼른 자리에서 일어나 실내로 대피해야 하는지, 폭풍우에 아무 해도 받지 않을 테니 해변에 그대로 있어도 되는지 가늠이 안 되었다. 딸은 옆에서 모래 장난을 치며 놀다가 폭풍우가 다가오는 걸 보고 깜짝 놀랐다. "엄마, 우리 어떻게 해야 돼?" 라고 묻는 딸의 목소리에는 얼마간 공포가 배어 있었다. 엄마는 왼편에 드리워진 암흑과 동요를 본 다음 오른편의 빛나는 푸른 하늘을 보고 딸에게 답했다. "오른쪽을 보렴."

그녀는 안 좋은 일을 겪을 때마다 "오른쪽을 보자."는 결심을 한다고 말했다. 그러니 우리 역시 부정적 생각과 두려움으로 마음이 갉아먹힐 때마다 "오른쪽을 보자."고 결심해보길 바란다. 이처럼 두려움 극복 단계에는 긍정적 태도나 인생에 대한 올바른 관점을 키우는 것이 포함돼 있다. 관점에 관해서는 나중에 다른 장에서 자세히 다뤄보기로 한다.

두려움과 직결돼 있는 부정적 사고는 부정적 혼잣말로 뚜렷해지는 경우가 많다. 부정적인 혼잣말을 하다보면 사기도 꺾이고 마음도 약해지기 마련이다. 여기서 말하는 혼잣말은 머릿속에서 쉴 새 없이 재잘대는 작은 목소리다. 두려움 극복 단계에는 두려움을 불러일으키거나 조장할 수 있는 부정적 혼잣말을 조절하는 것이 포함된다. 우리가 외부 환경 전부를 통제할 수는 없을지라도 얼마간 노력만 한다면 머릿속에서 윙윙대는 목소리 정도는 충분히 잠재울 수 있다. 특히 마음이 동요하고 스트레스를 받는 상황에서 머릿속을 차분히 정리할 수 있다. 자신의 두려움을 객관적으로 평가할 줄 알게 되면 자신의 생각과 혼잣말 취급 방법을 터득하게 된다. 내면의 목소리를 잠재우면 스스로 차분함을 되찾을 수 있다.

제대로 된 계획은 실패 위험을 대폭 줄여주고 두려움까지 누그러뜨린다. 또한 계획 수립은 개인적 힘을 급상승시키는 중요 요소가 되기도 한다. 최악의 상황을 대비해 스스로를 준비시켜 둔 뒤 그 다음 단계는 성공을 준비하는 것이다.

내가 계획 수립의 힘을 인식하게 된 건 나중에 운동을 시작했을 때였다. 솔직히 내가 운동선수와는 거리가 멀다고 말하면 상당히 약하게 표현한 것이다. 십대 때 나는 지독한 몸치였다. 팀을 짜서 하는 경기에는 끝에서 둘째도 셋째도 아니요 가장 마지막에 간택되던 신세였다. 이처럼 신체적 능력이 뒤떨어진다는 점이 끊임없이 나를 괴롭혔다. 늘 내게 고통을 주던 이 부분이 나중에는 신체 관련 목표까지 세우게 해준 원동력이 되었다.

내가 30대에 세운 첫 목표는 마라톤 완주였다. 혹시 모를까봐 알려두지만 42.195km를 달린다는 얘기다. 그것도 나 같은 몸치가. 속도로 말할라치면 나는 분명 거북이과였지만 누가 뭐래도 끈기 하나만큼은 아무에게도 뒤지지 않았다. 사실 나는 달리는 걸 즐겼고 한 번에 9~10km씩 규칙적으로 달리곤 했다. 그렇지만 10km를 42.195km로 늘리는 건 보통 무리가 아니다. 나는 마라톤을 여러 번 해본 사람들에게 자문을 구하며 그들의 훈련 스케줄을 입수했다. 스케줄에 따라 매일 뛰는 거리를 다르게 해서 주단위로 장거리 달리기 거리를 몇 km씩 늘렸다. 처음에는 보통 때 달리던 10km에서 5km를 늘려서 15km로 달리고, 5km를 더 늘려서 20km, 그 다음엔 25km 이런 식으로 늘렸다. 그러다보니 42.195km를 달릴 수 있을 거라는 자신감이 생겼다. 이런 체계적 훈련뿐만 아니라 전문가들의 비법 몇 가지도 터득할 필요가 있었다. 허벅지에 윤활유 바르기, 신체의 민감한 부위가 땀에 젖은 옷에 쓸리지 않게 하기 같은 기술도 알아둬야 했다. 또한 뛰는 동안 체내 수분 함량을 유지하고 비타민

보충제를 섭취하는 것도 중요했다. 오랜 기간 체계적 노력을 기울인 끝에 나는 드디어 마라톤을 완주했다. 4시간 28분의 기록이었다. 결승선을 통과하자 친구가 나를 축하해 주면서 아무나 달성할 수 없는 대단한 일을 해냈다는 말을 건넸다. 매번 꼴찌로 선택 받던 몸치 소년이 해낸 일치고는 과히 나쁘지 않았다. 나는 꼼꼼한 훈련을 통해 스스로 힘을 키웠던 것이다.

일전에 나는 한 의뢰인이 사업 관계를 끊는 걸 도와준 적이 있다. 그는 급속도로 사업을 확장하던 중이었는데 지분이 적은 사업 파트너의 주식을 몽땅 사들이고 싶어 했다. 하지만 그 사업 파트너에게 접근할 방도가 없었다. 나는 내 의뢰인이 오래 기다릴수록 매입가가 더 높아질 거라는 점을 짚어줬다. 그는 어떻게든 행동을 취하고 싶어 했지만 최종 단계를 실행할 수가 없었다. 나는 그가 심각한 대화에 약하다는 걸 알았기 때문에 그 부분을 보강할 수 있도록 도와줬다. 내가 제안한 건 시뮬레이션이었다. 내가 그의 역할을 맡고 그는 동업자 역할을 맡아서 대화를 진행해보는 것이었다. 우리는 그 동업자의 반응을 예상해서 여러 번 리허설을 했다. 이 연습 덕분에 그는 마침내 동업자에게 접근해 매입 협상을 벌일 수 있었다. 그때 이후로 그의 사업 가치가 대폭 상승했다.

중요한 프레젠테이션이나 대결이 다가온다면 그 상황을 리허설해보면서 힘을 비축해둬야 한다. 이 방법이 어떻게 자신감을 쑥쑥 키우고 두려움을 줄여주는지를 직접 확인해보면 깜짝 놀랄 것이다.

'준비'가 핵심이다. 맞붙을 준비를 안 해둔 대상과 만나 불시에 습격 받을 일을 만들지 말자. 자신의 강점 대신 약점에 휘둘려 행동하고 있기 때문에 전반적 균형감을 잃고 있는 상태에서 결정을 내린다는 건 절대 좋은 생각이 아니다. 기반을 잡고 스스로를 튼튼하게 준비하기 위한 시간을 가져야 한다. 수많은 판매원들이 써먹는 수법은 고객이 균형감을 잃은 순간을 공략해 섣불리 결정을 내리게 하는 것이다. 자신의 제안이 오로지 지금 당장만 유효하다는 식으로 고객을 압박한다. 이 방법은 오래된 협상 전략이다. 원치 않는 결정을 내리도록 성가시게 구는 전략인 셈이다.

열이면 열 모든 이들이 겁내는 상황은 다름 아닌 중고차를 구입할 때다. 예전에 차 구매 협상의 출발점이 자동차의 '표시 가격'이던 때가 있었다. 판매원은 언제나 똑같이 표시 가격을 기점으로 협상을 진행했다. 그 가격에는 수천 달러의 수익이 포함돼 있는 경우가 많았다. 오늘날에는 자동차 가격에 관한 정보를 어디서든 손쉽게 얻을 수 있다. 덕분에 고객들은 표시 가격이 아니라 미리 입수한 정보를 바탕으로 적정 가격을 협상 카드로 제시할 수 있다. 그러한 가격 정보와 비교 구매로 인해 우리는 정보에 입각한 결정 사항을 자신 있게 마무리 짓게 된다.

가장 최근에 차를 구매할 때 나는 어느 때보다도 공을 들였다. 새 모델에 비해 가격이 상당히 낮은 데다 주행거리도 최소한도이고 유지 상태도 훌륭한 차를 하나 발견했다. 나는 그 모델의 가격 구조를 면밀히 따져본 뒤 딜러와 약간의 흥정을 했다. 딜러의 최종 제안을 받았을 때 그 거래가 더할 나위 없이 탁월한 선택이라는 확신이 들었기 때문에 기꺼이 구매 완료 버튼을 눌렀다. 적어도 이번만은 구매자의 후회 따윈 없었다. 왜냐, 나는 준비돼 있었으니까!

나 같은 경우에는 일을 하는 동안 국세청과 세금 계산으로 협상을 벌이는 일도 자주 있고 의뢰인을 대신해서 다른 사업체들과 협상을 벌이는 경우도 비일비재하다. 나는 모든 사안에 대해서 준비가 돼 있지 않다면 상대편 법률 고문이나 정부와 절대 이야기하지 않는다. 준비가 안 되어 있다면 나는 갑이 아니라 을의 입장에서 상황에 임하게 되는 것이다. 을의 입장에서 대화 석상에 나서면 두려움도 커지고 실수할 확률도 높아진다. 개인의 힘을 키우려면 준비하는 데 시간을 투자해야 한다.

4

계획

아무것도 겨냥하지 않으면 당연히 아무것도 못 맞춘다.
― 로버트 H. 포먼

너무 많은 것을 시작하는 사람은 거의 아무것도 달성하지 못한다.
― 독일 속담

효과적인 계획 수립

　　　　… 튜닝 과정의 다음 단계는 계획 수립이다. 열정을 불러 모은 다음 목적 달성에 집중하고자 힘을 충전한다 할지라도, 제대로 된 계획이 없다면 좋은 의도와 부단한 노력이 쉽사리 낭비되고 만다. 적절한 계획 수립이야말로 개인의 유효성을 높이는 기초가 된다.

　정신 사납게 바삐 흘러가는 오늘날의 세상에서 우리는 시간에 쫓기는 요구 사항 때문에 끊임없이 도전을 받는다. 우리가 어떤 사람이든 상관없이 모두들 하루에 24시간만을 허락 받았다. 우리는 종종 시간과의 전쟁에 처해 있는 스스로를 확인한다. 직장과 가족의 요구 사항에 호흡 곤란이 생길 지경이지만 그 요구를 충족시키고자 무진장 애를 쓴다. 가능한 한 신속하고 효율적으로 모든 일을 완수하기 위해 허둥지둥 분주히 움직인다. 하지만 '효율성'이 항상 답이 되는 건 아니다. 개인적 문제와 사업상의 문제를 해결할 때는 '유효성'을 발휘해야 한다. 효율성은 어떤 일을 능률적으로 하는 것이고, 유효성은 제대로 된 일을 하는 것이다. 이를테면 전혀 완수될 필요성이 없는 일을 효율적으로 수행하는 게 좋을 리가 없다. 유효성은 올바른 선택을 하는 것을 의미한다. 유효성과 계획의 원리에 관해서라면 작가 겸 경제학자이며 현대 경영의 대부로 일컬어지는 피터 드러커한테서 최고의 설명을 들을 수 있다. 《자기경영 노트The Effective Executive》는 1960년대에 나왔지만, 시간 관리와 계획 수립에 관한 실용적 조언과 빛나는 가르침 때문에 세월이 흘러도 꾸준히 사랑 받고 있다.

이 분야를 연구해온 사람들과 드러커의 말을 빌리자면, 유감스럽게도 사람들 대부분은 본래의 자기 역량만큼 효과적으로 살아가지 못한다. 할 수 있는데 못 하는 것이다. 하지만 다행스럽게도 유효성은 학습을 통해 체득될 수 있다. 유효성의 주요 열쇠는 바로 적절한 시간 관리이다. 시간이야말로 진정한 희소자원이라 할 수 있다. 우리는 모두 똑같은 양의 시간을 분배 받는다. 시간을 더 늘릴 수도 없고 일단 한번 쓰면 되돌릴 수가 없다.

유효성을 확보하기 위한 계획 수립

1. 우선순위 정하기

자신의 목적에 가장 기여도가 큰 활동들을 따로 떼어서 그 활동을 우선적으로 수행해야 한다. 우선순위에 집중하지 못하고 정신이 딴 데로 흩어질 일이 너무 자주 생긴다. 전화 통화, 인터넷 서핑, 이메일 확인 등에 늘 마음을 빼앗기면서 정작 가장 중요한 활동만 쏙 빼고 있진 않은지 돌아볼 일이다. 개인의 유효성은 우선순위에 집중하는 훈련과 관련돼 있다. 유효성은 보다 크고 중요한 임무에 달려들기 전에 작은 일들을 뚝딱 해치우는 게 아니라, 중요한 과제를 가장 먼저 해결하는 것이다.

종종 인용되는 파레토의 법칙을 보면 우선순위 정하기의 중요성을 잘 알 수 있다. 19세기에 활동한 이탈리아의 경제학자 빌프레도 파레토가 제시한 이 법칙은 당시 영국의 부와 소득 패턴을 정리하면서 체계화되었다. 파레토가 발견한 내용은 소수의 사람들이 한 집단 내의 재산 대부분을 소유하고 있다는 사실이었다. 상위 20%의 사람들이 80%의 부를 소유하고, 상위 20%의 재산 80%는 이 상위층 가운데 또 최상위 20%에 의해 좌우되었다. 또한 파레토는 그가 조사한 곳 어디서든 실제적으로 80/20 패턴이 적용된다는 사실을 발견했다. 상위 20%의 고객이 전체 판매의 80%를 담당하며, 20%의 판매가 수익의 80%를 만들어낸다는 식의 패턴을 알아냈다.

오늘날 파레토의 법칙은 계획 수립에서 가장 중요한 규칙 중 하나로 꼽힌다. 이 법칙에 따르면 우리 손에 들어오는 80%의 결과물은 우리의 활동 중 20%에서 비롯된다. 하고 싶은 것을 전부 성취하기란 거의 불가능하므로 결과의 80%를 만들어낼 마법 같은 20%에 집중할 활동을 먼저 해야 한다. 그러려면 계획을 세워야 한다.

2. 시간 일지 작성

경영 컨설턴트들은 정확히 어떻게 시간을 보낼지 정하기 위해 최소 1주일간의 시간 일지를 작성하라고 조언한다. 이 연습을 해보면 상당히 흥미로운 사실을 확인할 수 있다. 사람들은 자신이 '대부분'의 시간을 생산성 '최저'의 활동을 하며 보내는 사실에 적잖은 충격을 받는다. 예컨대 기업 경영진들은 회사를 위한 전략 기획 수립처럼 중요한 상위 경영 활동에 자신이 실제로 할애하는 시간이 얼마나 적은지를 확인하고 깜짝 놀라곤 한다. 시간 일지는 활동 방향을 바로잡는 데 도움이 된다. 또는 활동을 위임하거나 필요 없는 활동을 정리하는 데도 아주 유용하다.

다소 지루해보일 수도 있지만, 자신이 정확히 어떻게 시간을 보내는지 판단하고 우선순위의 일을 향한 진척 상황을 확인하기 위해 주 단위 시간 일지를 작성하는 게 좋다. 상위 20%의 일에 집중하고 있는지, 아니면 별로 가치 없는 일에 시간을 소진하며 정신을 분산시키고 있는지 돌아볼 때다.

3. 큰 단위 시간으로 일정 정하기

'큰 단위' 시간이라는 말에 주목할 필요가 있다. 쓸 수 있는 시간을 꽤 큰 덩어리로 확보해야 한다는 게 핵심이다. 이것은 시간 통합화로도 알려져 있다. 오늘날 과학기술이 아무리 진보했다 하더라도 중요한 임무는 여전히 충분한 시간을 필요로 한다. 어떤 일을 부리나케 해치우면 어김없이 실수가 발생하지 않던가? 그 실수를 바로잡느라 곱절의 시간과 비용을 들인 적이 얼마나 많았던가?

우선순위의 일을 완수하기 위해 충분한 시간 일정을 잡아야 한다. 한 가지 일을 중단하고 시작하는 과정이 끊임없이 반복되면서 상당한 시간이 소요될 것이다. 대략적인 시간 계획을 세우고 일정에 맞춰 중요한 일을 마무리하면 된다.

큰 단위 시간으로 일정을 잡는 게 항상 쉽지만은 않다. 얼마간 결단력도 필요하고 때에 따라서는 외부의 협조도 필요하다. 통화 대기가 생길 수도 있고 방문객도 기다리게 해야 할지도 모른다. 가끔은 집에서 일정 시간을 중단 없이 활용하는 게 더 쉬울 때도 있다. 물론 80/20 법칙은 연속된 계획 수립 시간이 요구되는 중대한 활동을 결정할 때 적용된다.

유효성을 높이기 위해서는 중요한 활동을 바탕으로 미리 계획을 세울 필요가 있다. 일과 관련된 계획을 세운 다음 그 계획을 실행해야 한다. 자신의 경력과 인생에 도움이 되도록 원하는 방향을 설정하고 차근차근 계획에 따르면 된다. 자기 인생의 중요 영역에 목록으로 오르는 다양한 목표들은 전부 다 일련의 활동으로 전환될 수 있다.

질서정연한 인생

우리 인생은 지엽적인 일 때문에 쓸데없이 낭비된다. … 단순하게,
부디 단순하게 살라.
― 헨리 데이비드 소로우, 《월든》

계획 수립의 중요한 부분 또 하나는 인생의 질서 잡기이다. 첫 번째 단계는 어수선한 잡동사니를 없애는 것이다. 직장이나 집이 어수선해지는 건 시간문제다. 그런 뒤죽박죽 난잡함은 우리가 중요한 일에 매진하는데 명백히 방해가 된다.

나는 실제로 어떤 일을 마무리하는 데 시간을 쓰기보다는 뭔가 할 일을 찾고 그 일에 착수할 준비를 하느라 더 많은 시간을 보내곤 했다. 처음에는 위압적으로 보였던 프로젝트가 사실 단계별로 세분화한 다음 각 단계에 매진하기 시작하자 꽤 해볼 만한 일이었던 경우가 많았다. 잔뜩 어질러진 공간보다는 깨끗하게 정리 정돈이 잘 된 일터에서 작업을 할 때 훨씬 더 업무에 몰입할 수 있었다. 그리고 주변이 너무 지저분하면 쉽사리 무력감을 느꼈다.

어수선한 것들을 치우려면 앞에서 언급한 큰 단위의 시간 동안 노력할 필요가 있다. 한 번에 조금씩 할 수 있는 일이 아니다. 우선적으로 손봐야 할 공간은 집과 직장이다. 정리 정돈을 위한 시간을 큰 덩어리로 뚝 떼어 놓아야 한다.

주변 정리에 도움이 될 제품들은 얼마든지 많다. 종류별 서류 라벨이나 크게 펼칠 수 있는 마닐라지 서류철은 아직까지도 나의 애용

품이다. 이 라벨 덕분에 서류철은 중요한 물건처럼 보인다. 게다가 그걸 보면서 계속 정리를 잘해둬야겠다고 굳은 다짐을 할 정도다.

개인 서류철을 정리할 때 은행 계좌, 투자 관련, 의료 관련, 보험, 세금 정보 등으로 세분화할 수 있다. 또는 모든 정보를 스캔해서 디지털화한 정보로 저장하면 종이 문서를 없앨 수도 있다. 예금 잔액 확인 소프트웨어를 사용하고 온라인으로 대금을 지불하는 사람들이 늘고 있다. 실제로 현대 사회는 점차 종이 없는 사회로 넘어가고 있다. 중요한 문건만 종이로 간수하고 나머지는 처분하는 게 좋다. 보험 증서, 보증서 등의 문건 원본은 중요한 서류이므로 보관하고 그 외 나머지는 없애야 한다. 이 얘기는 단순히 종이에 국한된 게 아니라 우리 생활과 관련된 모든 물품, 즉 의류나 기타 다양한 물건에도 적용된다.

목표 달성에 방해가 되면서 정신을 어지럽게 만드는 일등공신을 찾자면 지저분한 사무실이나 집만한 게 없다. 지금 당장 최우선 과제로 삼아야 할 것은 바로 정리 정돈이다. 방마다 차례로 달려들어 작업에 돌입해야 한다. 까짓것 시간이야 얼마나 걸리겠어, 하며 과소평가할 일이 아니다. 제법 시간을 잡아먹는 일이긴 하지만 결과를 생각해보면 충분히 보답이 되고도 남는 작업이다. 마음을 짓누르던 온갖 쓰레기더미를 전부 치웠을 때 기분이 얼마나 가뿐할지 생각해보라.

점증적인 목표 설정

성공적인 인생을 꾸려가는 사람은 꾸준히 목표를 바라보고 흔들림 없이 그 목표를 향해 나아가는 사람이다. 그게 바로 전념이다.
— 세실 B. 드밀

　　목표 설정은 매우 중요한 주제이므로 좀 더 논의해볼 가치가 있다. 다음에 정리된 내용은 목표 설정 및 목표 달성에 길잡이가 된다고 검증된 방법들이다.

- 목표를 글로 적어둔다.

　글로 써두지 않은 것은 그저 희망사항에 불과하다. 자신의 목표를 종이에 적어 놓는 것은 목표 달성을 향한 커다란 한 걸음이 된다.

- 구체적인 목표를 정한다.

　목표를 자세하게 정리하는 것이 곧 목표 설정의 기초이다. 보다 구체적으로 목표를 정할수록 목표 달성 확률은 더 높아진다. 가령 살을 빼기 위해 운동을 시작해야겠다는 목표를 정하면 이것은 그리 구체적인 목표가 아니다. 몇 킬로그램을 빼고 싶은지를 정하고 구체적인 운동 프로그램에 돌입하는 게 이상적이다.

- 측정할 수 있는 목표여야 한다.

　목표치를 측정할 수 있다면 진척 상황을 추적하기가 더 쉬워진다. 측정할 수 없는 목표는 달성 여부를 가늠하기가 어렵다. 예

를 들어 상업적인 체중 감량 프로그램을 보면 매일 체중이 얼마
나 줄었는지를 확인하는 과정이 포함돼 있다.

• 달성 가능한 목표여야 한다.

모름지기 목표는 현실적일 필요가 있다. 성취할 수 있는 목표란
지금 당장 손에 닿지 않지만 눈에는 보이는 것을 말하는 것으로
시야에서 벗어나 있는 것이어선 안 된다.

계획 수립의 또 다른 이점은 점증적인 발전 정도가 극적으로 커진
다는 것이다. 꿈을 좇아가는 도중에 그 꿈을 절대 이루지 못할 거라
는 생각을 하면서 낙심하기란 너무 쉬운 일이다. 하지만 우리 삶이
항상 흔들림 없이 전진하는 건 아님을 기억해야 한다. 우리가 어느
산 정상에서 다른 정상으로 나아가야 할 때 가끔은 우리가 가는 길이
지그재그로 고르지 않을 수도 있다. 그런 상황에 처하면 오도 가도
못 하는 느낌이 들 수도 있으나, 중요한 활동을 날마다 조금씩 완성
해가는 과정에 집중해야 한다. 그러한 점증적인 발전 덕분에 측정 가
능한 진전이 보이는 것이고 결국에는 극적인 결과를 얻게 된다. 이를
테면 10kg 감량을 목표로 삼고 있다 해도, 지방을 5kg 줄이고 근육
을 키우면 외모뿐만 아니라 사고방식에도 대단한 변화가 찾아온다.
인생의 각 중요 영역에서 점증적 발전을 이룸으로써 자기 개발의 시
너지 효과가 생기고 인생이 전반적으로 균형을 유지하게 된다. 일일
단위를 기본으로 한 계획을 세울 때 목표 설정의 결과는 최대가 된
다. 컴퓨터, PDA, 휴대전화 등 기타 개인 정보관리 체계가 넘쳐나는
이 시대에 계획 세울 시간이 없다는 건 핑계가 안 된다. 다음 단계에

따라 차근차근 계획을 세워보자.

   1. 각 중요 영역에서 인생의 중요 목표나 목적을 정한다.(part 3참고)
     a. 정서 ____
     b. 재정 ____
     c. 직업 ____
     d. 관계 ____
     e. 신체 ____
     f. 지성 ____
     g. 영성 ____
  2. 목표들의 우선순위를 정한다.
  3. 각 목표를 여러 활동으로 세분화한다.
  4. 각 활동의 일정을 잡는다.

매주 자신의 목적을 재검토해보고 주 단위 계획을 미리 세워둔다. 일정 상의 주요 부분에 직장이나 일 관련 프로젝트가 포함된 계획이라고 하더라도 운동, 재무 계획 설계사 만나기, 교육방송 시청 같은 다른 할 일을 등한시하면 안 된다. 주중에 아내(남편)와 데이트하기, 또는 함께 영화 보기, 친구와 만나 담소 나누기 등등 여가 활동을 하는 계획도 세운다. 이런 활동을 통해 기분 전환도 하고 계속 전진할 수 있는 힘을 얻을 수 있다.

너무 성가신 계획 수립 방법을 쓰진 말라. 예전에 나는 색깔로 구분하는 꽤 복잡한 생활 계획 방식을 시도한 적이 있었다. 이전보다 정리가 더 안 되는 것 같아 결국엔 그 방식을 포기하고 말았다. 본인이 사용하지 않는다면 아무리 최첨단 정리 체계라 해도 도움이 되지 않을 것이다. 다음날 할 일 목록을 쭉 메모해두기만 해도 아무 문제 없는 사람들도 많다. 아니면 자신한테 맞는 계획 짜기 방식이나 프로그램을 찾아낼 수도 있다.

일주일에 한 번 자신의 주요 목표들을 다시 살펴본 뒤 그 다음 주의 활동 계획을 세운다. 이 간단한 방식이 의외로 잘 활용되지 않는다. 계획이 없는 상태에서는 여기저기서 자잘하게 벌어지는 일들에 쉽사리 마음을 빼앗기게 된다. 계속 오는 전화나 책상에 잔뜩 쌓여있는 우편물처럼 얼핏 긴급해 보이는 것들이 사실은 그다지 중요하지 않다. 그런데도 그런 일들은 강력한 자석처럼 우리를 잡아당기는 경향이 있다. 채 인지하기도 전에 이미 많은 시간을 낭비해버리고 정작 중요한 일 근처에도 못 가는 경우가 허다하다.

즉각적인 관심을 요하는 급한 활동과 최종 목적 달성에 도움을 주는 중요한 활동을 분별하기 위해서도 계획 수립 단계가 꼭 필요하다. 급하지만 중요하지 않은 활동을 비껴가고 다시 자신의 우선순위로 돌아가는 것 또한 유효성과 관련돼 있다. 우리가 원하는 것 전부를 달성할 수는 없을지라도, 계획만 효과적으로 세우면 우리가 원하는 무엇이든 실제로 성취할 수 있다는 사실을 명심하자.

5

관점

다른 사람의 삶과 비교하지 말고 자기 나름의 삶을 즐겨라.
― 콩도르세

좋은 것도 나쁜 것도 없다. 단지 생각이 그렇게 만들 뿐이다.
― 셰익스피어

관점이 태도를 결정한다

···그간 내가 읽었던 모든 자기계발서는 긍정적 태도의 미덕을 찬양한다. 하지만 찬양을 넘어서 한 가지 덧붙이고 싶은 게 있다. 우리의 태도는 자신과 외부 세계 사이의 필터 역할을 한다. 그 필터를 통해 생각, 경험, 상호작용이 해석된다. 간단히 말하자면, 긍정적 태도를 지닌 이들은 여러 상황 속에서 좋은 면을 보는 반면 부정적 태도를 지닌 사람들은 나쁜 면에 집중한다. 폭풍우 속에서 딸에게 "오른쪽을 보렴." 이라고 말했던 여성을 기억하는가? 그런 이들의 몸에는 긍정적 태도가 배어있다. 다른 조건이 전부 똑같더라도 모든 상황에서 좋은 면을 보는 긍정적인 사람들은 부정적인 태도를 지닌 사람들보다 무슨 일에서든 훨씬 높은 성공률을 보여준다. 긍정적인 태도나 관점은 삶의 질을 극적으로 높여준다. 태도는 우리의 행동, 사고, 감정의 기초가 되기 때문이다.

도전이나 역경에 접근할 때 이를 비극이 아니라 기회라고 보는 쪽이 한층 건설적이다. 자신의 불운에 잔뜩 풀이 죽어 정처 없이 헤매고 다니느니 깨진 조각들을 수거해 툭툭 털고 앞으로 나가는 편이 훨씬 낫다. 우리의 세계관을 좌우하는 기준, 그리고 어떤 사건을 긍정적으로 해석할지 부정적으로 해석할지를 결정짓는 틀이 바로 태도 또는 관점이다. 긍정적 태도는 인생이 쏘아대는 그 어떤 화살도 꿰뚫을 수 없는 방패 역할을 한다.

우리가 받은 축복에 감사하기보다 우리한테 없는 것에 마음을 얹어두기가 훨씬 쉽다. 자신이 누리는 풍족함과 행운에 감사하는 대신 갖지 못한 것에 집착해 인생 대부분을 후회 속에서 허송세월하는 사람이 얼마나 많은가! 이런 사람은 자신이 택한 배우자를 아쉬워하고 직업에 대해 후회한다. 자신이 결정한 일, 머뭇거리다 놓쳐버린 일에 땅을 친다. 위험을 감수했기 때문에, 때론 기꺼이 위험을 감수하지 못했기 때문에 한탄한다. 어떻게 보면 사람들은 자기 인생에 원래 준비돼 있던 것을 아깝게 놓쳐버렸다고 생각하는 것 같다. 다행스럽게도 우리의 수명이 점점 길어지고 있으며, 경험을 통해 배울 기회와 자기 삶의 궤도를 재조정할 수 있는 기회가 예전보다 많아졌다. 자기 인생 경험을 분석해서 그로부터 교훈을 찾아낸 다음 나쁜 일은 잊고 전진해야 한다.

과거에 붙들려서 현재를 등한시하고 미래를 두려워하는 사람들이 너무 많다. 하지만 과거로부터 배울 점을 찾고 현재를 즐기며 미래를 계획하는 게 한층 생산적이다. 이전의 인생 경험이 아무리 고통스럽다 해도, 아무리 값비싼 대가를 치렀다 해도, 그 경험은 미래를 계획하는 데 도움이 되는 소중한 학습 도구가 될 수 있다. 그 같은 인생 경험은 인생의 호황과 불황이 어지럽게 찾아오는 상황에서도 명확한 통찰력을 갖게 한다.

특정 산업 분야에 벼락 경기가 찾아온 시기에 한 젊은 사업가가 너무 급하게 사업을 확장하려고 했다. 이때 경험 많은 선배 사업가가 지나치게 차입 자본 투자를 하지 말라고 충고했다. 모든 사업에는 주기가 있으므로 불경기를 감안하라는 뜻이었다. 이처럼 중년쯤 되면 한결 지혜로워지므로 그 시기를 기회로 삼을 수 있는 입장이 된다. 경험은 종종 최고의 스승이 되어 우리를 성장시키므로 좋은 쪽으로 활용해야지, 과거의 실수와 문제라는 수렁에 빠져 질척여서는 안 된다. 물론 우리는 너나 할 것 없이 가끔은 진창에 빠지곤 한다. 그래도 실패와 실수를 바라보는 올바른 관점을 가지고 있다면 달갑지 않은 그런 경험들이 훌륭한 스승이 되어 빛나는 가르침을 전해줄 것이다.

일에서 막다른 골목에 다다른 느낌이 들고, 배우자나 애인과 삐걱거리고, 다른 인간관계도 시원찮을 때가 있다. 그런 힘든 시기를 겪는 동안 사기를 잃지 않는 게 얼마나 힘든지 내가 직접 체험했기 때문에 아주 잘 안다. 어느 날 아침에는 마지못해 겨우 잠자리에서 일어나기도 했다. 그런 시기는 마치 끝나지 않을 힘든 시험을 치르는 시간 같기도 하지만 분명 그 시험을 통과할 방법이 있다. 계획 수립, 힘 키우기 같은 몇몇 튜닝 단계와 긍정적 태도를 조합하면 가장 효과적인 탈출 방법을 찾아낼 수 있다. 나는 가장 힘들었던 시기를 보내면서 항상 신앙에 의지했다. 신은 절대 나를 못 본 체하지 않았다. 내 문제가 전부 일사천리로 해결되었다는 게 아니다. 내 안에 신의 은총과 신뢰가 가득 찼고 하루하루를 직면할 수 있는 용기와 힘, 희망이 채워졌다는 말이다. 신앙 중심의 생활이 선사하는 커다란 도움은 영성 튜닝을 다루는 장에서 논의할 것이다.

태도의 중요성에 대해 날카로운 통찰력을 보여주는 자기계발서의 고전 두 권을 소개하고자 한다. M. 스캇 펙의 《아직도 가야 할 길The Road Less Traveled》은 "인생 참 힘들다."는 문장으로 시작한다. 의외로 정신이 퍼뜩 들게 하는 간명한 한 마디다. 베이비붐 세대 중 많은 이들은 여러모로 풍족한 시대에 성장했기 때문에 "삶은 좋은 것이고 앞으로 더 좋아질 것"이라고 믿도록 길들여진 게 사실이다. 그들은 대단한 도전 과제를 헤쳐 가며 산 적이 없었다. 대공황이나 2차 세계대전을 겪지 않았으니 딱히 자유를 위협 받거나 배고픔을 겪어본 적도 없다. 그러니 인생이 던져주는 고초를 최대한 활용하기보다는 불운에 슬퍼하고 자신과 남들을 탓하기 쉽다. 그런 상태에서는 삶 자체가 점점 더 늪으로 빠져 들어가 꼼짝도 못하게 되고 만다. 인생의 고통에 대해 누군가를 탓하고 싶다면 아담과 이브한테 책임을 돌리는 수밖에 없다. 태초에 신은 그들에게 멋진 삶을 창조해주셨다. 필요한 건 뭐든 제공되었으니 그들은 그저 에덴동산이라는 낙원에서 잘 먹고 잘 살면 되는 것이었다. 돈 문제로 골머리를 썩을 일도 없고 아프지도 않고 전쟁도, 범죄도, 노화도, 그 어떤 근심 걱정도 없는 삶이었다. 유일한 제약은 선악과를 먹지 말라는 것뿐이었다. 그러던 차에 뱀이 등장했고 그 뒷이야기는 다들 잘 알 것이다. 그때 이후로 우리는 아담과 이브가 저지른 잘못의 대가를 치르는 중이다. 그런데 일단 우리가 사는 게 힘들다는 사실을 이해한다면 불가피한 인생의 역경을 마주하며 긍정적인 태도를 유지하기가 한결 쉬워진다.

두 번째 책은 빅터 프랭클의 저작 《죽음의 수용소에서Man's Search for Meaning》이다. 이 책은 힘든 시기를 겪고 있는 모든 사람에게 읽어보라고 권하고 싶은 책이다. 저자는 자신이 나치 강제수용소에서 보낸 소름끼치는 4년을 연대순으로 책에 담아낸다. 그가 묘사하는 상황들은 차마 상상하고 싶지 않은 것들이다. 발가락이 다 삐져나오는 부츠를 신고 차디찬 눈밭을 행군하는 얘기, 달랑 수프 한 컵으로 엄혹한 하루를 견뎌내던 얘기는 약과다. 동상에 걸린 수용소 포로들이 손가락 발가락을 잃는 일도 부지기수였고 사악한 경비병들의 무자비한 처사를 묵묵히 참아내야만 했다고 한다. 이런 끔찍한 상황 속에서 프랭클은 마음가짐의 중요성을 깨달았다. 그는 이것을 인간이 지닌 마지막 자유라고 지칭했다. 재산, 삶의 질, 자유 이 모든 것을 나치가 다 앗아갔지만 인간에게 있는 최후의 자유까지 빼앗지는 못했다. 즉 주변 환경에 굴복하지 않는 태도를 선택할 수 있는 힘은 함부로 강탈해갈 수 있는 게 아니었다. 현재의 비참한 상황 그 이상을 보면서 긍정적 목표에 집중할 수 있는 수감자들일수록 생존 확률이 월등히 높다는 사실이 프랭클의 눈에 포착되었다. 긍정적 시각을 지닌 사람들의 목표는 자유, 가족과의 재회, 잔혹한 나치 경비병들에 대한 징벌 등이었다. 목표가 없는 사람들, 모든 걸 포기하기로 마음먹은 사람들은 상대적으로 빠른 시간 내에 맥없이 죽어나갔다.

솔직히 현재 자신에게 닥친 고난이 빅터 프랭클이 나치 수용소에서 겪은 고초 못지않게 힘겹다고 말할 사람이 있는가? 아마 거의 없을 것이다. 수용소에 자유의 빛이 찾아올 즈음에도 그는 끔찍하고 호된 시련의 마지막 지점까지 내몰려 또 다시 시험을 당했다. 연합군이 수용소로 진격해올 때 경비병들이 남아있는 사람들을 죽일 계획이라는 소문이 퍼졌다. 포로들은 수용소에 남느냐, 기차를 타고 떠나느냐 선택의 기로에 섰다. 수많은 포로들이 공포에 질려 허겁지겁 기차에 올랐다. 프랭클은 기차를 선택하지 않았다. 그는 이 중대한 시기에도 자신의 관점을 잃지 않고 시야에 들어온 자유를 볼 줄 알았다. 수용소에서 이렇게 오래 살아남았으니 끝까지 남아있어야 한다는 자기 본능의 소리에 귀를 기울였다. 후에 밝혀졌다시피 기차에 몸을 실은 사람들은 결국 죽임을 당하고 말았다. 나치가 저지른 최후의 발악에 희생당한 것이다. 연합군의 힘으로 수용소에 자유가 찾아왔고 살아남은 프랭클은 우리에게 놀라운 이야기를 들려주었다. 그는 긍정적 태도의 힘이 무엇인지를 보여주는 산 증인이 된 셈이다.

우리 주변에는 매우 힘겹게 살아가면서도 진심으로 행복해 보이는 사람들이 있다. 그들의 용기와 회복력은 보는 이들에게 크나큰 자극이 된다. 반대로 비교적 좋은 환경에서 사는데도 쉴 새 없이 불평불만을 쏟아놓는 사람들이 있다. 앞서 말한 사람들과의 차이는 바로 태도다. 전자는 언제나 삶의 긍정적 측면에 집중하고 도전과 역경 속에서 좋은 면을 찾기로 마음먹은 사람들인 반면, 후자는 부정적 사고의 늪 속에서 빠져나오지 못하는 이들이다.

우리 할머니는 크고 작은 질병을 달고 살아 건강이 좋지 않았는데도 항상 행복하고 명랑한 모습이셨다. 연로해지시면서 청력이 점점 나빠져 내가 할머니와 통화를 한 날에는 어김없이 목이 쉴 지경이었다. 그런데도 할머니는 그저 어깨를 으쓱하면서 귀가 잘 안들리는 게 뭐가 그리 큰일이냐고 말씀하신 게 다다.

우리의 태도는 역경에 대처하는 방법에 영향을 준다. 심리학자들이 분류한 행동 방식 두 가지가 있다. 하나는 통제 지향, 다른 하나는 도피 지향이다. 도피 지향 대처법은 대체로 부정적이며 특정 역경 앞에 옴짝달싹 못하는 특징을 보인다. 어떤 문제에 대해 건설적인 조치를 취하지 못하고 징징대며 투덜대거나 속만 끓이는 모습이다. 이 부류에 속하는 사람은 문제를 회피하거나 못 본 척하며 심할 경우 약물의 힘을 빌려 문제를 은폐해버리기도 한다. 반면에 통제 지향 대처법은 보다 긍정적으로 문제 해결 방법을 모색하는 유형이다. 특정 상황을 통해 교훈을 얻고 문제 해결에 필요한 조치에 집중한다. 통제 지향 대처법과 인내력은 서로 밀접한 관련을 맺고 있다. 새로운 활력과 접근방식으로 좌절을 딛고 금세 회복할 수 있는 사람들은 자기 계획대로 다시 밀고 나가 결국엔 성공을 거머쥘 확률이 높다. 위기를 기회로 바꿔라. 실패에 붙들려 있지 말고 실패를 통해 얻은 교훈을 재산 삼아 다시 도전하는 쪽을 택하라.

긍정적 관점이나 태도를 유지하는 것은 현실과 이상 사이의 균형을 유지하는 능력과도 관련된다. 인생의 난제에 대해 현실적인 자세를 취해야 하지만 그 문제들이 해결될 수 있다는 낙관주의도 놓칠 수는 없다. 인생 경험을 걸러내고 해석해주는 게 바로 삶에 대한 태도이다. 부정적 태도라는 렌즈는 여러 문제와 방해물을 확대해서 보여주지만, 긍정적 태도가 입혀진 렌즈는 보다 현실적인 이미지를 보여준다. 당면 문제를 감당할 크기만큼으로 축소시켜 보여주기도 한다.

만사가 잘 풀릴 때는 긍정적 태도를 유지하기가 쉽다. 하지만 경쟁에서 뒤처질 때, 좌절감이나 실망감을 느낄 때, 온 세상이 나 하나를 두고 음모를 꾸민다는 기분이 들 때, 교통체증 때문에 차가 거북이걸음을 하거나 접촉사고라도 날라치면 바로 자신의 태도가 시험에 드는 것만 같다.

우리의 태도에 긍정적 에너지를 불어넣어주는 효과 만점의 강장제가 있다. 바로 유머다. 유머 덕분에 어려운 상황이 나긋나긋해진 경험이 있지 않은가? 거의 모든 상황에 배어 있는 중량감이 유머를 통해 가벼워지는 때가 많다. 어떤 일을 크게 웃어넘긴다면 웬일인지 그 일이 그리 나빠 보이지 않게 된다. 유머가 어떤 역할을 하는지 들려준 인상 깊은 이야기가 있다.

베트남전 전쟁포로가 하노이 힐튼이라는 별칭이 붙은 하노이의 포로수용소에서 7년 동안 겪은 끔찍한 상황을 글로 풀어냈다. 그는 고통의 시간을 보내던 와중에 어느 날 그 고통의 무게가 확 덜어지는 경험을 하게 된다. 말할 수 없이 불결한 샤워장에서 샤워를 하는데 문득 수도꼭지 아래쪽에 익숙한 문구가 눈에 들어왔다.

"웃으세요. 지금까지 '몰래카메라'였습니다."

허리케인 카트리나: 관점에 대한 교훈

바다가 잔잔할 때는 누구든 키를 잡을 수 있다.
— 푸블릴리우스 시루스, 《격언집》

둑이 터지면 머물 곳이 없다네.
— 레드 제플린

자연재해만큼 관점의 중요성을 드러내주는 상황이 있을까? 특히 자신이 직접 그 자연재해를 당하는 상황이라면 관점의 영향은 더욱 커질 수밖에 없다. 미국 역사상 최악의 자연재해 중 하나로 꼽히는 허리케인 카트리나가 내겐 남다른 의미를 전해준 사건이었다.

어느 금요일 늦은 오후, 나는 하루를 마무리하면서 조금 피곤하고 얼마간 짜증이 나 있었다. 사회적 의무랍시고 몇 가지 일이 갑자기 툭 튀어나와 주말을 다 잡아먹을 판이었다. 월요일까지 편집자 손에 쥐어줄 원고를 다듬는 게 급선무였는데 귀찮은 일 때문에 정작 해야 할 일에 집중하지 못하게 된 것이다. 그날 점심때 동료들과 멕시코만의 허리케인 얘기를 잠깐 하긴 했다. 플로리다 키스를 강타한 뒤 빙 둘러가 파나마시에 다시 상륙한다는 예보가 나왔다고 했다. 흘러가는 대화 중에 나온 얘기라 크게 신경 쓰지도 않았다. 다만 우리 회사랑 관련된 선박 건설 작업이 허리케인 때문에 중단되지나 않았으면 좋겠다고 말한 게 다였다.

점심때 나눈 대화는 금세 잊어버리고 일을 서둘러 마무리한 다음 커피숍에 가서 원고를 고쳐야겠다는 생각만 했다. 그러던 차에 전화 한 통을 받았다. 내 관점뿐만 아니라 아마 내 인생까지 순식간에 바꿔놓은 전화였다. 아내 카렌이었다. 기상청이 방금 내놓은 예보에 따르면 허리케인이 뉴올리언스 근방에 상륙한다는 것이었다. 카렌의 회사에서는 직원들에게 비품을 다 덮어두고 최악의 상황을 대비하라는 지시가 내려왔다고 했다. 내 첫 번째 반응은 부정이었다. 어떻게 폭풍이 그렇게 방향을 급선회할 수 있지? 나는 아내를 안심시키면서 걱정하지 말라고 했지만 아내는 "여보, 이번 건 진짜 예감이 안 좋아. 심상찮은 게 이리로 오는 것 같아."라고 말했다. 나는 움찔했다. 카렌의 직감은 대개 정확했기 때문이다. 이번 게 정말 그 대단하다던 빅원(메가톤급 지진이나 기타 대형 자연재해)일까?

해안 지대에 살아본 적이 없는 사람은 확률상 끔찍한 대피 경험을 겪어야 할 일이 없다. 하지만 허리케인 소식에 민감하게 반응해야 하는 해안 지대 거주민이라면 얘기는 달라진다. 정신없이 짐을 챙겨 둘러메고 안전한 곳으로 내달려야 하는 건 엄청난 스트레스다. 허리케인이 닥치기 전 몇 시간 동안은 다들 미친 듯 이리저리 날뛰게 된다. 짐을 단단히 싸고 창문을 판자로 막고 집으로 돌아와서 당장 필요할 수 있으니까 욕조며 그릇에 물을 채워두고 슈퍼마켓과 공구점으로 달려가 물, 배터리, 오래 두고 먹을 식료품 등을 사 담는다. 사람들이 최후의 순간까지 허겁지겁 서두르는 사이 주변은 공황 상태에 빠지기 마련이다. 여기저기 호텔방은 예약이 꽉 차고 수천 명의 사람들이 피난길에 나선다. 고작 몇 시간 전에는 상당히 안전한 상태였던 사람들이 어느 순간 난민이 되어 집을 떠나게 된다.

과거에는 뉴올리언스 지역 사람들이 대피했다가 집으로 돌아왔을 때 떠나기 전과 비교해보면 집 상태가 거의 비슷한 수준이었다. 울타리나 뜰 정도만 조금 손보면 될 정도였다. 1965년에 찾아온 허리케인 베시 이후로 뉴올리언스에 영향을 준 대형 허리케인은 없었다. 베시가 왔을 때 우리 가족들이 같이 대피했던 기억이 난다. 해수면보다 높은 프렌치 쿼터 지역의 고층 호텔로 달려가 방에 옹기종기 모여 있었다. 허리케인이 닥치면 제일 먼저 전기가 나간다. 그러면 후덥지근한 어둠 속에 몸을 웅크린 사람들은 사납게 울부짖는 바람이 잦아들기만 기다려야 한다. 베시 때문에 도시 대부분이 홍수로 뒤덮였고 수백 명의 사상자가 발생했다. 적잖은 피해를 입힌 베시 이후로는 대형 태풍이 거의 다 뉴올리언스를 비껴갔고 가끔 간발의 차이로 살짝 건드리고 가긴 했다. 베시가 지나가고 4년 뒤 허리케인 카밀이 미시시피 멕시코만 연안을 거의 시간 당 320km에 육박하는 강풍으로 난타했다. 그 폭풍 해일이 멕시코만 연안을 모조리 휩쓸었고 수백 명의 목숨을 앗아갔다. 멕시코만 연안의 아파트 단지에서 열린 죽음의 허리케인 파티(허리케인 대피 경고를 듣고 미처 대피하지 못한 사람들이 한 집에 모여 며칠간 함께 머물면서 대피 물품을 나눠 쓰며 시간을 보냄)에 참석한 사람들도 한 명을 제외하고 모두 사망했다.

8월부터 9월에 이르는 허리케인 시즌에는 대형 자연재해인 빅원 얘기가 주기적으로 나왔다. 대형 허리케인 빅원은 주로 동남쪽에서 올라와 뉴올리언스를 강타하고 대부분이 해수면 아래인 도시에다 호수 하나를 털썩 내려놓고 가곤 했다. 빅원 비슷한 녀석들이 몇 번 모습을 드러내긴 했다. 1992년 허리케인 앤드류가 뉴올리언스 서부를 강타했고 연안 지역에 심각한 피해를 남겼다. 1998년에는 허리케인 조지가 빅이지 지역을 목표로 삼았다가 마지막 순간에 진로를 바꿔 미시시피를 강타했다. 2004년에는 허리케인 이반이 원래 뉴올리언스를 치려고 진격하다가 걸프 쇼어스와 펜사콜라 부근으로 상륙했다. 나는 폰처트레인 호수 근처 뉴올리언스 노스쇼어에 살았는데 1998년과 2004년 두 번 대피한 경험이 있다. 대체로 모든 게 상당히 빨리 정상으로 돌아왔다. 하루 이틀 전기가 안 들어올 때도 간혹 있었지만 그 정도야 대수롭지 않게 넘길 일이었다.

큰 놈이 올 거라고? 아니다. 별일 없을 거다. 하지만 나는 일을 끝내고 사무실에서 나와 원고 교정을 하러 커피숍으로 향하면서 약간 걱정스럽긴 했다. 태풍에 관해 사람들이 약간 웅성거리는 소리가 났지만 카트리나가 경로를 제멋대로 바꿨기 때문에 이 예측 불가능한 태풍이 또 다시 경로를 바꿀 거라는 커다란 희망이 남아있었다.

나는 10시 뉴스를 보려고 늦지 않게 귀가했다. 기상 캐스터 밥 브렉이 화면에 오래 나오는 걸 본 순간 이 지역에 심각한 문제가 있다는 사실을 감지했다. 평소에 명랑 쾌활하던 그의 태도가 어두침침하고 딱딱해져 있었다. 그는 굳이 별다른 말을 할 필요가 없었다. 표정으로 모든 걸 다 알려줬다. 큰 놈 빅원이 온다는 소식이 그의 표정에 담겨 있었다. 그가 심각한 얼굴로 폭풍 경보구를 따라 태풍의 예상 진로를 설명하는 걸 보면서 나는 머리가 멍해졌다. 태풍이 강타할 예상 지역은 비교적 좁았다. 경보구 표시가 무섭도록 정확하게 한 점에 집중하기 시작했다. 카트리나는 바로 뉴올리언스를 향해 직진 중이었다. 저지대에는 이미 대피 명령이 떨어져 있었다.

나는 밤 11시 15분쯤 차에 기름을 넣으려고 집을 나섰다. 다음날 어디로든 움직일 경우를 대비하기 위해서였다. 주유소에는 줄이 길게 늘어서 있었다. 그건 허리케인이 다가온다는 확실한 신호였다. 그걸 보니 태풍 진로에 대해 의심하던 마음이 확 사라지고 정신이 번쩍 들었다. 원래 그 시간에 24시간 주유소에는 인적이 드문 게 정상인데 그날은 달랐다. 분명 다른 사람들도 뉴스를 보고 허리케인에 대비하러 나왔던 것이다. 줄을 서서 기다리는 동안 명치끝이 찌릿하면서 기분이 안 좋아졌다. 이럴 수는 없는 거였다. 모든 이들이 망연자실한 얼굴로 음울한 기운을 뿜어내고 있는 것 같았다. 나는 기름을 넣으면서 다른 사람들과 눈빛을 주고받았다. 다 알지 않느냐는 눈빛, 빅원이 올 거라는 눈빛.

하룻밤 자고 나면 뭔가 상황이 바뀔 거라고 생각했다. 하지만 토요일 아침에 눈을 떴을 때 태풍 경로 추적 장치가 거의 전부 다 월요일 오전 루이지애나 동남쪽에 태풍이 상륙할 거라고 예상하고 있었다. 나는 토요일 내내 짐을 싸고 생필품을 준비해두느라 분주했다. 폰처트레인 호수 근처에 사는 이웃 사람들은 강제 대피 명령에 따라야 했다. 파고가 6미터 이상인 폭풍 해일이 예상됐기 때문이다. 우리 집은 높은 지대에 있긴 했지만 안심할 수준은 아니었다.

이것저것 준비하는 동안 단말기에 중요한 메시지가 떴다. 그 단말기는 태풍 이후 통신이 두절돼 한참 동요가 일 때쯤 나의 소중한 생명줄이 될 기계였다. 루이지애나 주지사 케이틀린 블랑코의 사무실에서 온 메시지였다. 토요일 저녁 8시에 피해 예상 지역의 의회 의원 및 부서 장들과 함께 정보를 나누고 질의응답 하는 전화 회담을 한다는 내용이었다. 당시 나는 뉴올리언스 노스쇼어 지역을 대표하는 하원의원이었다. 집 주변 정리를 끝낸 직후 전화 회담을 위해 전화를 걸었다. 가장 먼저 통화한 사람은 기상청 대표였다. 그는 상당히 객관적으로 담담하게 말을 이어갔다. 5급으로 커질 가능성이 있는 4급 허리케인이 시간당 233km 이상의 지속 풍속으로 한 시간에 16km씩 북북서로 진행하고 있으며, 월요일 오전에 뉴올리언스 정서쪽에 상륙할 것으로 예상된다고 했다. 그리고 도시와 주변 지역이 정확히 태풍의 눈 바로 동쪽에 위치하게 될 거라고 덧붙였다. 다시 말해, 그레이터 뉴올리언스 지역의 평화는 앞으로 채 48시간도 안 남았다는 얘기였다. 잠시 정적이 흘렀다. 그러다 각료들이 저마다 대피 계획과 태풍 대피소 위치에 대해 세부 사항을 전달하기 시작했다. 예전에 허리케인 이반이 닥쳤을 당시 대피 과정에서 벌어진 교통 대란 때문에 행정부가 깨달은 게 있었으므로 위험 지역에서 벗어나는 길이 주간(州間) 양방향으로 이어지는 역방향 통행제를 실시할 계획을 세웠다. 허리케인 이반이 왔을 때의 대피 상황은 재앙이나 다름없었다. 교통 흐름은 거북이걸음 같아서 뉴올리언스에서 배턴루지까지 112km쯤 가는 데 자그마치 열두 시간이 걸렸다. 나중에 돌이켜보면 카트리나 때 시행한 역방향 통행제는 허리케인에 대비해 주 당국이 유일하게 잘 한 일이었다.

나는 전화 회담에 참여한 사람 중에 과연 어떤 사람이 발등에 떨어진 이 엄청난 난제에 의견을 내놓을 수 있을지 의심스러웠다. 나 역시 아무 생각이 안 났다. 대피가 불가능한 사람들을 수송할 계획은 무엇인지, 대규모 대피소 역할을 할 뉴올리언스 컨벤션 센터나 루이지애나 슈퍼돔에 제대로 구호품을 지급할 수 있는지, 태풍 전후와 태풍이 진행되는 중간에 시민들을 보호하기 위해 필요한 추가 보안 계획은 무엇인지 누구 하나 입을 열지 않았다. 이런 중요한 사안에 관한 계획이 하나도 잡혀있지 않았다. 버스 몇 대가 뉴올리언스로 보내졌지만 사람들을 찾아 인근 지역으로 실어다 놓는 작업을 하기는커녕 슈퍼돔에 떡 하니 주차된 채 그대로 있기만 했다. 이런 기획력 부족 상황이 대참사로 이어진 경우가 어디 한둘이었는가?

무엇 하나 뚜렷한 얘기가 나오지 않은 상태에서 전화 회담 참석자들이 질문 기회를 얻었다. 내 동료 니타 허터는 저지대인 세인트 버나드 페리시의 대표였다. 그 지역은 뉴올리언스 아래쪽에 위치해 있었는데 카트리나가 지나간 후면 역사 속 마을로 사라질 판이었다. 루이지애나 주립 경찰국과 비상대책실 전화번호를 묻는 니타의 목소리는 애써 침착하려는 것처럼 들렸다. 니타가 책임지는 선거구민들에게 긴급 구호가 절실하다는 걸 니타도 아주 잘 알고 있었다. 나도 그 전화번호들을 적어두었다. 그 이후 며칠, 몇 주 동안 내가 얼마나 많이 그 번호로 전화하게 될지 당시에는 깨닫지 못했다.

나는 주간 10번 도로의 우회로가 될 만한 경로에 대해 문의했다. 우리 선거구 주민들에게 위험 지역을 벗어나는 지름길을 알려줄 수 있기를 바랐다. 190번 고속도로가 주간 10번 도로와 붙어있다는 걸 알게 되었다.

대피와 관련된 다른 질문, 가능한 구제책과 정보에 관한 문의가 오갔다. 뉴올리언스의 나인스 워드 대표인 세드릭 리치몬드가 마지막 발언을 했다. 결과적으로 그가 대표로 있던 지역이 카트리나의 영향을 가장 크게 받은 곳 중 하나로 끔찍한 물난리가 난 지역이 되었다. 설상가상으로 그 지역은 태풍 리타 때 다시 물난리가 났다. 세드릭은 자기 이웃에 사는 사람들이 아무렇지 않게 야구 경기를 하러 갈 정도로 다가오는 태풍에 별로 개의치 않는 것 같다면서 이런 안전 의식 부재가 심히 걱정스럽다고 했다. 특히 자기 지역은 이제껏 대규모 대피 상황이 없었기 때문에 더 무감각하다고 염려했다. 그의 말은 마치 예언 같았다. 뉴올리언스의 많은 주민들이 그대로 남아있기로 했기 때문이다.

다음날 9시가 되어서야 강제 대피 명령이 떨어졌다. 뉴올리언스 역사상 처음 있는 일이었다. 그때쯤 나는 라파예트로 가는 도로 위에 있었다. 일요일 새벽 5시에 일찌감치 가족들과 집을 떠나 대피 길에 올랐던 것이다. 우리 가족은 일요일 오후부터 밤까지 내내 뉴스에만 집중했다. 기상 캐스터 중에는 진로가 동쪽으로 꺾일 거라고 예보하는 사람도 있었다. 그렇게만 되면 도시가 피해를 입지 않을 테지만 일요일 저녁이 되어도 진로가 바뀌는 일은 벌어지지 않았다. 주의회에 있는 동료에게 전화가 왔다. 자기네 교구장이 악몽 같은 시나리오를 예견하고 있다고 했다. 뉴올리언스와 인접 교구에 3m 이상의 물이 들어차고 우리 집을 족히 쓸어가고도 남을 9m짜리 폭풍해일이 올 거라고 했다. 그날 밤 나는 무릎을 꿇고 계속 기도하고 기도했다. 빅원이 오고 있었다.

월요일 아침 일찍 일어나 깜짝 놀랄 소식을 접했다. 태풍이 실제로 동쪽으로 이동했고 뉴올리언스는 직접적 영향권에서 벗어나는 것 같았다. 위기관리 당국은 그 지역이 대규모 피해는 받지 않을 거라고 예측했다. 월요일에도 우리 가족은 기상 채널에 온 눈과 귀를 집중했다. 누가 봐도 미시시피 지역은 맹공격을 받고 있었다. 루이지애나 동남 지역에서는 소식이 드문드문 들어왔다. 뉴올리언스 근교에 굉장한 범람이 일어난 장면이 보도되었다. 노스쇼어의 동부 지역역시 강풍으로 큰 피해를 겪고 있었다. 뉴올리언스는 강풍 피해를 입고는 있지만 비는 거의 오지 않았다.

하지만 제방 두 개가 크게 무너져 도시 대부분에 물이 2.5~3m 높이로 들어차기 시작했다. 애초에 최악의 상황은 비껴갔다고 생각했던 사람들이 부리나케 다락과 지붕으로 피신해야 했다. 몇 분 만에 큰물이 가옥을 집어삼켰다. 당국은 완전히 무방비 상태였다. 대피소에 지급할 보급품도 충분치 않았다. 예상했다시피 전기가 나갔지만 몇몇 병원에서 가동되기로 했던 비상 발전기들이 침수돼 작동이 안됐다. 말 그대로 수천 명의 사람들이 다락이나 지붕에서 오도 가도못한 채 갇혀 있었다. 대혼돈이 따로 없었다.

그 뒤 나흘은 미국 현대사에서 가장 끔찍하게 지속된 무정부 상태로 기억된다. 법집행기관은 메가톤급 위기에 완전히 압도당해 속수무책이었다. 허겁지겁 구조 활동에 임하는 사이 범죄가 온도시를 뒤덮었다. 대피소에서 벌어지는 이루 말할 수 없는 일들뿐만 아니라 여기저기서 속출하는 약탈 행위 때문에 도시는 아수라장이 되었다. 경찰 두 명은 스스로 목숨을 끊었고 수백 명은 자기 초소를 버리고 달아났다. 연방 정부의 원조가 늦장을 부리는 사이 뉴올리언스의 유력 일간지 〈타임스-피카윤〉은 헤드라인을 "제발 우리를 도와주시오"라고 실으며 간청하기에 이르렀다. 그 와중에도 수많은 끔찍한 이야기와 무용담이 생겨났다. 뉴올리언스가 마치 전설의 아틀란티스 도시처럼 지옥으로 가라앉고 있는데도 세계는 꼼짝도 하지 않았다.

뉴올리언스 아래쪽 두 교구 플래퀴민과 세인트버나드는 거의 없어져버렸다. 세인트버나드 양로원 주민 75%가 익사했다. 그리고 미시시피 멕시코만 부근은 완전히 파괴되어 베이세인트루이스와 패스크리스천의 마을들은 사실상 지도에서 사라지고 말았다. 걸프포트의 부두 근처 카지노들은 길 건너로 날아갔다.

나는 내 지역구를 살펴보려고 돌아갔다. 세 집에 한 집 꼴로 뿌리 뽑힌 나무들을 지붕에 얹고 있을 만큼 피해는 광범위했다. 노스쇼어의 호반 지대도 처참하게 파괴되어서 이전에 집이 서 있던 자리에 계단만 몇 개 남아있을 정도였다. 개인적으로 몇 번의 홍수 피해를 겪어보긴 했지만 이렇게 많은 나무들이 집 주변에 쓰러져 있는 건 처음이었다. 나는 도움을 요청하기 위해 내 관할 지역과 비상대책위원회를 바쁘게 오갔다. 우리 지역의 질서가 아슬아슬 위험에 처했을 때라 500명의 헌병대를 긴급 요청했다. 뉴올리언스 뉴스 매체가 모조리 나가떨어졌기 때문에 나는 배턴루지의 매체를 통해 상황을 알렸다. 이 지역을 떠난 수많은 지역구민들을 위해 그래야 했다. 뉴올리언스의 무정부 상태가 뉴스를 장악했다. 나는 루이지애나의 비상대책위원회에 가까이 있기 위해 배턴루지에 머물렀다. 허리케인 구호활동 대부분이 루이지애나에서 조율되고 있었다. 대책위 본부는 군대, 연방긴급사태관리청, 정부, 주립 경찰, 매체 등 각계 대표들로 북적거렸다. 연방긴급사태관리청의 대응에 대한 비판이 높아지기 시작했지만, 마이클 브라운은 카키색 텍슈즈를 신고 대책위 건물을 이리저리 돌아다니면서 꽤나 흡족한 얼굴을 보였다. 그의 평온한 태도는 국토안보부 장관 마이클 처토프와 극명한 대조를 이뤘다. 전투복을 입은 처토프와 그의 측근들은 사람들 틈을 헤치며 건물 여기저기를 급히 뛰어다녔다.

나는 지금 이 조직이 어떻게 돌아가는지 파악하기 위해 한동안 이곳저곳을 돌아다녀봤지만 거기엔 체계랄 게 전혀 없었다. 각종 연방 기구, 주정부단체, 지역기구, 비영리단체들이 시급한 요구를 해결한답시고 뒤범벅돼 있을 뿐이었다. 일이 진행되는 와중에 규칙이 정해지고 있었고, 어쩌다 담당자를 붙들어 세울 수 있는 사람만이 원하는 걸 얻었으며, 대개는 자기가 만나고 싶은 사람을 찾을 때까지 계속 수소문하느라 시간을 보내야 했다.

우리 지역의 법집행기관 인력이 한계에 달하면서 치안 문제가 점점 심각해지고 있었다. 뉴올리언스의 폭력 사태가 다른 지역으로까지 번지고 있다는 보도가 나왔다. 대체로 범죄와는 거리가 먼 안전지대로 여겨지던 호수 너머까지 범죄가 번질까봐 우려하는 목소리가 커졌다. 유례없는 약탈 행위에 대한 소문이 퍼졌고 한 대형 병원의 간호사는 그 지역에 강간 사건까지 몇 건 일어났다고 알렸다. 나는 또 다른 지역 병원 사무관에게 전화해 강간 사건 한 건에 대해 알아냈다. 30대의 피해 여성이 집을 청소하는 동안 공격을 받았다. 청소하느라 문을 열어뒀던 게 화근이었다. 지역 교구에서는 차량 강탈 사건 소식도 들려왔다.

금요일 즈음 상황이 나아진다고 했다지만 그 엄청난 재해가 남긴 황폐함과 파괴의 현장이 그때서야 실감나게 다가오기 시작했다. 내가 자란 뉴올리언스가 전쟁터로 변해버린 상황을 차마 똑바로 쳐다볼 수가 없었다. 100만 명의 주민이 자기 집을 떠나 대피해 있었다. 범람한 물은 몇 주 내내 도시를 삼키고 있으면서 이내 오염되기 시작했다. 경제적 타격은 가늠할 수조차 없을 만큼 컸다. 수많은 사업체들이 주택과 함께 휩쓸려 사라졌다. 항구는 폐쇄되었고 회사들은 업무를 재배치했다. 내 관할지구인 노스쇼어 주민들 중 다수가 뉴올리언스에 직장이 있었다. 이제 그 사람들은 뭘 한단 말인가? 미국을 아예 떠나버린 사람들 이야기도 적잖이 들려왔다.

어제가 오늘인지 오늘이 어제인지 모르게 하루하루가 정신없이 지나갔다. 나는 우리 집 청소는 말할 것도 없이 가족 일에, 의회 일에, 직장 일에 완전히 빠져 있었다. 지역 주민들에게 꼭 필요한 서비스를 재개하느라 매일이 전투 같았다. 수목이 울창한 노스쇼어 지역을 관통하던 수백 킬로미터의 송전선이 전부 엉망이 되어 있었다. 하수 처리 공장도 가동되지 못했다. 대피소 설립부터 식료품과 식수, 얼음 배급에 이르기까지 날마다 새로운 위기가 찾아왔다. 주민 수천 명이 집을 잃었고 남아 있던 부동산은 눈 깜짝할 사이에 사라졌다. 나는 이 상황에서 고개 숙이지 않으려고 애쓰면서 최선을 다했지만 나를 둘러싼 이 세상이 완전히 바뀌었다는 사실을 인정할 수밖에 없었다. 단 며칠 만에 이 지역은 주의 경제적 동력이 모조리 침수되는 재앙을 겪은 것이다. 이 모든 상황은 머리로 이해할 수 있는 게 아니었다.

가슴 찢어지게 아픈 이야기들이 많이 있다. 급류에서 가족을 구하기 위해 아내와 아이들의 손을 잡고 있던 한 남자의 이야기를 들었다. 아내는 남편에게 자기 손을 놓고 아이들을 구하라고 말했다. 그의 머릿속에 남은 아내의 마지막 이미지는 남편의 손을 놓고 급류에 휩쓸려가던 모습이었다.

나는 매일 잠에서 깨면서 내가 겪은 모든 호된 시련이 하룻밤 악몽이기를 바랐다. 그 경험은 나의 결단력을 속속들이 시험했다. 나의 태도가 쓰라리게 시험을 당하고 있던 그 순간에 제대로 된 관점의 중요성에 대한 책을 손보고 있었다는 게 참 아이러니하다고 느꼈다. 그래서 내가 할 수 있는 것과 할 수 없는 것에 집중하기 시작했다. 공직자로서 나는 장기적으로 지역 복구 계획을 어떻게 세워야 하는지 돕는 것은 물론 빠른 시일 내에 지역구민 원조에 집중할 필요가 있었다. 우선 이 지역에 투입된 인력 및 자금에 초점을 맞추고 매일 조금씩 상황이 나아지고 있는지 확인했다. 모든 게 제자리를 찾기까지 이 이야기가 어떻게 마무리될지 판단하는 데는 수년이 걸릴 것이다. 하지만 카트리나가 잔혹하게 몰아친 뒤 남은 이 황폐함은 관점에 대한 생각을 다시 하게 만들었다. 그건 나에게 큰 도전이었다.

세상만사 다 이유가 있는 법

9/11 테러나 허리케인 카트리나만큼 끔찍한 비극을 이해하기는 힘들다. 하지만 세상 모든 일에는 다 이유가 있다는 걸 깨닫게 되면 관점을 좋은 방향으로 키우는 데 확실히 도움이 된다. 엄청난 인명 피해나 재산 피해는 없는, 비교적 작은 역경의 맥락에서 이해하는 게 훨씬 수월하다. 과거 사건을 끊임없이 분석하고 후회한들 아무 소용 없다. 그러니 어떤 일들이 벌어진 데는 자신이 아직 모르는 특별한 이유가 있다는 믿음을 가져보라. 그리고 툭툭 털고 다음 단계로 넘어가라. 아마도 그 사건은 우리에게 필요한 가르침을 전해주었을 것이다. 아니면 원하는 결과가 원래 예정돼 있지 않았을 수도 있다. 자신이 내내 흐름을 거슬러 헤엄치고 있다는 사실을 알게 되었다면 이제는 모든 걸 다시 평가해볼 시간이 찾아왔다. 평생 동안 갖은 애를 쓰며 어떤 사다리를 오르고 또 올랐더니 엉뚱한 건물에 기대어진 사다리라는 사실을 깨닫고 싶진 않을 것이다.

성공과 실패는 종종 해석 방식에 따라 나뉘기도 한다. 애초의 계획과는 다르게 흘러간 일이 결국 나중에는 자신에게 굉장한 득이 된 적이 많지 않은가? 불행은 좋은 스승이 되는 경우가 많다. 때론 탐탁지 않은 일이 계속 일어나 마침내 그 일로 교훈을 얻을 때까지 반복되는 경우도 있다. 좌절을 경험하면 그 일을 철저히 분석해보라. 자신이 잘못한 일에 대해 생각해보라. 그리고 잘한 것도 떠올려보되 더 잘할 수 있진 않았을까 분석해볼 필요가 있다. 지난날의 잘못에 집착해서는 안 되지만 그 잘못으로부터 가르침을 얻어야 한다. 그렇지 않으면 그 실수를 또 다시 반복할 수밖에 없다.

자신이 먹장구름 아래에 놓여 있다고 생각하기보다는 모든 일이 다 이유가 있어서 생기는 거라고 믿는 쪽이 한결 건설적이다. 죽음이나 질병 같은 역경은 당연히 이해하기 매우 힘든 사안이다. 우리가 이해할 수 있는 명확한 이유 없이 벌어지는 참사도 있다. 그러나 당시에는 재앙처럼 보이는 인생의 좌절도 실제로 대참사 수준까지 커지는 경우는 별로 없다.

이런 일반적 규칙이 있다. 지금부터 1년간 특정 사건에 대해 마음 고생하지 않기로 다짐한다면 대체로 그 일은 재난 수준에 미치지 않게 된다. 바로 그때 거기에선 세상이 당장 끝나는 것처럼 느껴진다 해도 필시 그 상황을 헤쳐 나오게 될 것이다. 당시에는 아무리 나빠 보여도 그 이면에는 보통 어떤 이유가 숨어 있다. 날마다 찾아오는 좌절감 때문에 스스로의 관점에 먹구름을 드리울지, 그 기회를 통해 마음을 다잡고 결단력을 키울지는 전적으로 자기 선택이다.

엄청난 역경을 위대한 업적으로 변모시킨 사람들이 아주 많다. 영화 슈퍼맨의 주인공이었던 크리스토퍼 리브는 승마 도중 심각한 부상을 입었지만 다시 힘을 내고 적극적인 삶을 이어가 사람들에게 대단한 귀감이 되었다. 그는 특히나 척수 부상 환자들을 위한 기금 모음 활동에 매우 열성적이었다.

MADD(음주운전을 반대하는 어머니회) 역시 비극적 사건 이후 설립되었다. 1980년 캘리포니아에서 열세 살의 캐리 라이트너가 음주운전자의 차에 치어 사망하는 사건이 발생했다. 범인은 이틀 전에 뺑소니 음주운전 사고에 대해 보석으로 풀려난 데다 이미 사전형량조정제도를 세 번이나 적용해 두 번의 음주운전을 난폭 운전 사고로 조정 받은 상태였다. 캐리의 사망 사건이 발생했을 당시 범인은 캘리포니아주의 운전면허증을 소지하고 있었다.

캐리의 어머니 캔디스 라이트너와 그녀의 친구들은 몹시 분노한 상태로 새크라멘토의 한 식당에 집결했다. 이들은 논의 끝에 MADD를 결성했다. 놀랍게도 MADD 결성 이래 음주 관련 교통사고 사망자 수가 43% 감소했다. 통계에 따르면 1980년만 해도 미국 국내 교통사고 사망자 51,091명 가운데 55%(28,100명)가 음주 관련 사고로 사망했다. 1999에는 음주관련 사망자수가 전국 교통사고 사망자수 41,345명 중 38%인 15,794명으로 집계됐다. MADD의 노력 덕분에 오늘날 138,000명 이상이 목숨을 건진 셈이다. MADD는 비극이 긍정적인 결과로 변모한 예로서 사람들에게 큰 자극이 되었다.

우리는 어떤 상황 속에서도 긍정적 태도를 유지하면서 인생 수업을 통해 가르침을 얻되 너무 비싼 수업료를 치르지 않도록 인생의 역경에 건설적으로 대처해야 한다. 또한 우리가 감히 상상할 수 없는 최악의 날, 잘못될 수도 있겠다 싶었는데 정말로 모든 일이 틀어진 날, 천지사방에 친구 하나 없고 구조선에 간신히 매달려있는 느낌이 드는 날이 있었다 해도, 내 몸 튼튼하고 가족들 역시 건강하게 잘 지낸다면 그렇게 나쁘지는 않은 거라고 생각해야 한다.

주의 집중

다른 계획을 세우고 있는데 뭔가가 벌어지는 것, 그게 바로 인생이다.
— 존 레논

　제대로 된 관점을 유지하는 또 다른 중요한 방법은 자기 주변에서
일어나는 일에 주의를 집중하면서 바지런하게 사는 것이다. 종종 우
리는 자기만의 좁은 세계에 정신이 팔린 나머지 만물이 전해주는 가
르침뿐만 아니라 다른 이들의 요구에 둔감해지고 자기 말고 다른 것
은 안중에도 두지 않게 된다. 분명 우주는 우리에게 삶의 단서를 던
져준다. 그러나 우리가 주의를 기울이지 않으면 그 단서는 알아차리
기도 전에 우리 곁을 휙 지나가버린다. 주의 깊게 삶을 주시하지 않
는다면 우리가 다른 계획을 세우고 다른 할 일을 준비하는 사이 우리
인생의 에너지는 어딘가 엉뚱한 곳으로 줄줄 새어나가고 만다.

　우리 삶의 영역에 맞닿아 있는 다른 사람들을 통해 드러나는 신호
를 놓치지 않도록 정신을 바짝 차리고 있어야 한다. 나의 도움을 필
요로 하는 사람들이 있는지 늘 주변을 둘러봐야 한다. 관심을 더 기
울여야 하는 가족은 없는지, 곤란한 상황에 빠진 친구는 없는지 주변
경계를 게을리해선 안 된다.

　또한 자신의 삶에서 중요한 의미를 지닌 사람들과 상황에 깊은 주
의를 기울여야 한다. 우리는 걸핏하면 자신이 보고 싶은 것만 보고,
듣고 싶은 것만 듣는다. 이혼한 친구들 얘기를 들어보면 열에 여덟,
아홉은 이미 결혼하기 전부터 잠재적 문제들을 인지하고 있었다고

한다. 그들 대부분은 친구와 가족의 사려 깊은 조언을 귀담아 듣지 않았고 무엇보다도 자기 자신의 의심과 두려움을 묵살했다. 중요한 인간관계가 악화되는 걸 멀거니 바라보고만 있는 사람들도 있다.

긍정적이되 현실적인 눈으로 삶을 바라보고, 무엇보다도 정직한 눈으로 인생을 바라보며 주의를 집중하는 자세가 중요하다. 그리고 이런 솔직한 평가의 틀을 삶의 모든 영역으로 확장할 필요가 있다. 문제에 정면승부하지 않으려는 마음, 보기 좋은 무엇인가로 문제를 살짝 덮어버리고 싶은 유혹을 이겨내야 한다. 배우자나 연인이 나와 맞지 않다거나 일이 잘못된 길로 흘러갈 때 그 사실을 인정해야 한다.

유감스럽게도 우리는 불완전한 세상에서 부정적인 영향력에 온통 둘러싸여 살아간다. 모든 게 잘 풀려가는 상황에서 아무 이유 없이 계획을 망쳐버린 적이 얼마나 많은가? 그까짓 것 조금 더 나아 보인다는 이유로 새로운 그 무엇인가를 쟁취하기 위해 순탄한 결혼 생활과 좋은 직장을 버리는 사람들이 있다. 살아가면서 내내 우리는 주변에 도사린 어렴풋한 영향력, 그 어두운 기운에 현혹된다. 어떤 게 옳고 어떤 게 그른지 잘 알고 있지만 그 빤한 유혹에 여전히 굴복당하는 게 바로 우리 모습이다. 주변의 적군이라고 표현할 수 있는 부정적 에너지에 대해서는 이 책의 영성 부분에서 살펴볼 것이다.

백발백중 관점을 잃어버리는 경우는 바로 자신과 남을 비교할 때다. 우리 주변에는 나보다 똑똑하고 부유하고 보다 성공한 것처럼 보이는 사람이 늘 있기 마련이다. 남들의 그늘 속에서 살아간다면 열등감을 느낄 수밖에 없다.

제대로 된 관점을 유지하는 마지막 방법은 한 발자국 물러나 큰

그림을 보는 것이다. 하루하루의 활동에만 너무 몰두하면 정작 중요
한 것을 놓치기 십상이다. '엄청나 보이는' 사건이 일어나면 상대적
으로 훨씬 더한 일, 가령 질병이나 아슬아슬하게 비껴간 비극 같은
사건을 떠올려 비교해 보라. 이렇듯 살짝 피해간 큰 불행을 생각하면
당면 문제를 대수롭지 않게 여기면서 인생 자체를 폭넓게 볼 수 있
다. 항상 올바른 관점을 유지해야 한다. 날마다 붙들고 아등바등하는
크고 작은 일보다는 가족과 사랑하는 이들이 훨씬 더 중요하다. 자기
삶의 나머지 영역이 얼마나 중요하고 좋은 건지 깨닫기도 전에 나쁜
일이 벌어지는 불상사를 만들지 말자. 부디 흔들림 없이 관점을 유지
하길 바란다.

6

인내력

이 세상 그 어떤 것도 불굴의 인내력을 대체할 수는 없다. … 인내력과 결단력만으로도 무엇이든 할 수 있다.
— 캘빈 쿨리지

신이 시기를 늦춘 일을 신의 거절 신호라고 생각하지 말아라. 기다려라. 흔들리지 말고 기다려라. 끝끝내 버텨라. 인내는 특별한 재주나 다름없다.
— 콩트 드 뷔퐁

인내란 열매

··· 튜닝 과정의 마지막 요소는 인내력이다. 모든 튜닝 단계는 통합성과 상호간의 밀접한 관련성을 동시에 보여준다. 따라서 너무 빨리 관두려고 한다면 처음 다섯 단계를 성공적으로 수행한다 해도 실패할 가능성은 여전히 높다. 이따금 우리는 즉각적으로 나타나는 만족감에 너무나 익숙해진 나머지 별 것 아닌 장애물 앞에서도 쉽사리 백기를 흔들어 보인다. 하지만 '신이 시기를 늦춘다고 해서 그것이 신의 거절 신호는 아닌 법'이다. 그런데도 우리는 그만두고 싶은 유혹에 쉽게 흔들리며 스스로 성공 길을 막아서는 과오를 저지른다. 일단 인생길의 온갖 역경과 실패, 충돌을 극복하지 않고서는 그 어떤 눈에 띄는 성과도 얻기가 힘들다. 대개의 성공은 끈질기고 헌신적인 노력에서 비롯된다. 인내력은 다른 튜닝 단계를 하나로 붙들어주는 접착제 역할을 한다.

아무리 노력을 기울인다 해도 정확히 계획한 대로 진행되는 일은 많지 않다. 꼼꼼하게 준비하고 세부 사항까지 신경 쓰면서 대단히 공을 들이더라도 일사천리로 일이 풀리진 않는다. 성공하기 위해서는 거절에 대처할 줄 알아야 하고, 난폭한 운명의 돌팔매와 화살을 이겨낼 수 있어야 한다. 그리고 피할 수 없는 방해물과 맞닥뜨릴 때 그것들을 밀어제치고 제 갈 길을 재촉할 힘을 갖춰야 한다. 전투에서 백전백승을 거두지 못했다고 해서 마지막에 전쟁에서 승전보를 울리지 못하는 건 아니다. 실패와 어려움을 그저 일시적인 방해물로 취급하는 게 좋다.

사실 실패는 꽤 상대적이다. 실제로 링 위로 수건을 던지고 그만두기 전까지는 절대 실패한 게 아니다. 끈기 있는 사람들은 성공할 때까지 꾸준히 노력하고 또 노력할 뿐이다. 그 유명한 발명가 토마스 에디슨은 실패에 관해 할 말이 많은 사람이다. 전구를 발명하기까지 무려 6,000번의 실험에 실패한 사람 아닌가? 그 수많은 틀린 시도를 두고 어떤 느낌이 들었냐는 질문을 받았을 때 에디슨은 자신이 실패한 게 아니라 전구를 발명할 수 없는 방법 수천 가지를 발견한 것뿐이라는 빛나는 답을 들려줬다. 실패로부터 배우고 끈덕지게 갈 길을 가는 게 핵심이다. 힘들고 절망적인 시기에는 좌절감에 빠지는 대신 문제 해결에 집중하는 쪽을 택하자. 딱 한 번만 더 시도하면 성공을 거머쥘 수 있을 때가 종종 있는데도 우리는 그 사실을 절대 모른다.

간발의 차이로 성공에 다다르지 못하고 멈춰선 사람의 가슴 아픈 이야기가 있다. 그는 퓰리처상을 수상한 소설 《바보들의 결탁A Confederacy of Dunces》의 저자 존 케네디 툴이다. 그가 나처럼 뉴올리언스에서 성장한 데다 그의 책이 워낙 독특하고 기발했기 때문에 나는 그 소설에 특히 관심이 갔다. 툴은 1960년대에 청년기를 보내면서 이 소설을 썼는데, 아마도 시대를 조금 앞서간 작품이었던 것 같다. 수많은 시도에도 불구하고 소설 출판이 쉽지 않자, 그는 크게 낙담한 나머지 안타깝게도 스스로 목숨을 끊고 말았다. 그러나 그가 죽고 몇 년 뒤 그의 어머니 델마가 아들을 대신해서 소설 출판에 끈질기게 매달리기 시작했다. 델마는 소설 《영화광Moviegoer》을 쓴 유명 작가 워커 퍼시에게 아들의 원고를 봐달라고 부탁했다. 그 당시 퍼시는 로욜라 대학교에서 창작 수업을 맡고 있었다.

퍼시의 말에 따르면, 어느 날 오후 툴 부인이 자기 사무실 문을 갑자기 밀고 들어와 얇은 반투명지 한 묶음을 책상 위에 휙 던져 놓으며 이게 자기 아들 원고인데 아들이 말 그대로 이 원고 때문에 죽었다면서 제발 원고를 봐달라고 애원했다고 한다. 퍼시는 그 빛바랜 원고를 불쾌하게 쳐다보면서 일단 원고를 퇴짜 놓기 전에 부인의 기분이나 달랠 요량으로 그냥 몇 페이지만 읽어봐야겠다 마음먹었다. 그런데 놀랍게도 그는 소설에 금세 푹 빠져버려서 루이지애나주립대학교 출판부 편집자에게 그 소설을 추천하기에 이르렀다. 물론 편집자도 그 소설의 기괴한 유머를 마음에 들어 했다. 그래도 얼마나 팔리겠나 싶어 적당히 찍어낸 초판이 순식간에 동이 났고 그 책은 이내 뉴올리언스에 마니아층을 형성한 명작이 되었다. 나는 내 친구들 몇 명한테서 이 책 이야기를 들었다. 저자가 죽은 뒤 출판된 이 어두침침한 소설이 몇 달 뒤 퓰리처상 소설 부분 수상작이 되자 문학계가 발칵 뒤집혔다. 루이지애나주립대학교 출판부는 명망 있는 수상 작품을 낸 최초의 대학 출판부라는 명예를 얻게 되었다. 이 소설은 대단한 베스트셀러로 등극했지만 정작 저자는 유감스럽게도 이 굉장한 성공을 볼 때까지 참고 견디는 데 실패하고 말았다.

꿈을 향해 나아가는 길이 항상 곧게 뻗어 있는 건 아니다. 열심히 노력하라고 따뜻하게 등 두드려줄 사람 하나 주변에 없을 때도 많다. 인생은 학창 시절처럼 때가 되면 한 학년씩 자연스럽게 진급하듯 진행되지 않는다. 그렇기 때문에 인내력이 결정적 요소가 되는 것이다.

에이브러햄 링컨은 어마어마한 역경에도 불구하고 묵묵히 자기 길을 계속 걸어갔다. 그는 "계속 공부하고 준비하다 보면 어느 날 내 시대가 올 것이다."라고 말했다. 성공의 순간에 이르지 못하는 이유는 도중에 너무 쉽게 포기해버리는 데 있다. 커다란 결과를 얻으려면 그만큼 엄청난 노력을 기울여야 한다.

그러나 자기 삶을 누리는 기쁨을 잃어버려서는 안 된다. 오로지 최후의 결말만을 바라보며 살 수는 없다. 자신의 꿈에 점점 더 가까이 다가가는 매순간과 모든 단계를 음미해야 한다. 실패를 통해 배우고 언제나 자기 주변의 중요한 사람들을 챙길 필요가 있다. 내면의 진리가 명확해지면 하루하루 허투루 지나가는 일은 없게 된다. 인생은 피할 수 없는 우여곡절을 품고 있다는 사실을 받아들여야 한다.

참을성을 가져라. 그리고 포기하지 말라. 윈스턴 처칠이 남긴 불멸의 한마디가 있다.

"포기하지 말라. 절대로, 절대로, 절대로 포기하지 말라."

인생이란 만들어가는 것이다
―중년 연습의 핵심영역

1

정서적 튜닝

조급증과 노여움에 네 자신이 휘둘리지 않도록 해야 한다. 사람은 항상 자기 감정의
첫 번째 명령에 따른 사실을 후회하기 마련이란다.
— 마샬 드 벨르일르, 아들에게 쓴 편지

누구든지 듣기는 빨리 하고 말하기는 더디 하십시오. 또 여간해서는 화를 내지 마십시오.
— 야고보서 1장 19절

당신의 동의 없이는 아무도 당신을 열등감에 사로잡히게 할 수 없다.
— 엘리너 루스벨트, 《나의 이야기This Is My Story》

⋯ 《옥스퍼드 영어사전》에서 정의하는 '감정'은 "마음의 동요나 혼란, 느낌, 열정. 격렬하거나 흥분된 마음 상태"이다. 《감성 지능Emotional Intelligence》이라는 책에 따르면 "감정은 곧 느낌이자 독특한 사고, 심리학적·생물학적 상태, 행동 성향의 범위"이다.

인간은 정신적 사고 과정에 바탕을 둔 이성적인 마음과 감정에 의해 촉발되는 감성적인 마음을 둘 다 갖고 있다. 그러나 불행히도 감성적인 마음은 이성적 마음보다 재빨리, 그리고 강력하게 작동할 뿐 아니라 제멋대로 흘러가게 내버려두면 자칫 해를 끼칠 수도 있다. 감정을 이해하고 조절하는 게 무엇보다 중요하다. 까딱하면 감정이 우리 자신을 지배하는 경우도 생긴다. 고속도로에서 무례한 운전자가 끼어들 때의 반응을 예로 들어보자. 이성적 마음이 그깟 일 넘겨버리고 제 갈 길 가는 게 좋겠다고 이르지만, 우리는 정말로 화가 머리끝까지 치솟고 심할 경우 하루 종일 분노를 삭이지 못하다가 애먼 동료나 가족에게 화풀이를 하고 만다.

'감정 지능' 또는 '감정 지수(EQ)'는 자기 감정을 얼마나 잘 다루는 지를 나타낸다. EQ를 높이려면 다음의 지침을 따르면 된다.

- **감정 확인 및 분류**: 감정 지능을 높이기 위한 첫 번째 방법은 자기 감정의 정체를 확인하고 이해하는 것이다. 그래서 치료 전문가들이 "기분이 어떠세요?", "어떤 감정이 느껴지나요?" 같은 질문을 선호하는 것이다. 감정을 제대로 느끼지 못한다고 가정해보자. 슬픈가? 화가 나는가? 무엇 때문에 슬프거나 화가 나는가? 만약 자기 감정을 확인하고 이해할 줄 안다면 그 감정을 처리하는 데 훨씬 능숙해질 수 있다.
- **감정 표현**: 감정이 나 자신을 휘두르게 내버려둔다면 자기 감정을 제대로 표현할 수도 없게 된다. 사랑 같은 감정을 표현하는 것은 사람 사이의 관계, 특히 가족 관계에 결정적 역할을 한다.
- **감정의 강도 평가**: 이 기술을 습득하면 여러 가지 다른 상황에서 감정적 반응을 나타낼 때 보다 균형 잡힌 모습이 될 수 있다. 특정 상황을 극도로 두려워하는가? 작은 일에 너무 불같이 화를 내는가? 감정의 강도가 과해지도록 방치하면 공포나 분노가 우리 삶을 쉽사리 쇠약하게 만들 것이다.
- **만족감 유예**: 인간이 지닌 강한 충동 중에는 만족감을 얻고자 하는 욕망이 있다. 현대 사회를 살아가는 사이 우리는 즉각적인 만족감에 흠뻑 젖어들게 되었다. 하지만 만족감을 늦출 수 있는 능력은 살아가는 데 반드시 필요한 기술이다.
- **충동 조절**: 충동이 감정을 잡아당기는 힘은 상당히 강렬하다. 어떤

논평이나 행동은 저항할 수 없는 반응 욕구가 생기도록 자극한다. 길을 걷다가 쇼윈도를 보고 분에 넘치는 물건을 충동 구매하는 경우가 있다. 그런데 그런 충동을 조절할 줄 아는 능력은 삶의 질뿐만 아니라 성공의 가능성도 높여준다.

- 스트레스 감소: 스트레스는 점점 누적되는 성질이 있다. 복잡하고 걷잡을 수 없이 빠른 속도로 변화하는 사회 속에 살아가면서 그냥 맥없이 있다가는 꼼짝없이 흐름에 휩쓸릴 수밖에 없다. 대개의 질병은 스트레스와 관련돼 있다. 스트레스를 제대로 조절하지 않은 채 그냥 놔두면 스트레스가 우리를 집어삼키고 말 것이다.

정서적 건강이 행복의 결정적 요소임은 분명하지만, 사실상 감정 조절은 상당히 만만찮은 문제이다. 정신과 의사, 심리학자, 기타 공인 치료 전문가 등 고등 교육을 받고 잘 훈련된 전문가들은 사람들이 자신의 감정을 이해하고 조절할 수 있도록 도와주고자 많은 시간을 투자한다. 하지만 이런 전문가들에게조차 환자를 치료하는 것이 치과의가 치관을 씌우거나 의사가 파열된 맹장을 제거하는 것처럼 간단하지 않다. 내 주위에는 수년간 치료를 받고 있거나 감정적인 재난에서 회복되었다 다시 불행에 직면하는 과정을 반복하는 친구들이 있다. 이따금 그들의 자기 파괴적 감정 패턴은 제법 눈에 띄게 나타난다. 그들은 기분이 나아지게 하려는 노력을 한답시고 일이나 배우자를 계속 갈아치운다. 어떤 친구들은 자신의 현재 상황을 치가 떨리게 싫어하지만 감히 변화를 꿈꾸지도 못한다. 잔뜩 겁만 내면서 끝없이 이어지는 암흑과 우울함의 운명 속에 머물러 있을 뿐이다. 현실과는 전혀 어울리지 않게 걱정거리를 터무니없이 크게 부풀린 뒤 그 밑에 깔려 옴짝달싹 못한다.

하지만 알다시피 감정 조절은 누구에게나 어려운 일이다. 나 역시 부단한 노력을 기울이는데도 평정심을 찾기란 여간 어렵지 않다. 이 책을 읽는다고 십중팔구 마음을 추스를 수 있다는 건 아니지만 확실히 도움을 얻을 수는 있다. 솔직하게 스스로를 평가하고 감정 상태를 검토한 다음 필요한 변화를 이뤄낸다면 감정 상태와 삶 전체가 극적으로 좋아질 것이다. 대체로 사람들은 최종 단계를 가장 힘들어한다. 조언을 듣는 건 쉽지만 이를 시행하는 건 어렵다.

예전에 이런 적이 있었다. 그렇잖아도 온갖 걱정에 사로잡혀 있는데 나태함까지 한바탕 찾아와 매일 아침 나를 꼼짝도 못하게 했다. 그 근심 걱정과 게으름을 떨쳐낼 엄두조차 내지 못했던 그 시기에 나는 친구에게 마음을 털어놓았다. 그 친구는 내 얘기를 차분히 들어줬다.

"아마 네가 아침 운동을 다시 시작하면 기분이 나아질 거야."

나는 그 친구의 간단한 해결책이 내 고통의 심각성을 무시하는 처사라고 딱 잘라 말했다. 아침엔 너무 바쁜 데다 일단 기분이 너무 엉망인데 어떻게 운동을 하자는 생각이 들겠는가?

그러나 그 친구가 매일 아침마다 전화를 해대는 바람에 결국 나는 아침 운동을 재개했고 친구가 장담했던 대로 기분이 훨씬 나아졌다. 문제가 사라진 건 아니지만 나를 갉아먹던 걱정은 더 이상 내 마음속에 없었다. 이렇듯 때론 감정적 난제가 상당히 간단하게 해결되기도 한다. 그렇다면 러닝머신 위에서 잠깐 달리고 바벨 운동을 약간 했다고 내 생활에 어떻게 그런 변화가 찾아온 것일까? 신체적 측면에서 보면 신체 활동을 통해 엔도르핀이 체내에 분비돼 스트레스가 줄어들고 에너지가 보강되었던 것이다. 신체적 튜닝의 이점에 대해서는 뒤에서 자세히 살펴보기로 한다.

감정과 관련된 문제는 날마다 우리에게 도전장을 내민다. 과학기술과 의학이 아무리 발달했다 하더라도 우리가 날마다 부딪히는 스트레스를 조절하는 데는 별 다른 효력을 발휘하진 못한다. 오히려 휴대폰, 인터넷 등으로 무장한 디지털 사회 속에서 편리함이라는 명목 하에 스트레스의 원인에 노출될 일이 더 많아지기만 한다. 정서 문제는 일반적인 신경과민부터 중증 성격 장애에 이르기까지 그 범위가 넓다. 체내 화학적 불균형 역시 정서적 고통의 원인이 되기도 한다.

우리 모두는 너나 할 것 없이 행복과 안녕을 막아서는 정서적 방해물을 안고 있긴 하지만 노력만 한다면 그 문제를 상당 부분 해결할 수 있다. 자기 마음을 들여다보는 통찰력은 정서적으로 성장하는 데 중대한 자양분이 된다. 계속해서 파고들고 주의를 집중하겠다는 마음만 먹으면 통찰력을 키울 수 있는 방법은 무궁무진하다. 젊은 시절 지겹게 달고 다닌 온갖 콤플렉스와 집착이 아주 없어지지 않을 수도 있지만 그렇다고 지금까지도 그것들에 휘둘려 살 필요는 없다.

감정적 응어리가 열정을 방해한다

우리의 인생은 넘쳐흐르는 열정과 함께 시작되었다. 신생아들이 자기 주변 세계에 어떻게 경탄하는지를 보라. 그들은 두려움을 모르는 에너지 그 자체이다. 앞뒤 가리지 않는 자유분방함으로 세상 여기저기를 뒹굴고 이리저리 헤집고 다닌다. 어린 아이들이 아무 거리낌 없이 친구들과 신나게 뛰노는 모습을 보면 삶에 대한 강한 열정으로 가득 차 있는 게 눈에 띈다.

1학년짜리 조카가 다니던 학교를 방문한 적이 있는데 조카의 담임교사가 학생들이 방금 공예 수업을 마쳤다고 말하면서 학생들에게 오늘 우리 반을 방문한 분께 자기 작품을 보여주고 싶은 사람이 누구냐고 물었다. 학생들은 너도 나도 자기 작품을 보여주려고 내게 달려들었다. 나는 이 초등학생들의 반응과 내가 대학에서 가르쳤던 성인들의 반응을 비교해봤다. 어린이들과는 달리 성인들은 의견을 공유하자는 요청을 받을 때면 움츠러들기 일쑤다. 아마도 우리가 태어난 순간부터 어른이 되는 순간 사이 어디쯤에서 우리의 열정이 차단되는 모양이다. 사춘기 시절 자의식이 발달할 즈음, 또는 그보다 훨씬 이전부터 열정이 위축되는 것 같다.

우리가 인생의 강줄기를 타고 흘러가는 사이 정서적 부담과 감정적 응어리가 우리 주변에 둥둥 떠다닌다. 어떤 것들은 떠내려가는 반면 어떤 응어리는 부유물마냥 우리 옆에 딱 붙어 떨어지질 않는다. 우리는 꽤 이른 시기부터 아무것도 모른 채 마음의 짐을 모으기 시작한다. 어렸을 때 놀림을 당했거나 경솔한 교사 때문에 난처한 상황에 처했던 사람이 있을 것이다. 어린 시절 부모, 조부모, 형제자매, 친척 등 성장에 지대한 영향을 끼치는 이들로부터 어떤 식으로든 거부당한 경험이 있을지도 모른다. 심리학자들은 이러한 감정적 응어리를 '원가족' 문제라고 지칭한다. 이러한 문제는 '위험한 환경의 가족 체계'에서 비롯됐을 가능성이 높다. 가령 부모 중 한 명 또는 둘 다 알코올 중독, 도박, 또는 완벽함이나 성취에 대한 집착 때문에 강박 행동을 보이는 가정에서 원가족 문제가 많이 나타난다.

나 역시 알코올 중독 가정에서 자라났다. 그런 가정환경은 너무나 흔해서 나 같은 사람들을 위한 명칭이 따로 있을 정도다. 바로 '알코올중독자 가정의 성인자녀(ACOA: Adult Children of Alcoholics)'가 나한테 해당되는 용어다. 이 분야에 대한 연구 보고서에 따르면 일반적으로 ACOA는 친밀감, 약속 이행 등에 문제를 보일 뿐 아니라 약물 중독에 빠지기도 쉽다. 나는 이 연구 결과에 대해 뼛속 깊이 공감했던 터라 내 상태를 회복하고자 힘들고 기나긴 여정을 시작했었다. 그때 내가 노력하지 않았더라면 결국 내가 어떤 모습이 되었을지 상상할 때마다 온몸에 소름이 끼친다.

감정적 응어리는 상당히 미묘하다. 끓는 물에 개구리를 던져 넣으면 개구리는 잽싸게 뛰쳐나오려고 할 것이다. 반면에 똑같은 개구리를 물에 넣고 그 물을 서서히 가열하면 개구리는 자기 몸이 적잖이 익어버릴 때까지 온도가 서서히 올라가는 위험을 감지하지 못한다.

어린 시절의 경험은 우리가 상상하는 것보다 훨씬 더 은밀하게 서서히 영향을 미친다. 과거부터 계속 따라다니는 악령에는 가족 체계 안에서 일어나는 이혼, 만성 신체 질환, 유기, 폭력, 죽음 등이 유발하는 정서적 충격, 전통이나 관습을 엄격히 따라야 했던 가정환경, 정서적, 신체적, 성적 학대도 포함된다. 가정마다 다들 어느 정도는 삐걱대는 부분을 안고 있기 마련이다. 약간의 두려움과 신경증부터 크나큰 고통과 트라우마까지 다양한 범주에서 좀처럼 사라지지 않고 영향을 끼치는 요소들이 있다.

'상호의존'이라는 특수 용어가 1990년대에 유행했다. 심리학자들이 정의한 이 용어의 뜻은 안정성과 순가치, 정체성을 찾으려는 시도 속에서 다른 사람들로부터의 인정과 상습적인 행동에 강박적으로 의존하게 되는 패턴이다. 상호의존성은 일반적인 원가족 문제이다.

우리가 중년기에 이를 즈음 마음속에는 감정의 앙금이 차곡차곡 쌓여 있을 수밖에 없다. 때로는 뭐가 잘못됐는지 완전히 확신하지도 못한다. 평범한 슬픔의 감정이나 자멸적인 행동으로 괴로울 수도 있다. 이런 감정이나 잘못된 행동은 우리를 속박할 뿐 아니라 인생을 충분히 만끽하며 살지 못하게 한다. 불완전하고 비참한 기분이 들게 하는 결함 때문에 우리 영혼은 혼란을 느끼면서 돌봄의 손길을 찾아 헤매곤 한다. 이런 상황에서 위안을 얻기 위해 술, 도박 등의 여러 중독에 빠져들 수 있다. 우리는 감정을 둔화시키려고 애쓰지만 감정상의 고통은 마치 정신병동의 구속복처럼 우리를 칭칭 싸매 삶의 질을 한 방울 한 방울씩 비틀어 짜내고 만다. 감정상의 배선에 결함이 있을 때 우리는 생활을 위해 열정을 타협해버린다. 더구나 인생에서 가장 중요하고 직관적인 기준이 되는 우리의 감정을 양보하고 만다. 과도한 감정적 응어리 때문에 자기 삶을 제대로 꾸려가지 못하고 고통을 처리하는 데만 신경이 쓰여 사는 내내 주의가 산만해질 수 있다.

마음의 짐을 벗어버리는 과정은 말하자면 회복하는 과정이다. 회복의 목적은 감정적 고통의 원천을 이해한 다음 그 문제를 해결하기 시작하는 것이다. 사고의 틀을 재구성하고 삶의 긍정적인 측면을 찾는 동시에 더 이상 고통이 침투하지 못하도록 스스로를 격리시켜주는 신성한 보호막을 탐색할 때 회복이 시작된다. 회복 과정에는 자기 감정이나 열정에 재접속하는 단계가 포함된다. 비록 감정적으로 상처받기 쉬운 상태가 되더라도 꼭 필요한 단계이다. 회복 과정이 이어지면서 위험이나 변화를 회피하던 모습에서 벗어나게 되고 자기 감정에 따라 행동할 수 있을 만큼 충분한 힘이 충전된 것을 느낄 수 있다. 또한 회복 과정 덕분에 스스로를 보살피면서 세상을 경험하는 능력을 얻게 되고 열정을 되찾게 된다.

자기 감정을 받아들인다는 것은 결코 쉬운 일이 아니다. 불안하고 거북한 감정을 숨기거나 둔화시키기 위해 이용했던 자기파괴적인 행동, 예를 들어 약물 남용 같은 수단에서 과감히 손을 떼야 할 때가 있다. 판단 착오에 빠진 많은 사람들이 자기 삶에 열정과 평화를 가져온답시고 알코올, 마약, 기타 상습적인 행동에 의존하고 만다. 나는 원래 큰소리치며 단정적으로 말하는 사람은 아니지만, 미국을 좀먹고 있는 약물 남용과 기타 상습적인 행동들이 여기저기 난무한다고 확신한다.

나는 ACOA의 12단계 모임에 참석했다. 거기서 마치 산불처럼 한 가계(家系)를 몽땅 태워버린 알코올 중독에 관한 이야기를 들었다. 때로는 알코올 중독이라는 질병이 한 세대를 건너뛰어 그 다음 세대에 재점화되기도 한다. 술과 약물이 부모, 조부모, 심지어 자녀들에게 얼마나 끔찍한 영향을 끼쳤는지에 대해 여러 가족이 눈물로 사연을 전했다. 뉴올리언스의 내 고향은 대찬 음주 문화를 자랑하는 곳이다. 적당히 술을 마시며 즐거운 시간을 보내는 데는 아무 문제가 없다 처도 남용 수준이 되면 삶이 처참하게 파괴될 수 있다. 직접적으로 중독의 영향 때문에, 간접적으로 깊숙한 감정 문제를 숨겨버리기 때문에 심각한 결과가 생긴다. 자기 삶에 끼어든 약물 남용 문제를 해결하지 않는 한, 수면 아래에 숨어서 회복을 방해하고 있는 감정적 문제를 해결하기란 사실상 불가능하다.

나는 우리 아버지의 음주 때문에 유년기와 청소년기에 엄청나게 나쁜 영향을 받았다. 아버지와의 관계가 오랫동안 부자연스럽고 가식적인 상태로 지속되었는데 바로 이점이 내내 고통과 후회의 근원으로 내 삶에 뿌리내려 있었다. 나는 아버지가 자기 술친구들은 그렇게 좋아라 하면서 왜 자기 가족은 나 몰라라 하는지 도저히 이해할 수 없었다. 아버지가 언제 퇴근하시는지 물어보려고 내가 회사에 전화하는 때도 가끔 있었다. 아버지는 곧 집에 갈 거라고 나를 안심시켰고 나는 집 앞 마당에 앉아 아버지를 기다렸다. 언제나 그랬듯 아버지는 나타나지 않았다. 아마 아버지는 얼른 오려고 했을 테지만 술친구의 전화 한 통에 옆길로 샐 수밖에 없었을 것이다. 딱 한 잔만 마시고 일어서려 했을 테지만 어느 순간 술자리가 길어졌을 뿐이다. 그어떤 경우에도 아버지는 저녁 식사 자리에 함께한 적이 없었다. 대개 자정이 훌쩍 지난 즈음에 거의 기다시피 집에 들어와 불가항력으로 이어지는 고성과 욕지거리로 가족들을 깨웠다.

다른 집에서도 그랬겠지만 우리 집 역시 아버지로 인한 문제들을

입 밖에 낼 수조차 없었다. 내가 우리 집의 아비규환, 아수라장을 일
기장에 쓴 적이 있는데 부모님이 그걸 찾아내 읽고는 대단히 언짢아
하셨다. 어떻게 감히 네까짓 게 집안의 평화와 고요에 대한 문제를
제기하느냐 이거였다. 내가 듣기로 우리 아버지는 알코올 중독자가
아니었다고 한다. 아버지는 그저 친구들과 기분 푸는 걸 좋아하셨을
뿐이란다. 아버지는 남자들에게 인기 있는 남자였다. 알코올 중독자
는 술을 억제하지 못하고 술 한 잔에도 취해버리고 혼자 술을 마시거
나 독주를 마시는 사람을 말한다. 이 모든 사항이 우리 아버지에게
적용되는 건 아니었다. 아버지는 여가 활동 차원에서 친구들과 술집
에서 맥주만 마셨다.

진짜 비극은 우리 아버지가 보통 때는 좋은 분이셨다는 사실이다.
사람들은 아버지를 정말 좋아했고 아버지는 친구들에게 의리가 있
었다. 하지만 결국에는 알코올 중독이 아버지를 완전히 쥐고 흔들었
다. 아버지의 생애 전체가 걷잡을 수 없이 무너져갔다. 아버지는 사
업체와 가족을 잃었고 어떤 면에서 보면 영혼까지 잃어버렸다.

나는 내 자신의 회복 문제를 해결하기 시작할 때까지는 우리 아버
지가 왜 가족보다 술친구들을 택했는지 도저히 이해할 수 없었다. 오
랜 시간이 흐르고 아버지와 어머니의 결혼 생활이 끝난 이후에도 나
는 여전히 아버지와의 가식적인 관계를 유지하려고 애썼다.

아버지의 날에 아버지 단골 술집에 함께 가자는 말에 마지못해 응
했다. 차에서 내려 술집을 향해 걸어가는 아버지 발걸음은 늘 그랬듯
갈지자를 그렸다. 머리를 푹 숙인 채 몸을 이리저리 흔들며 걸어가던
아버지가 술집 정문에 부딪히는 순간 아버지의 자세가 극적으로 바

뛰었다. 군인들처럼 어깨를 한껏 뒤로 젖힌 채 으쓱거리며 다 큰 아들을 뒤에 대동하고 자신만만하게 술집에 들어섰다. 내 눈이 어둠에 익숙해질 즈음 술집 안을 둘러보니 우리 둘의 등장으로 온 술집 단골 손님들의 이목이 우리 부자에게 집중된 것 같았다. 그들은 아름다운 아버지의 날 일요일 오후를 창문 하나 없는 지저분한 선술집에서 보내며 인생을 흘려보내고 있었다. 아버지가 여유롭게 자리를 잡고 앉자 바텐더가 묻지도 않고 아버지 앞에 맥주 한 병을 갖다 놓았다. 아버지가 한사코 자기랑 한잔하자고 고집했는데도 나는 기어코 소다를 주문했다. 아버지는 술집 손님들에게 일일이 자기 아들을 소개하기 시작했다. 포춘지에서 선정한 500대 기업에서 일하는 법인 변호사라는 말은 절대 빼먹지 않았다. 손님들 중에는 심드렁한 사람도 있었겠지만 어찌 됐든 다들 나한테 주목했고 나는 소심하게 고개를 숙이며 여기저기 인사했다.

아버지를 이해하게 된 건 바로 그때였다. 술집은 아버지의 열정이 숨 쉬는 곳, 아버지가 편안함과 완전함을 느끼는 유일한 장소, 모든 사람들이 아버지의 이름을 알던 일종의 접합부였던 것이다. 가족의 사랑과 동지애보다는 술, 그리고 술친구들의 존중이 아버지의 허함을 채워줬다. 알코올 중독이 아버지의 열정과 인생을 완전히 앞질러 버린 것이다.

나는 어떤가? 나 역시 열정을 회복하기 위해 내 인생의 음주 문제와 마주해야 했다. 내가 공부하거나 일을 할 때 술이 지장을 준 적이 없었기 때문에 술은 나한테 문제가 안 된다고 오해했다. 그러나 자기계발 및 영적 성장에 관한 책을 탐독하면서 깨달은 사실은 알코올 중독자의 자녀들이 술에 의존하게 될 질병 소질이 높다는 것이었다.

나는 영성 훈련 덕분에 마침내 이 중요한 문제를 해결할 수 있었다. 영적인 통찰력이 감정 회복에 중요한 요소로 작동할 때가 많다. 피정 기간 동안 나는 자연스레 한 가지 중대한 결심을 하게 되었다. 술 때문에 내 인생을 위태로운 지경에 빠뜨리지는 않겠다는 결심이었다. 술의 파괴력은 실로 어마어마했었으니까.

약물이든 술이든 나쁜 것에 의존하고 있지는 않은지 스스로 돌아볼 일이다. 확신이 안 든다면 전문가와 상담해보길 바란다. 일반적으로 약물 남용에 대해 약간이라도 미심쩍은 구석이 있다면 분명 그런 기분이 드는 이유가 있기 마련이다. 알코올 중독, 도박, 무분별한 성생활, 쇼핑 중독, 심지어 섭식 장애까지 이 모든 상습적 행동이 자신의 열정을 마비시키고 인생을 도탄에 빠뜨리는 상황으로 몰아가게 놔둬서는 안 된다. 중독성 있는 행동에 빠져 문제를 겪는 사람이 자신이든 자기 주변의 사랑하는 사람이든 절실하게 도움이 필요하다.

이론상으로는 간단할지 몰라도 실전에서 열정을 회복하는 과정은 상당히 어려울 수 있으며 대개의 사람들에게 회복 과정은 평생 동안 걸어가는 여정과 같다. 그렇지만 이처럼 끝이 안 보이는 것 같은 여정도 단 한 걸음부터 시작하는 법이다. 열정 회복이 곧 정서적 안녕의 첫 번째 단계이다.

정서적 안정을 목적으로 삼기

어떤 상황이 닥치든 냉정과 평온을 유지하는 자세만큼 득이 되는 것
은 없다.
— 토머스 제퍼슨

앞에서 우리는 정서적 건강에 책임을 지고 어수선한 마음의 조각
들을 하나하나 없애는 과정에 대해 논의했다. 나를 포함해 여러 사람
의 예를 통해 알 수 있듯 감정의 배선 상태를 점검해봐야겠다는 결심
만 해도 삶의 질이 크게 향상되는 놀라운 결과를 확인할 수 있다.

신체적 건강과는 달리 정서적 건강은 청진기로 진찰 가능한 것이
아니다. 감정에 휘둘리지 않고 스스로 감정을 조절하는 능력을 갖고
있을 때 이를 정서적 건강 상태가 양호하다는 신호로 받아들일 수 있
다. 이런 능력을 지닌 사람들은 쉽게 흥분하거나 화를 내지 않고 대
체로 위기 상황을 잘 처리한다. 그리고 대인 관계도 원만하고 살면서
찾아오는 실패와 좌절에 적절하게 대응한다. 이들은 평정심과 균형
감을 유지하는 것처럼 보이며 스트레스에도 잘 대처하고 긍정적인
사고방식을 바탕으로 행동한다.

정서적 튜닝 과정에는 감정을 효과적으로 관리하는 방법 배우기
가 포함된다. 정서적 건강은 이런 통제법을 내면에 장착하는 것과 관
련돼 있다. 정서적 건강을 자기 주도하에 두지 못하면 마음 상태를
흔들어버리고 화를 폭발시키는 외부 사건들 때문에 계속 탈선할 수
있다. 정서적 건강의 주도권을 잡고 있어야 감정적 결함을 고칠 수

있으며 특정 감정의 촉발제가 무엇인지 이해할 수 있다. 또한 자기 감정을 충실히 느낄 수 있고, 나아가 자기 삶도 충분히 누릴 수 있다.

정서적 튜닝의 목적은 정서적 건강과 성숙에 힘을 실어서 감정이 삶의 다른 영역에 방해가 되지 않게 하는 것이다. 정서적으로 건강하고 온전하다는 건 건설적인 방법으로 고통을 처리하고 심지어 그 고통을 끌어안을 수 있는 능력으로 입증된다.

인생 속에는 너무도 많은 고통이 있는데 그 대부분은 두려움에서 기인한다. 변화에 대한 두려움, 혼자 있는 것에 대한 두려움, 미지의 것에 대한 두려움 등 수많은 두려움이 우리 내면 깊숙한 곳에서 솟아오른다. 이 두려움의 촉발 요인을 이해하고 이에 대처하는 과정이 회복 단계에서 이뤄진다. 어영부영하는 사이 그 요인이 우리 안에서 계속 어슬렁거리게 놔둔다면 결국 정서적 건강에 심각한 문제가 생기고 만다.

튜닝 과정은 한 영역이 다른 영역에 도움을 주는 시너지 효과를 낸다. 이를테면 나중에 논의할 경제적 튜닝은 돈과 관련된 염려를 덜어줄 수 있다. 신체적 튜닝은 기분을 좋게 하면서 동시에 스트레스를 처리하는 능력을 높여준다. 그리고 영성 튜닝은 나날이 이어지는 삶의 여정 속에서 절대자의 도움을 얻는 영적인 기초를 마련해준다.

정서적 건강관리를 시작하기 위해 비교적 비용이 들지 않는 방법을 찾고 있다면 지원 단체에 들어가는 게 좋다. 교회나 지역 원조 모임, 개인별 성경 공부 모임, 비영리 단체 등 다양한 지원 모임이 있다. 비슷한 상황에 처한 사람, 비슷한 문제로 고민하는 사람들과 만나 대화를 하다보면 삶의 불가피한 도전 과제들을 해결하는 데 도움을 얻을 수 있다. 그런 만남은 정서적 건강과 안정을 지키는 데 중요한 역할을 한다.

이리저리 돌아다니다 막상 한 모임에 발을 들여놓으려면 약간의 용기가 필요하지만, 그 모임을 통해 얻게 되는 이득은 말할 수 없이 크다. 여기저기 잘 찾아본 다음 자신이 가장 편안하게 느끼는 모임에 합류하는 게 핵심이다. 이러한 모임은 모두 좋은 의도로 꾸려졌지만 내 경험에 따르면 각 그룹에는 나름의 활력과 궁합이 있기 마련이다. 아침 모임, 오후 모임, 주말 모임 등 시간대도 각양각색이다. 모임에 참여해서 반드시 얘기를 하거나 자기 삶을 공유해야 한다는 강제성은 없다. 처음에는 그저 다른 사람들의 이야기를 듣기만 해도 좋다. 전문가의 주도하에 모임이 진행되므로 참가자 모두 편안함을 느낄 수 있도록 특정 지침을 따르게 된다. 모임에 출석한 사람들은 다른 사람들을 도와주러 그 자리에 있는 것이지 비판하러 모인 게 아니다.

정서적 건강을 향상시키기 위한 또 다른 방법은 상담을 받는 것이다. 감정의 문제는 꽤나 복잡한 데다 당사자가 종종 전면적 해결책을 거부하는 상황도 생긴다. 만약 자기 삶에 끼어든 고민과 불행을 혼자서 해결할 수 없다면 상담가에게 조언을 구하는 게 도움이 된다. 전문 치료사와 상담가는 종교 기관을 통해서도 만날 수 있다. 몸이 아프면 의사를 찾듯 정서적으로 이상이 생겼다고 느끼면 정신 건강 전문가를 찾아가는 게 좋다. 그건 전혀 수치스러운 일이 아니다. 나는 상담가를 내 개인 운동 코치쯤으로 여긴다. 내가 원하는 정서적 건강 상태에 도달하기 위해 코치의 도움을 받는 것이라고 본다. 단, 제법 무거운 역기를 기꺼이 들어 올리겠다는 결심이 필요하다.

많은 이들은 그 유명한 중년의 위기에 부딪힐 때 전문 상담가를 찾게 된다. 훈련 받은 전문가들은 의뢰인들이 자신의 트라우마와 어려움을 자세히 살펴볼 수 있게 하면서 정서적 회복 내지는 정신 건강의 길로 이끌어준다.

잠재의식 속에 숨어서 의사결정 과정을 좀먹고 특정 상황에 반응하는 방식에 영향을 끼칠 뿐 아니라 고통과 슬픔을 유발하는 미해결 문제들이 있다. 이런 문제와 행동 패턴이 무엇인지 정확히 지적하고 해결하는 방법이 바로 전문적인 치료이다. 우리 주변에는 진득하게 일을 계속하지 못하고, 나쁜 인간관계만 여기저기서 맺게 되고, 삶이 전반적으로 무질서한 사람들이 있다. 대개의 경우 그들의 정서적 배선 상태에는 크고 작은 결함이 있다. 그러한 내적 배선은 대체로 잠재의식의 영역에 내장돼 있는데 어린 시절의 경험에 그 뿌리를 두고 있는 경우가 종종 있다. 치료 요법의 도움을 받게 되면 여태껏 살아오면서 형편없는 선택만 하게 만들고 고통과 불쾌감을 유발했던 자기 파괴적인 행동과 무의식을 해결할 수 있다.

다른 사람들에게 치료 전문가를 추천해달라고 부탁하는 것도 좋은 방법이다. 치료 전문가에게 상담을 받아야겠다는 결심은 매우 사적인 문제이며 결코 가볍게 생각할 사안이 아니다. 모든 직업이 다 그렇듯 좋은 치료사와 나쁜 치료사가 있는 법이다. 그렇지만 제대로 된 치료 전문가를 만나기만 하면 묵직한 감정적 고통을 열어 보일 수 있다. 바로 나의 경우가 그랬다.

용서

분을 내어도 죄를 짓지 말며 해가 지도록 분을 품지 말고
— 에베소서 4장 26절

언제든 적을 용서하라. 용서만큼 적을 잔뜩 언짢게 만드는 것은 없다.
— 오스카 와일드

용서는 정서적 건강에 도달하는 가장 중요한 가르침일 것이다. 허구한 날 부아가 나 있고 안 좋은 기분에 시달리며 그런 감정을 고집스럽게 질질 끌고 다니느라 세월을 다 보내지는 않는가? 우리는 그 괴로움의 무게라든지 정서적 건강에 미치는 부정적 영향을 도무지 깨닫지 못한다. 왜 그런 짐을 짊어지고 사는가?

내 친구들 중에는 말 그대로 온갖 잘못된 일들, 사사건건 자신의 발목을 잡았던 일을 줄줄 읊어댈 수 있는 녀석들이 있다. 용서의 힘을 깨닫기 전까지 나는 누가 듣건 말건 쉴 새 없이 우리 아버지에 대한 불만을 토로했고 몇 시간이고 아버지를 비난하며 열을 올릴 수 있었다. 앞서 말했듯 감정의 응어리는 어린 시절부터 축적되는 것이다. 하지만 우리는 부모님들이 자기 나름대로 최선을 다했다는 사실을 깨달아야 한다. 혹여 부모를 탓할 문제가 있더라도 전적으로 용서하는 게 중요하다.

나는 내 첫 사랑을 용서하는 데도 상당히 애를 먹었다. 솔직히 말해서 그녀는 예전에 연애하던 당시 나한테 꽤 못되게 굴었다. 내가 로스쿨을 다니는 동안 그녀와 다시 데이트한 적이 있었는데 무슨 이

유에선지 나는 그녀가 고등학생 시절 무례하게 굴던 기억을 떨칠 수가 없었다. 내가 옛날 얘기를 자꾸 하자 그녀는 당황스러워하며 눈물을 펑펑 흘리더니 그때는 자기가 너무 어리고 철이 없었노라며 해명하느라 애를 썼고 내가 왜 계속 그 문제를 입에 올려야 하는지 이유를 묻곤 했다. 결국 우린 다시 헤어졌다.

나는 다른 사람들한테 원한을 품고 꽁하게 사는 데는 명수였다. 내가 어디서 일을 하든 희한하게도 내 성질을 건드리는 사람이 언제나 대기하고 있는 것 같았다. 나는 마음에 안 드는 그들의 행동을 일일이 기억해두었고 그 행동에 대해 고래고래 고함치며 난리를 피웠다. 언젠가 내가 동료에 관한 불평을 또 늘어놓고 있을 때 어머니는 내가 누구와 함께 일하든 항상 그 사람한테 화를 내는 것 같다고 지적하셨다. 나는 어머니 말에 동의하지 않았다. 내가 그들을 비난하는 건 더없이 정당한 반응이라고 씩씩거리며 목소리를 높였다.

하지만 어머니와 계속 얘기할수록 우연의 일치인지는 몰라도 내 인생에는 어김없이 최소 한 명 이상의 적군이 등장했다는 사실을 깨달았다. 이전에 나를 욱하게 만들었던 수많은 사람들은 이미 사라진 지 오래지만 여전히 나는 쓸데없이 시간과 에너지만 낭비하고 있었다.

마침내 나는 깨달았다. 인생의 길목마다 적군이 출몰한 게 아니라 나 혼자 적을 만들고 있었다는 사실에 퍼뜩 정신이 들었다. 물론 그들이 때때로 골치 아프게 굴기도 했지만 내가 그들에게 권한을 부여해 내 인생을 좌지우지하게 만들었던 셈이다. 우리 모두는 자기 몫의 골치 아픈 사람들과 마주치게 돼 있지만 그들은 우리가 적군으로 만들 때만 적군이 될 뿐이다.

불친절하고 배려심 없는 사람은 언제든 우리 인생길에 등장할 수 있다. 그러나 우리 인생에 관여하는 모든 사람이 반듯하게 제대로 행동하길 기다리고 있다면 아마 평생을 목 빼고 기다리기만 해야 할지도 모른다. 남에게 함부로 말하고, 자기 차례를 못 기다려 끼어들고, 의도적으로 우리 인생을 훼방 놓으려고 딴전부리는 사람들은 어디에나 늘 있다. 하지만 우리까지 '어디 너도 한번 당해봐라'며 똑같이 반응할 필요는 없다. 누군가가 나한테 잘못을 저지른다면 그냥 내버려둬라. 당하고도 잠자코 있는 허수아비가 되라는 말이 아니라 사사건건 원한을 품고 칼을 갈지 말라는 말이다. 그럴 만한 가치가 없을 뿐이다. 원한과 분노를 그대로 놔두면 우리가 잠식당하고 말기 때문에 분노를 털어내야 한다. 그런데 만약 자신이 옳게 판단한 경우엔 어떻게 해결해야 할까? 누가 봐도 그 사람이 눈엣가시가 맞다면? 그럼 이렇게 물어보자. 정말 내가 원하는 것이 무엇인가? 옳은 판단을 내리자는 건가, 행복해지자는 건가? 자기 생각이 옳다고 주장하는 통에 스스로를 비참하게 만드는 사람이 너무도 많다.

우리가 누군가에게 화가 날 때 그 사람의 의도를 최악의 수준으로 상정하고 싶은 마음이 굴뚝같다. 그 인간은 정말 악질이니까 그렇게 행동한 게 분명해, 라는 마음의 소리가 솔솔 들려온다. 그런 사람들이 저지른 행동은 다 의도적이고 못된 마음에서 비롯된 것이고 애초에 그들은 우리를 괴롭히려고 세상에 태어난 사람이라는 생각까지 든다. 하지만 치를 떨게 만드는 최악의 사람에게도 결함을 벌충하는 장점이 있다. 단순히 그 날 그 사람의 일진이 안 좋았던 것일 수도 있다. 그 사람 기질상 인간관계 초반에는 불안하고 잘 안 어울리고 우울한 것일지도 모른다. 아마 그런 모습 때문에 세상으로부터 온갖 질타를 받으며 살아온 사람이었을 것이다. 우리 자신도 완벽하지 않은 사람 아닌가.

모든 상황에는 두 가지 측면이 있다는 점을 명심해야 한다. 다른 사람의 관점을 이해하고 공감하는 자세야말로 정서적 성숙도를 보여주는 중요한 특징이다. 그러므로 매사에 너무 예민하게 굴지 않도록 하고 만사를 순리대로 잘 흘려보내는 방법을 배워야 한다.

〈황금연못〉이라는 영화의 한 장면이 기억난다. 제인 폰다가 어머니(캐서린 햅번 분)에게 아버지에 관한 불평을 늘어놓는 장면이었다. 제인 폰다의 실제 아버지인 헨리 폰다가 아버지 역을 연기했는데, 제인이 아버지의 완고하고 까다로운 성미를 참을 수 없다고 토로하는 내용이었다. 이에 대해 햅번은 기억에 남는 명답을 들려준다.

"때로는 정말 열심히 들여다봐야만 누군가가 그들 나름대로 최선을 다하는 중이라는 걸 깨닫게 될 거야."

누군가를 판단하기 전에 먼저 그 대상을 열심히 들여다보는 걸 잊지 말자. 하지만 용서가 쉬운 건 아니다. 우리 아버지 같은 경우가 만만찮은 도전 과제를 안겨준 분이다.

나는 거의 평생 동안 아버지에 대한 엄청난 분노와 원망을 악착같이 쥐고 살았다. 아버지의 음주벽이 우리 가족을 무너뜨렸고 상당한 재정 문제를 불러왔다는 사실에 참을 수가 없었다. 갓 로스쿨을 졸업한 나이였는데도 나는 아버지의 사업 빚 때문에 저당 잡혀 있던 우리 집을 잃지 않으려고 빚 보증인이 되었다. 빚 청산을 돕기 위해 '잠깐

동안' 집으로 다시 들어간 사이에 아버지는 가족 경제를 회복하려고 애를 쓰셨다. 하지만 시간이 흘러도 아버지가 기대하고 있던 거래 중 현실화된 건 아무것도 없었고 집에서 아버지를 볼 일은 점점 줄어들었다. 나는 '잠깐'만 집에 머물기로 했는데 그 잠깐이 점점 길어졌다. 나는 내 법학 학위가 이 소용돌이 같은 우리 가정에서 벗어나는 탈출 비자가 되기를 빌고 또 빌었다. 하지만 그것만으론 충분치 않았던 게 분명하다.

어느 서늘한 일요일 아침, 결국 나는 빈털터리가 되었다. 끔찍한 한 주를 보낸 참이었다. 한 주 내내 로펌에서 연례 업무 검토에 딱 붙들려 있었다. 우리 가족이 느낀 압박감이 최소한 어느 정도는 비난받을 만하다고 생각했다. 당시 나는 우리 집의 생계를 책임지는 가장이었기 때문에 나의 곤란한 상황을 우리 가족에게 도저히 털어놓을 수가 없었다. 설상가상으로 전날 밤 여자 친구가 실토한 얘기도 감당이 안 되었다. 최근에 기업 정기총회 참석차 하와이로 갈 때 다른 남자랑 같이 갔었다고 고백하는 게 아닌가! 사실 여자 친구 앞에서보다 나 혼자 있을 때 스스로에게 더 화가 났다. 내가 왜 그렇게 순진하게 굴었는지 부아가 치밀었다.

그렇게 안팎으로 뒤숭숭했던 일요일 오전, 아버지와 나만 식탁에서 아침 식사를 하고 있었다. 아버지는 신문을 읽고 있었고 나는 멍하게 창밖을 바라보며 앉아 있었다. 사방이 환히 빛나며 희망찬 출발을 알렸지만 내게 느껴지는 건 암흑뿐이었다. 나는 더 이상 참을 수 없었다. 내가 힘들게 번 돈이 집안 지출로 다 거덜나고 있는 사실이 불만이며 좌절감까지 느껴진다고 아버지에게 고백했다. 나는 죽어라 공부했고 학교 다니는 동안에도 쉴 틈 없이 일을 했었다. 그거면 충분하지 않은가? 내가 지금 여기서 이러고 있을 이유가 없었다. 아버지는 나를 진정시키려고 애쓰면서 혹시 어머니가 이 얘기를 듣고 일이 더 커져 아버지 선에서 수습이 안 될까봐 나를 조심시켰다. 하지만 나는 조심하지도 않았고 얘기를 그만두지도 않았다. 나는 더 이상 이대로 살 수 없다고 고집을 피우면서 아버지도 뭔가 도움이 돼보라고 간청했다. 아버지가 내 어깨에 손을 얹고 모든 게 잘 될 거라고 나를 안심시켰다. 이제 곧 부동산 건 하나가 성사될 참인데 그것만 잘 되면 주택 대출금 상당 부분이 해결될 거라고 했다. 나도 내 맨션으로 돌아갈 수 있을 거라고 말하면서 언젠가 나한테 다 갚아주겠노라 약속했다. 사실상 그날 오후에 아버지는 중요한 미팅이 있었고 저녁 즈음에 좋은 소식이 있을 것 같긴 했다. 드디어 희망의 빛이 어렴풋이 보이기 시작했다.

그날 오후 아버지가 차를 몰고 돌아오셨을 때 나는 내 차를 세차 중이었다. 우리 집은 대문에서 현관까지가 꽤 멀었다. 아버지가 차에서 내려서는 순간부터 나는 아버지가 만취한 걸 한눈에 알 수 있었다. 아버지는 말 그대로 비틀거리며 차에서 내렸다. 그러고선 현관까지 마치 이리저리 튀는 핀볼처럼 좌우로 비틀대며 걸어 올라왔다. 나는 어리벙벙했다. 아버지가 빨리 걸어오는 동안 나는 아버지 눈에서 일말의 해명을 찾았다. 아버지는 내 눈을 피한 채 양손을 아래로 툭 떨어뜨렸다. 마치 "난 포기했다"라고 말하는 것 같았다.

나 역시 포기했다. 모든 게 다 거짓말이었다. 부동산 계약도, 구상하고 있는 일도 전부 거짓말이었다. 어떻게 보면 아버지 자체가 거짓

투성이었다. 아버지를 향한 나의 원망과 빈정거림이 나를 산 채로 먹어치우는 중이었다.

다행히도 얼마 뒤에 오디오 테이프 하나를 듣게 되었다. 유명한 자기계발서의 저자 웨인 다이어의 오디오 테이프였다. 그는 자기 아버지를 용서한 것에 관한 뭉클한 이야기를 들려주었다. 그의 아버지는 다이어가 아주 어렸을 때 가정을 버렸다. 아버지에 대해 아는 거라곤 쉬쉬거리며 들려오는 꺼림칙한 전력뿐이었다. 다이어는 해결되지 않은 감정 때문에 어마어마한 고통을 느끼며 살았다. 그러던 차에 회사 출장을 가서 기적처럼 아버지의 묘를 찾아낼 수 있었다. 감정이 북받치던 그 순간 다이어는 응어리졌던 감정을 전부 쏟아냈고 죽은 아버지 묘 앞에서 그를 용서했다. 이 용서의 행위 한 번으로 다이어의 삶이 확 바뀌었고 그 다음 주부터 바로 책 집필에 돌입했다. 《행복한 이기주의자Your Erroneous Zones》가 바로 그 책이다.

운전 중에 그 테이프를 듣던 나는 차를 세울 수밖에 없었다. 정말 우연의 일치처럼 내 상황과 닮은 구석이 많았다. 우리 아버지를 용서해야겠다는 생각이 들었다. 처음에는 무척 힘들었다. 하지만 알코올 중독에 관해 알아갈수록 아버지의 분별없는 행동이 진행성 질병 때문이었음을 차츰 이해하게 되었다. 그 질병은 모든 것을 파괴하는 가공할 힘을 지닌 것이었다. 약물을 남용하거나 알코올 중독에 빠진 사람들은 모든 것을 희생해가며 중독에 빠져든다. 아버지의 술친구들이 아버지에게 그렇게 큰 의미였던 이유가 있다. 그 친구들은 알코올 중독에서 일종의 필수 구성 요소이지만 가족은 그렇지 않았던 것이다. 하지만 아버지는 무슨 일이 벌어지고 있는지 왜 볼 수 없었을까?

왜 치료 방법을 찾으려고 최소한의 노력도 기울이지 않았을까? 내가 뭐라고 할 말은 없지만 아마도 아버지 자신보다 더 강력한 힘에 조종당했던 것 같다. 나는 아버지를 용서해야 했다.

나중에 안 사실이지만 우리 아버지의 아버지, 그러니까 나의 할아버지가 알코올 중독과 우울증을 앓았다. 그 당시에는 우울증 치료제랄 게 따로 없었으니 이상하게 행동하는 사람들은 그저 어딘가에 가두는 수밖에 없었다. 할아버지는 아버지가 아주 어렸을 때 정신병원에 갇혔다. 남은 가족들은 굉장한 고초를 겪었다. 뉴올리언스 아이리시 해협 부근의 거친 마을에서 정신병이라는 크나큰 오명을 안고 살기가 얼마나 힘들었을지 나는 그저 상상만 할 뿐이다. 아버지, 삼촌, 고모, 그리고 할머니는 일요일마다 우리 할아버지를 찾아갔고 이따금 점심 도시락을 싸가곤 했다. 아버지가 열 살쯤이었던 어느 날 할아버지가 돌아가셨다는 전화를 받았다고 한다.

할머니는 가족이 똘똘 뭉쳐 살 수 있도록 물불 가리지 않고 뭐든지 하셨다. 최악의 상황을 씩씩하게 헤쳐 나가며 훌륭하게 가장의 역할을 다하신 분이다. 우리 아버지와 삼촌은 두 분 다 군복무를 했고 대학을 마친 후 좋은 여자를 만나 결혼을 했고 가정을 꾸렸다. 고모 역시 힘겨운 어린 시절을 보냈지만 결혼도 잘 했고 해피엔딩을 만드는 것 같았다. 하지만 아버지와 삼촌 모두 내부에는 알코올 중독 폭탄이 째각째각 시간을 기다리고 있었고 오래지 않아 그 폭탄은 터지고 말았다. 삼촌의 생애 전반을 망가뜨리는 건 순식간이었지만 우리 아버지를 무너뜨리던 과정은 보다 느리고 조직적이었다.

아버지가 폐암 진단을 받아서 간호가 필요했을 때 나는 용서라는 최후의 시험 문제를 받아 든 심정이었다. 불행히도 아버지한테는 흡연이라는 또 다른 결함도 있었다. 아버지는 내 여동생과 더 가까웠지만 동생은 남편과 세 아이를 건사하기도 벅찬 상태였다. 나는 아버지를 돌보기 위해 우리 집에 모셔오기로 결심했다. 아버지를 모시고 치료를 받으러 다녔다. 아버지는 불평 한 번 없이 매우 담대하게 자신의 병과 맞섰다. 나 역시 아버지를 돕기 위해 종합비타민제, 임상 실험 약제, 비타민 C 물약 등을 공수하며 여기저기 바쁘게 다녔다. 심지어 주방 근처에도 잘 안 가는 내가 아버지를 위해 건강에 좋은 음식을 요리하기까지 했다. 어느 날 밤 세 번째 시도한 생선구이를 보고 아버지는 내가 만든 음식이 화학요법보다 더 지독하다고 선언하는 웃지 못할 일까지 벌어졌다.

그 한 해가 내내 고된 시간이었지만 나는 최선을 다하기로 마음먹었다. 아버지는 원래부터 매우 우울한 성격이었고 우리 부자는 제대로 '대화'라는 걸 해본 적이 없었다. 사실 나는 아버지의 지난 삶을 돌아보며 보기 좋게 각색하거나 묵은 원망을 청산하거나 심지어 얼굴을 맞대고 용서할 의도가 전혀 없었다. 나는 단지 내가 아버지를 사랑하고 내가 당신을 위해 여기 있다는 걸 아버지가 알았으면 했다. 나는 아버지한테 사랑한다는 말을 자주 했다. 아버지는 여간해선 그런 말을 주고받을 준비가 안 된 것 같았지만 어쨌든 나는 사랑한다고 말씀드렸다. 나는 아버지가 나를 사랑하셨다는 걸 안다. 그래서 나는 아버지가 이 땅에서 보낸 마지막 해를 함께 보낼 수 있어서 한없이 감사했다.

같이 시간을 보내면서 알게 된 사실은 아버지가 아주 상냥하고 예의바른 분이라는 것이었다. 아버지는 죽음 앞에서 품위를 잃지 않으셨다. 나는 아버지를 용서해드린 것은 물론 깊이 존경하고 사랑할 수 있게 되었다. 아버지는 알코올 중독과 암한테 패한 사람일 뿐이었다. 드디어 나는 모든 고통과 번민으로부터 해방되었고 아버지에 관한 한 완전한 평화를 되찾았다. 이 모든 것은 기꺼이 용서하는 마음에서 시작되었다.

자기 생부와 소원해진 한 여성에 관한 가슴 아픈 이야기가 있다. 그녀가 아주 어렸을 때 부모가 헤어졌고 서로 안 좋은 감정이 많았던데다 가족들은 아버지란 존재에 대해 일절 거론하지 않았다. 아버지는 딸에게 연락하려는 노력조차 하지 않았다. 그런데 어느 날 그녀가 30대 초반이 되었을 즈음 변호사로부터 한 통의 전화를 받게 되었다. 변호사는 상당히 사무적인 톤으로 아버지가 돌아가셨다고 알리면서 항상 딸을 사랑했다는 말을 전해달라고 의뢰 받았다고 덧붙였다. 그리고 아버지가 딸에게 연락하려고 애쓰지 않았던 이유는 딸이 자신을 거부할까봐 두려워서였다고 설명했다.

그 여성은 아버지가 손만 내밀었더라면 자기는 기쁘게 아버지를 만나러 갔을 거라고 한없이 가슴 아파했다. 자신의 아버지가 누구인지 모른다는 사실이 그녀에겐 언제나 고통의 근원처럼 작용했었기에 아버지의 죽음은 더욱 서럽게 다가왔다. 기회만 있었다면 그녀는 기꺼이 아버지를 용서했을 것이다. 그때부터 나는 용서의 힘에 관한 신봉자가 되었다.

예전에 공인 상담사 두 명이 진행하는 1년 과정 치유 프로그램에 참여한 적이 있었다. 그 모임의 다른 참가자들은 전부 약물 남용 문제뿐 아니라 원가족 문제까지 안고 있었는데도 기능적인 면에서 전혀 문제가 없었다. 문제가 없는 수준이 아니라 자기 직무를 훌륭히 잘 해내는 사람들이었다. 그 모임의 구성원은 성공한 의사, 간호사, 변호사, 교육자, 가정주부들이었다. 프로그램이 진행되는 동안 회원들은 각자 살면서 겪은 끔찍한 사건들을 하나 둘 들려주었다. 대부분이 부모와 연관된 이야기였다. 회원들 거의 전부는 오랜 시간이 지났는데도 여전히 부모에게 단단히 화가 나 있었다.

우울하고 맥 빠지는 얘기들이 많았지만 나는 용서에 대해 설교 아닌 설교를 했다. 가정을 돌보지 않고 가족들에게 잔인하게 굴었던 각자의 부모를 용서해야 한다고 회원들을 설득했다. 그렇게 하는 사이 나는 상담사 중 한 명과 대립하게 되었다. 그런 전면적인 용서가 회원들의 정당한 감정을 하찮게 만든다고 느낀 것 같았다. 달리 말하면 그 모임의 회원들한테는 과거 자신의 양육 과정에 대해 분노하고 언짢아할 권리가 있다고 생각하는 듯했다. 그 상담사 역시 어렸을 적에 아버지에게 버림 받았고 그 점에 대해 여전히 분노하고 있었다. 하지만 나는 용서가 답이라고 확신했기 때문에 계속해서 용서하라고 독려했다. 몇 차례 격론이 있은 이후로 그 상담사와 나 사이엔 간단한 대화만 오고 갔다.

프로그램 종료식을 하는 날 우리는 빙 둘러앉아 오자미 하나를 돌렸다. 오자미를 쥐고 있는 회원에게 한마디씩 해주는 순서였다. 오자미가 나한테 왔을 때 나한테 말해주는 마지막 순서가 그 상담사에게 돌아갔다. 그녀는 부모를 용서하는 문제 때문에 일 년 내내 나와 부딪혔다면서 말문을 열었다. 그런데 찬찬히 돌이켜본 결과 내가 옳았고 자기가 틀렸다는 사실을 알았다며 전체 회원들 앞에서 담담히 시인하는 게 아닌가. 우리가 반드시 자기 부모님을 용서해야 한다는 말도 잊지 않았다. 나는 그녀의 양보가 놀랍고 기뻤다. 누군가를 용서하는 것만큼 자신이 틀렸음을 인정하는 것 역시 굉장한 용기를 필요로 하기 때문에 그녀의 말이 더없이 놀라웠다.

부모님을 용서하는 것은 물론이고 나한테 잘못을 저지른 사람을 용서한다는 것은 우리 자신을 용서하는 법을 배우는 것만큼 중요하다. 과거의 선택을 두고 스스로를 비난하고 욕하느라 얼마나 많은 시간을 허비하고 사는지 각자가 잘 알 것이다. 우리는 자신이 선택한 직업이나 배우자를 두고 쓸데없이 괴로워하고 가지 않은 길을 하염없이 바라보고 애태우며 발을 동동 구른다.

스스로를 용서하는 것이야말로 최고로 어려운 임무이다. 하지만 주변의 다른 사람들을 용서하고 나서야 비로소 자신을 용서할 수 있다. 일단 이 중요한 단계를 밟고 나면 정서적 건강이라는 목표는 훨씬 더 우리 곁에 가까워질 것이다.

스스로에게 정서적인 힘 충전하기

가장 중요한 전투는 마음속에서 벌어지는 전투이다.
— 무명씨

　　정서적으로 힘을 충전하려면 한 발자국 뒤로 물러설 줄 알아야 하고 자신을 과거에 묶어두었던 자기패배적인 행동을 인정해야 한다. 우리의 정서적 프로그램이 어린 시절에 형성된다고는 하지만 내적 소프트웨어는 여전히 업그레이드되고 재형성되기까지 한다. 우리는 감정의 중심핵에 양분을 주고 강화시킬 수 있다.

　　정서적 힘 충전을 위해 중요한 기술은 혼잣말 관리이다. 혼잣말은 내면의 음성이다. 이러한 내적 대화는 도전에 대처하고 행동을 강화해 도움이 되기도 하지만, 끊임없이 자신을 꾸짖는 소리로 작용해 고통의 원인이 되기도 한다. 내면의 작은 소리를 이용하고 스스로와 보다 건설적인 대화를 나누는 방법을 터득해야 한다. 많은 사람들이 그렇듯 혹평 일색이었던 나의 혼잣말은 내 인생을 지속적으로 심란하고 정신 사납게 했다. 혼잣말 조절의 핵심은 다른 게 없다. 그저 주도권을 잡으면 된다. 우리는 다들 자신의 사고 과정을 통제한다. 수많은 고난에도 아랑곳없이 행복해 보이는 사람들은 자기 삶의 긍정적인 면에 집중하기로 마음의 노선을 정한 이들이다. 반면에 여러 장점을 지녔는데도 비참해하는 사람들은 부정적인 부분에 고정돼 있다. 우리는 혼잣말로 자신의 생각을 통제할 수 있다. 스스로에게 부정적 메시지를 보내는 대신 긍정적인 메시지를 보내보라.

긍정적 혼잣말의 한 가지 예를 들자면 긍정적 감정과 인식을 장려해주는 긍정 화법이 있다. 〈새터데이 나이트 라이브〉에서 스튜어트 스몰리가 긍정적인 혼잣말을 패러디한 장면이 나온다.

"난 충분히 괜찮아. 충분히 똑똑해. 그리고 에이 참! 사람들이 나를 좋아하기까지 해."

우습게 들릴 수도 있지만 긍정적 혼잣말의 효과는 절대 하찮게 볼 일이 아니다. 단순히 내적 대화에 변화를 주었을 뿐인데 감정 상태에 극적인 변화가 찾아온다.

이외에 꼭 필요한 감정 기술로는 사회적 단서를 읽고 해석하는 것이다. 자신의 행동이 다른 사람들에게 어떤 영향을 미치는지 인식하고 공동체 내에서 다른 사람들과 함께 있는 상황에 얼마나 잘 맞추고 있는지를 마음속으로 그려보라. 종종 우리는 지금 당장 자신에게 닥친 위기에만 너무 골몰해 다른 사람들의 관점을 묵살하기도 한다. 분노와 좌절감을 토해내는 것이 건강에 좋긴 하지만 다른 사람들에게 해가 되는 방식으로 그런 감정이 배출되어서는 안 된다.

이 말은 타인의 관점을 이해하는 것이 얼마나 중요한지로 연결된다. 사람들은 오로지 자신의 관점으로만 세상을 보고 싶어 하는 유혹에 자주 흔들린다. 그렇지만 다른 사람의 관점을 경험해보면 눈과 귀가 확 밝아질 수 있다. 일종의 깨달음을 얻는 과정이다. 일단 타인의 의견이나 입장을 인식하게 되면 내 생각에 나를 굉장히 힘들게 만든다고 파악된 사람한테 다짜고짜 욕을 퍼붓는 대신, 그 역시 하루하루 힘겹게 살아가는 평범한 한 사람이라고 여길 수 있게 된다. 이러한 타인 이해 기술은 감정 이입 내지 공감이라고 알려져 있다. 타인을 이해하는 폭이 넓어질수록 우리는 자신의 감정을 보다 능숙하게 조절할 수 있다.

정서적인 힘을 충전할 수 있는 또 한 가지 방법은 스스로에 대한 기대치를 현실적으로 조정하는 것이다. 나는 종종 스스로에게 비현실적인 기대치를 짊어지웠고 그 높은 장벽을 뛰어넘으려고 내내 헉헉댔다. 자기에게 맞는 목표를 설정해야 하는 동시에 현실감도 놓치면 안 된다. 그렇게 하지 않으면 실패와 끊임없는 자기비판의 틀 안에 갇혀 사는 꼴이 되고 만다.

자기 인식 역시 정서적 힘을 충전하는 기술이다. 이는 특정한 감정을 인식하고 경험을 통해 그 감정을 깨달을 줄 아는 능력이다. 이러한 자기인식이 가능하려면 스스로 자신의 진짜 감정과 늘 접촉점을 유지해야 한다. 감정 조절의 첫 단계는 감정을 평가할 줄 아는 것이다. 그 다음은 감정을 조절하는 능력이다. 염려, 분노, 슬픔 같은 부정적 감정을 보다 잘 조정하고 통제할수록 기분이 더 좋아지고 더 생산적인 사람이 될 것이다.

재구성이라고 알려진 기법이 있다. 이것은 잠재적으로 부정적인 상황을 보다 긍정적 관점에서 고쳐 써보는 기술이다. 우리는 자기 문제를 확대해석해서 최악의 결과를 상정해 거기에 집착하는 경향이 있다. 모든 난관을 배움의 과정으로 취급해 궁극적으로 자신에게 도움이 될 거라고 생각하는 쪽이 훨씬 낫다. 명상이나 기도는 부정적 감정을 조절하는 데 아주 유용하다. 운동이나 장거리 걷기 역시 효과 만점이다.

정서적 튜닝 계획

충고는 피마자유 같다. 건네주기는 아주 쉽지만 삼키기는 여간 힘든
게 아니다.
— 무명씨

평가

정서적 튜닝 계획 첫 번째 단계는 현재 자신의 감정 상태를 평가
하는 것이다. 약물 관련 문제나 정서적 문제가 있는지 여부를 두고
스스로에게 전적으로 솔직해져야 한다. 때로는 전문가의 도움이나
가까운 친구들의 도움으로 자기 문제를 밝혀내기도 한다. 이유가 무
엇이든 간에 사람들은 자신이 직면하고 싶지 않은 수많은 감정상의
문제를 얼버무리거나 단단히 감춰둔다.

흔히 나타나는 감정상의 문제로는 쉽사리 떨쳐내지 못하는 슬픔
이나 불안감 등이 있다. 이런 문제들은 저절로 사라지는 법이 없다.
반드시 해결책을 찾아야 한다. 전문 상담은 자기 패배적인 행동과 고
통을 밝혀내는 데 상당히 유익하다. 정서적 건강의 대부분은 잠재의
식이 관할하고 있으므로 전문가의 훈련된 눈과 통찰력으로부터 큰
도움을 받을 수 있다. 물론 모든 이들에게 치료 전문가가 필요한 건
아니다. 마음이 맞고 공감을 잘해주는 친구 한 명이 잘 훈련 받은 치
료사 못지않은 역할을 할 때도 종종 있다.

계획

계획

일단 자체 평가를 했다면 그 다음 단계는 감정 회복 방안을 세우는 것이다. 그 방안은 다음과 같다.

1. 다른 사람들이 나한테 잘못한 점을 용서한다. 이 내용을 글로 적어둔다.
2. 감정을 이해하고 표현하기 위해 규칙적으로 일기를 쓴다.
3. 자기 파괴적인 행동이 무엇인지 판단하고, 만약 그런 행동이 있다면 그 행동을 그만두기 위해 조치를 취한다.
4. 약물, 도박, 술 또는 가정폭력 같은 특정 문제가 있다면 그 문제에 적합한 프로그램이 있는지 찾아본다.
5. 운동, 여가활동, 정기적인 영성 훈련 등 스트레스를 줄이는 데 도움이 되는 활동에 참여한다.
6. 상담을 받아 볼 필요를 느낀다면 나에게 맞는 사람을 찾기 위해 정보를 수집한다.

정서적 튜닝의 목표는 좋은 감정 상태를 유지하는 것이다. 기분이 좋지 않다면 제대로 된 감정 상태에 도달하기 위한 방법을 모색하고자 계획을 세워야 한다.

건강한 정서적 관점 유지하기

과거를 기억하지 못하는 사람들은 그 과거를 되풀이할 운명에 처해
질 가능성이 크다.
— 조지 산타야나,《이성(理性)의 생활The Life of Reason》

태도. 이 단어는 여느 다른 책보다 자기계발서에 단골로 등장한
다. 강도 높은 고난은 긍정적 태도나 건강한 정서적 관점으로 극복될
수 있다. 긍정적 태도와 조심스러운 행동을 보이는 사람들은 부정적
태도를 지닌 사람에 비해서 어려움을 견뎌낼 가능성이 훨씬 높다. 만
사가 잘 풀릴 때 행복하기는 쉽다. 하지만 건강한 정서적 관점은 상
황이 어떻든 간에 적절한 태도를 유지하는 것과 관련돼 있다.

건강한 정서적 관점을 유지하려면 인생의 흐름을 거스르는 대신
그 흐름에 몸을 맡기고 편안히 흘러갈 줄 알아야 한다. 불안하고 불
편한 상태가 아닌, 편한 모습으로 살아가는 게 비결이다.

내가 아등바등 사투를 벌였을 때 내 인생이 말 그대로 전투가 되
었다는 생각이 든다. 내가 모든 사건을 있는 그대로 받아들이면 인생
은 훨씬 수월해졌다. 이렇게 수용하는 자세는 인생의 면면을 음미하
고 경축하는 모습과 통한다. 우리 할머니는 아흔아홉의 연세에도 늘
명랑하고 천진난만하게 사셨다. 많이 편찮으셔서 죽음을 앞둔 시기
였는데도 내 생일이라고 자리를 털고 일어나서 옷을 곱게 차려 입으
셨던 분이다.

정보화 시대는 생산성을 향상시키기 위한 수많은 도구와 함께 도

래했다. 디지털 시대가 생산성을 극적인 수준으로 끌어올리긴 했지만, 많은 부분이 우리 삶을 단순화하고 기본으로 돌아가게 하기 위한 것이라고 볼 수도 있다. 삶을 단순화한다는 것은 인생의 온갖 어지러운 부분을 없애고 자신의 책임을 점검하는 것이다.

중년기에 이르면 인생이 매우 복잡해질 수 있다. 각종 물건들, 이미지, 생각들이 이것저것 쌓였을 시기이므로 튜닝 과정의 일부는 이 짐을 조금씩 줄여나가는 것이다. 우리 인생의 짐 대부분은 스스로 부과한 것들이다. 우리는 저마다 부리나케 여기저기 다니며 물건을 모으고 매일 똑같이 태엽을 감아 쳇바퀴 돌듯 살아간다. 그 어느 때보다도 풍족한 시기에 살면서도 사실상 양질의 시간이 부족하다는 사실은 그저 놀라울 따름이다. 바야흐로 어수선한 잡동사니를 치워버리고 중요한 일에 집중하기 위해 단순한 시대, 단순한 삶으로 회귀할 때다.

건강한 정서적 관점을 위한 인생 수업

질서는 사람을 용자로 만들고, 혼란은 사람을 겁쟁이로 만든다.
— 니콜로 디 베르나르도 마키아벨리, 《전쟁론The Art of War》

개인의 심리적 발달은 그 개인이 속한 인종의 발달 과정을 짧게 반복하는 것이다.
— 지그문트 프로이드

다음은 건강한 정서적 관점 유지에 관해 정리한 내용이다.

1. 우리는 모두 자기 인생을 책임지고 있다.

누군가 다른 사람에게 책임을 돌리고 싶은 마음이 들겠지만 결국 자기 인생은 모두 자기 책임이다.

2. 우리는 자기 인생을 담당하고 있다.

원하는 '모든' 것을 가질 수는 없지만, 원하는 '어떤' 것은 가질 수 있다. 하지만 성공하려면 어쨌든 대가를 치러야 한다. 무엇을 원하는지, 그것을 위해 기꺼이 어떤 대가를 지불할 건지 결정해야 한다.

3. 우리 모두에겐 각자 자기 몫의 어려움이 있다.

하지만 그보다 훨씬 더 지독한 문제를 안고 있는 사람들이 늘 있기 마련이다. 우리가 직면하는 모든 실패와 역경은 다른 사람들 역시 맞닥뜨리는 어려움일 가능성이 높다.

4. 불완전함과 자기 패배적인 행동을 해결해야 한다.

이런 면이 어느 정도는 우리 모두에게 작용해 발목을 붙든다. 우리 중 많은 이들은 두려움에 억눌려 자기만의 안전지대에 갇혀 옴짝달싹 못하고 산다. 너나 할 것 없이 다들 그런 부정적 감정을 경험한다 해도 성공한 사람들은 그런 감정을 해결하고 자기제약적인 성향을 극복할 줄 안다. 그러한 조절 지향적 대처법은 자신의 한계를 최소화하고 장점을 극대화하는 데 효과적이다.

5. 실패에 어떻게 대처하느냐가 성공의 중요 열쇠이다.

우리는 살면서 수도 없이 스트레스를 받을 뿐 아니라 계획과는 정반대로 흘러가는 일들과 부딪히게 돼 있다. 성공하는 사람은 자기 삶 속에서 실패한 지점이 어디인지 짚어낼 줄 안다. 얼른 제자리를 회복하고 실패로부터 교훈을 얻어야 한다.

6. 나한테 잘못을 저지른 모든 사람을 용서한다.

이는 실제적으로도 유용한 조언이자 영성 면에서도 중요한 과정이다. 원한과 나쁜 감정은 우리의 집중력과 에너지를 약화시킨다. 이런 경우는 사소한 불쾌감부터 부모 등에게 받은 심각한 고통까지 두루 해당된다.

7. 자기 자신을 용서한다. 스스로를 용서하기 전까지는 용서라는 문제가 그리 깔끔하게 마무리된 게 아니다.

자기가 생각하기에 배우자나 직업, 교육, 거주지 등을 잘못 고른 것 같다고 스스로를 계속 달달 볶지 말라. 신은 무한한 품을 열어 우리를 용서하는데 왜 우리는 스스로를 용서하지 못하는가?

8. 인내심을 갖는다.

신이 시기를 늦춘 일이 꼭 신의 거부 의사인 것만은 아니다. 즉각적인 충족감을 추구하는 시대에 인내심은 그 무엇보다도 빛나는 미덕이다.

인내심을 갖고 정서적 튜닝에 임하기

참고 견뎌라. 이 고통이 곧 유익이 되리니.
— 오비디우스

건강한 마음 상태를 유지하기란 매우 어려운 일이다. 다음번에 무언가 기분 나쁜 일이 생기면 자기 내면을 들여다보고 근본 원인이 무엇인지 찾아본다. 근원을 찾아서 해결하고 정서적 건강에 집중한다. 잘 참아낸다면 상상할 수도 없는 즐거운 삶이 우리 앞에 펼쳐질 것이다. 만사가 최악으로 치닫는 것 같을 때도 참고 자기 감정을 확인하고 또 확인한다.

2

경제적 튜닝

돈을 사랑하는 것이 모든 악의 뿌리입니다.
— 디모데전서 6장 10절

돈을 버는 사람들은 종종 실수도 하고 심지어 커다란 실패를 맛보기도 한다. 하지만
그들은 끝내 자신이 성공할 것이라 믿으며, 자신이 겪는 모든 실패와 역경은 성공을
향해 나아가는 길에 주어진 교훈이라 여긴다.
— 제리 길리스, 《머니러브Moneylove》

자신이 하는 일을 사랑할수록 성공할 확률은 더 커진다. … 무슨 일을 하느냐가 돈을
얼마나 많이 버느냐보다 중요하고, 일을 할 때 어떤 기분이 드는지가 무슨 일을 하는
가보다 중요하다.
— 제리 길리스

성공 의식이 열정을 전해준다

··· 결핍보다는 풍족함의 관점에서 재정적인 면에 주목한다면 성공 의식이 경제적 튜닝의 열정에 불을 지필 것이다. 결핍이나 부족함에 대한 생각이 우리를 수동적으로 만든다. 우리는 모든 이들에게 고루 돌아가기에 부족한 자본 속에서 삶이 계속 경제적 투쟁을 하게 만든다는 두려움에 사로잡힌다. 우리는 다들 경제적 도전 과제를 안고 살아가며 실수도 하지만 거기에 붙들려 있다 보면 경제적 안전지대로 조금씩 가까워지는 발걸음에 제동이 걸릴 수밖에 없다. 그러므로 경제적으로 자립할 수 있다는 굳건한 믿음을 가지고 성공과 번영에 대한 열정을 키워야 한다. 우리 주변에는 돈 문제로 어려움을 겪는 사람들이 늘 있기 마련이다. 그들은 충분한 재정 상태로 지내본 적이 없고 가진 것보다 늘 더 많이 소비하고 산다. 마치 그들 주머니에 구멍이 뚫려 돈이 줄줄 새는 것 같기도 하다. 이런 상황이 꼭 남의 얘기는 아니다. 우리 역시 돈 문제 때문에 골머

리를 썩는다. 수백만 달러짜리 복권에 당첨돼 단 몇 년 만에 그 돈을 탕진해버렸다는 한 여성이 있다. 금전적으로 큰 실패를 경험한 데 대해 질문을 받은 그 여성은 단지 돈을 다룰 줄 몰랐다고 주장했다. 돈이 있다는 게 거북해서 그냥 다 써버렸다는 얘기였다. 여기에서 우리는 경제적 자립의 첫 단계가 바로 돈이 있다는 것에 편안해져야 한다는 점을 알 수 있다.

베이비붐 세대의 저축률이 낮다는 사실을 감안한다면 많은 이들이 돈에 불편함을 느끼기 때문에 다 써버린다는 게 맞는 말일 수도 있다. 헷갈릴 정도로 수없이 많은 금융 상품이 금융 시장에 나와 있어 두려워하는 사람도 있고 과거의 투자 실수에 지레 겁먹는 사람도 있다. 게다가 대중매체는 부의 피라미드 상위 계층에만 집중할 뿐, 각자의 경제적 목표 달성에 애를 쓰는 보통 사람들에게는 거의 관심을 두지 않는다. 또한 돈 관리에 대한 조언을 해주는 이른바 '정보원'이라는 사람들은 사실상 우리를 돕기보다는 우리한테 뭔가를 팔아먹는 데 혈안이 돼 있다. 이 와중에 우리는 점점 돈에서 멀어지게 만드는 광고업자들의 광고 폭탄 세례에 정신을 못 차릴 지경이다.

자유로운 소비자가 되느냐 소문난 구두쇠가 되느냐 사이에서 중용을 찾으려면 현실적이고 분별 있는 돈 관리가 필요하다. 최소한의 자본과 교육만으로도 경제적 자립을 이뤄내는 사람들도 많이 있다. 금전적으로 성공하려면 약간의 계획과 훈련이 필요한 것은 사실이다. 하지만 더욱 중요한 것은 돈을 벌고자 하는 의지와 열망이다. 경제적 자립을 달성한 사람들은 돈에 대해 편하게 생각하는 것은 물론, 돈을 관리하는 능력도 갖추고 있다. 자제심과 두려움의 관점에서 경제 문제에 접근하면 속성 다이어트 같은 실망스러운 결과를 얻을 뿐이다.

많은 이들은 예산 짜는 것을 마치 엄격한 다이어트를 보듯 경멸하며 바라본다. 재미도 없고 별 다른 장식도 하나 없는 딱딱한 대상을 대하듯 하면서 자제심 타령만 할 뿐이다. 하지만 저축은 가장 먼저 자기 앞으로 돈을 떼어두는 것이라고 보면 된다. 나는 이것을 '하향식 예산 세우기'라고 부른다. 그저 디저트와 해로운 음식을 끝내 사양하며 먹지 않는 것만으로도 건강이 좋아지고 자존감이 높아지는 것처럼 사소한 경제적 선택이 훗날 엄청난 보답을 해줄 수도 있다. 경제적 자립의 길로 나아가려면 경제적인 면에서 책임감 있는 생활방식을 따르면서 성공을 추구하겠다는 의식적인 결단을 내려야 한다. 실제적으로 자신의 경제력을 넘어서는 물건을 사서 정말 흡족했다고 솔직하게 말할 수 있는가? 재정상의 책임감은 단순히 돈을 벌고 저축하는 데 그치지 않는다. 돈이 나를 위해 뭔가를 할 수 있도록 다각적인 투자 전략을 세우는 것도 필요하다.

나는 대학 시절 웨이터로 일하면서 우리 식당 단골손님이던 은퇴 변호사와 친구가 되었다. 그는 뉴올리언스에서 가장 오래되고 명망 있는 로펌 중 하나를 설립한 사람이었는데, 해운법에 관한 전국적 명성을 누린 주인공이기도 했다. 한편 그는 툴레인 로스쿨 재학 시절에 훗날 루이지애나 주지사가 된 전설적인 인물 휴이 롱의 급우였기 때문에 실제로 루이지애나 사법고시를 위해 롱의 개인 교사로 도움을 주기도 했다. 이런 전력이 있는 그 전직 변호사는 승승장구하며 사회 유명인사 겸 사업 엘리트가 되어 높은 자리에 올랐다. 그는 상류층만

사는 지역에 살았고 고급 사교 클럽이란 클럽에는 죄다 회원으로 들어가 있었다. 하지만 남부럽지 않게 성공을 거두고 풍족한 생활을 누렸음에도 불구하고 그의 경제적 관점은 번영보다는 부족함에 기초를 두고 있었다. 말하자면 긍정적인 요소보다는 부정적인 측면에 바탕을 두고 있었다. 앞으로 더 부유해질 거라는 데 초점을 맞추기보다는 지금 갖고 있는 것을 잃지 않으려고 전전긍긍했다.

그의 삶에 구체적인 관점을 만들어준 두 가지 사건이 일어났다. 연방 소득세 법률 제정과 대공황이 그것이다. 특히 대공황은 1929년의 주식시장 붕괴로 촉발되었다. 이런 상황에서 그 변호사는 주식 시장을 되도록 멀리하고, 소득세를 낼 염려가 없는 자산에 투자하는 방향으로 투자 전략을 바꾸었다. 그는 은퇴하자마자 자산을 현금화해서 비과세 채권에 투자했다. 그 자산에는 부동산과 주식뿐만 아니라 존 제임스 오듀본의 진품 회화 100점도 포함돼 있었다.

은퇴는 분명 투자 전략상 위기 요소를 없애는 시기이긴 하지만 이 전직 변호사는 약간 도를 넘어섰다. 그는 주식 경기 침체와 세금으로부터 스스로를 보호했지만 그의 보수적인 전략 때문에 자산이 효과적으로 운용될 여유가 거의 없었다. 설상가상으로 정체 상태의 보유 재산으로는 1970년대의 두 자리 수 인플레이션에 맞서서 힘을 쓸 수가 없었다. 인플레이션으로 인해 그의 순 자산은 잔인하게 난도질당하고 말았다.

사실 그가 세상을 떠난 뒤 그의 가족들이 나더러 토지를 처리해달라고 요청할 때까지는 그의 재정 상태에 대해 속속들이 알지는 못했다. 나의 종조부가 비슷한 시기에 돌아가셔서 나는 종조부의 상속도

준비하던 참이었다. 종조부의 대지가 그 저명한 변호사의 대지보다 더 크다는 사실을 알게 돼 나는 깜짝 놀라고 말았다. 대학 근처에도 간 적이 없던 종조부는 조그마한 가구점을 운영하며 살았으니 아마 그 변호사의 소득과는 비교도 안 되었을 것이다. 하지만 종조부의 투자 자산 구성은 훨씬 다양한 면모를 보여줬다. 주식, 채권, 부동산, 그 지역의 몇몇 소규모 은행의 소유권이 포함돼 있었다. 시간은 내내 종조부의 편이었다. 그의 돈은 종조부 자신을 위해 운용되었기 때문이다. 반면에 그 변호사의 시간은 적군이 되어 그의 노후 대비 저축을 야금야금 갉아 먹었다.

우리는 돈이 우리 자신을 위해 여러모로 쓰일 수 있게 해야 할 뿐 아니라 가장 먼저 자기 자신에게 돈을 지불하는 법, 즉 저축하는 방법을 터득해야 한다. 기본적인 이야기인데도 저축률은 점점 떨어지고 있다. 특히 베이비붐 세대는 더 심각하다.

많은 이들이 경제적인 부분에서 불안한 마음을 안고 중년기를 맞이하고 있을 것이다. 하지만 당황하거나 겁먹지 말자. 경제적 번영 원리를 실행할 의사만 충분하다면 경제적 취약 부분을 강화할 시간은 아직 남아있다. 기꺼이 뒤쫓겠다고 마음먹는다면 경제적 안정은 손닿는 곳에 있다. 기분 나쁜 청구서 뭉치가 보이고 은행 잔고도 늘 불안 불안하고 소득 신고서 제출 기일이 임박하고 월급은 도무지 오를 기미가 안 보이지만, 분별 있게 저축하고 투자 계획을 세우는 데 힘을 쏟는다면 나중에는 모든 게 잘 풀릴 것이다.

경제적 자립을 목적으로 삼기

경제적 자립을 원치 않는 사람이 있을까? 현실적으로 미국인 가운데 5% 미만만 경제적으로 자립하게 될 것이다. 다행히도 지금부터 필요한 단계를 하나씩 밟아갈 만반의 준비가 돼 있다면 우리도 그들 중 한 명이 될 수 있다.

인생의 여느 목적처럼 경제적 자립 역시 사전 대책을 강구하는 태도와 일련의 훈련을 필요로 한다. 경제적 자립은 저절로 찾아오는 게 아니므로 그것을 얻으려면 부단한 노력을 기울여야 한다. 복권에 당첨되거나 큰 건수를 잡거나 끝내주는 사업 아이디어가 떠올라야 한다는 얘기가 아니다. 그보다는 저축과 투자라는 체계적 접근법을 통해 서서히 조직적으로 부를 축적하는 데 기초를 두어야 한다.

저축하는 가장 간단한 방법은 맨 먼저 자신에게 돈을 지불하는 하향식 접근 방법이다. 사람들 대부분은 가장 나중에 스스로를 위해 돈을 떼어놓거나 저축을 한다. 다른 청구서 대금을 다 지불한 뒤에 남는 것을 모아두는 이런 방식은 상향식 접근법인데, 대개의 경우 돈이 모이지 않는다. 가장 먼저가 아니라 가장 나중에 자신에게 돈을 지불하면 경제적 자립이라는 목적을 달성하기가 어려워진다. 퇴직 연금 같은 거치 예금이 아주 유용하다. 자기한테 먼저 돈을 떼어놓는 데 익숙해지기 때문이다. 많은 회사들이 지불금을 맞춰주므로 훨씬 더 큰 수익이 생길 수 있고 세금 혜택도 받을 수 있다.

세금 혜택을 받는 계좌 다음으로 염두에 둘 차선책은 당좌 예금에서 자동으로 인출되는 개방형 투자 회사와 함께 저축이나 투자 인출

계획을 세우는 것이다. 다시 한번 말하지만 이렇게 투자함으로써 억지로라도 저축을 최우선 순위가 되게 할 수 있다. 부동산 같은 투자 자산을 구매하는 것도 그러한 방법 중 하나다.

경제적 면에서의 성공 의식은 일만 하고 절대 놀지 않는 데서 오는 게 아니다. 《백만장자 마인드The Millionaire Mind》라는 책에 따르면 엄청난 부를 거머쥔 사람들은 대체로 성격도 원만하고 꽤 평범한 이들이다. 그들은 자신이 선택한 직업을 사랑하고 경제적 목표와 즐거운 생활의 균형을 유지할 줄 안다. 백만장자들의 삶을 가까이에서 면밀히 연구한 작가는 그 사람들이 참여한 활동의 개수와 그들의 순 자산 사이의 긍정적 상호관계를 알아냈다. 말하자면 경제적으로 성공한 사람들은 공동체 모임에 적극적으로 참여해 훗날 의뢰인, 고객, 공급업자, 환자, 혹은 친구가 될 사람들과 교제하며 지냈다.

그런데 성공 의식과 탐욕을 혼동하지 않도록 주의해야 한다. '탐욕'이라는 용어는 〈월 스트리트〉라는 영화에서 새로운 의미를 갖게 되었다. 아카데미상 수상 배우 마이클 더글러스가 금융계의 악당 고든 게코를 연기하면서 유명한 대사를 들려준다.

"탐욕은 좋은 것이지!"

하지만 사실상 탐욕은 나를 비롯한 많은 사람들을 주식 시장으로 끌어들여 주머니를 탈탈 털게 만들었다. 우리는 허욕의 의미에서가 아니라 재정적 기본을 못 보고 놓쳤다는 의미에서 욕심을 부린 것이었다. 경제적 번영에 필요한 요소는 욕심보다는 훈련이다.

경제적 자립이라는 목적을 달성하기 위한 또 다른 방법은 투자자산을 위태롭게 할 가능성이 있는 위험 요소를 해결하고 이에 대한 방지 수단을 적절히 준비해두는 것이다. 이 과정을 지칭하는 또 다른 용어는 재정적 방탄 태세를 갖추는 것, 즉 돈이 새어나갈 틈이 없게 만드는 것이다. 이 대처는 단순히 은퇴 이후를 위해 충분한 재정을 갖추는 것에 그치지 않고 의료보험, 장기적인 건강관리를 위해 저축하는 것까지 확대된다. 또한 적절히 보험을 들어서 사소한 빈틈을 남기지 않는 것도 필요하다. 깜빡하고 간과한 부분이 있을 경우 아무리 잘 세워둔 계획도 기초부터 흔들릴 수 있다.

나의 대고모는 오랜 세월 뼈 빠지게 일했던 분이다. 평생 결혼도 안 한 채 돈 모으는 데만 일생을 바쳤다. 인생의 소소한 즐거움조차 스스로에게 허락하지 않으면서 오로지 한 푼 두 푼 저금하기에만 집착했다. 101세까지 장수하신 대고모는 사실상 세 번의 세기를 거치며 사신 분이다. 하지만 인생 말년 3년 동안은 누군가가 24시간 대고모 곁에 붙어서 간호를 해야 할 상황에 처했다. 어쩌면 마지막 3년의 간호 비용을 마련하기 위해 평생을 저축하며 살았던 것처럼 보이기도 했다. 남은 인생을 편안하고 친숙한 자기 집에서 보내기로 한 건 전적으로 대고모의 선택이긴 했으나 그게 웬 낭비인가 싶었다. 장기 건강 보험으로 대고모의 재산 가치를 여유 있게 지켜낼 수도 있었는데 말이다.

이상의 예를 통해 교훈을 찾는다면, 특히나 장기적인 건강관리의 경우처럼 적절한 보험을 들어놓지 않으면 경제적 자립의 목적을 어이 없이 무용지물로 만들어버릴 수 있다는 점이다.

경제적인 힘 충전하기

경제적 자립으로 나아가는 다음 단계는 스스로에게 경제적인 힘을 부여하는 것이다. 달리 말하자면 목적 달성을 위해 훈련, 지식, 정보로 스스로를 무장해 경제적 문맹에서 벗어나는 것이다. 경제 관련 용어, 숫자에 지레 겁먹고 도망갈 게 아니라 그 용어와 숫자를 제대로 읽고 이해할 줄 알아야 한다.

훈련

경제적 자립에는 훈련이 필요하다. 돈을 쓰기는 아주 쉽다. 우리는 종종 충동구매의 포로가 되고 만다. 작은 활자의 세부 설명을 읽지도 않는다. 묻지도 따지지도 않는다. 여기저기 비교하고 사지도 않는다. 구매 결정에 필요한 훈련을 아주 조금만 해두어도 얘기는 아주 달라진다. 힘들게 번 돈으로 구매한 모든 것에서 충분한 가치를 뽑아낼 수 있는지 확신하는 시간을 가질 필요가 있다.

《이웃집 백만장자The Millionaire Next Door》를 보면 전반적으로 이들의 경제적 성공은 저축하는 능력에서 비롯되었다. 알다시피 이게 늘 쉬운 건 아니다. 각종 기업은 우리를 유혹해 주머니에서 돈을 빼내 가려고 수백만 달러를 광고에 쏟아 붓는다. 고개만 돌리면 어디서든 누군가가 우리한테 뭔가를 팔려고 하는 것 같다. 마약 금지 캠페인의 문구를 빌려오자면, " 'No'라고만 말하세요"를 배워야 한다. 하향식 예산 내에서 현명하게 구매하는 훈련을 해야 한다.

경제적 훈련의 중요 요소는 이른바 '플라스틱 마약'이라고 부를 만한 신용카드를 조심하는 것이다. 일부 신용 상담사들은 신용카드 사용을 전면 금하고 은행 계좌에서 바로 돈이 빠져 나가는 직불카드를 쓰라고 조언한다. 온 나라 곳곳에 신용카드 빚에 허덕이는 사람들이 넘쳐난다. 신용카드 회사들은 카드 사용자의 채무 불이행을 감안한 상황에서도 고금리의 상환으로 큰돈을 벌어들이기 때문에 계속 카드 발급과 사용을 종용하는 것이다.

전문 지식

스스로에게 경제적인 힘을 부여하는 두 번째 방법은 근본적인 금융 원리에 관한 지식을 습득하는 것이다. 내 주위에는 자신의 돈 다루는 능력이 거의 재앙 수준이라고 우는 소리를 하는 친구들이 수두룩하다. 그들 대부분은 똑똑한 친구들이다. 석박사들도 있다. 그런데도 위탁계좌를 재검토하지도 않고, 너무 어렵다느니 불안한 기분이 든다느니 하면서 돈과 일절 '얽히려' 들질 않는다.

유능한 전문가의 지원을 받는 게 중요하기는 하나, 자신의 재정적 미래를 계획하는 데 보다 적극적으로 동참할 수 있으려면 어느 정도는 금융과 관련해서 일종의 읽고 쓰는 능력을 습득하는 것도 똑같이 중요하다. 기본적인 금융 원리에 익숙해져야 한다. 그래야 자신의 재정 상태를 평가하고 금융 전문가들과 똑똑하게 대화할 수 있으며 자기 나름대로 재정 관련 의사결정 과정을 잘 수행할 수 있다.

주식시장 침체기에 수많은 사람들이 어려움을 겪었던 이유는 그들이 금융의 기본 원칙에서 벗어나 길을 잃었기 때문이다. 그렇게 헤매던 사람 중에 자신이 포함돼 있다고 해서 너무 울적해하지는 말라. 나 같은 사람도 다를 게 없었다. 앞서 언급했다시피 나한테 경영학 석사 학위가 있다고 해도 형편없는 다각화전략에 따르는 나 스스로를 막을 도리가 없었다. 이런 우를 범하지 않기 위해 참조해야 할 몇몇 중요한 금융 원리는 다음과 같다.

1. 현금 유동성

우리 생활 속의 현금 흐름은 대부분 월급과 투자금에서 나온다. 적절한 현금 흐름이 없으면 일을 하는 동안, 그리고 은퇴 이후의 생활이 불가능하다. 현금 유동성은 투자 기회를 판단하는 중요한 수단이 되며, 예산 과정의 출발점이 된다.

2. 위험–수익 비율

위험과 수익 사이에는 직접적 관련성이 있다. 대체로 위험률이 높을수록 수익률도 크다. 위험-수익 비율이 최저인 것은 매우 안정적인 투자 대상이다. 정부의 후원을 받는 채권과 양도성 예금증서 등이 이에 해당되는데 제법 괜찮은 수익을 보장한다.

위험-수익 영역의 반대쪽 끝은 보다 투기성이 강한 투자이다. 경영 기록이 거의 없거나 전무한 신생 기업의 성장주가 위험-수익 비율이 최고인 경우이다. 과학기술 분야에는 이런 신생 기업이 많은데 이런 기업은 엄청난 수익을 낼 잠재력을 품고 있다. 알다시피 1980년대에 마이크로소프트사에 투자한 단돈 1달러가 오늘날 수천 달러의 가치를 갖게 되었다. 빌게이츠가 세계 최고의 갑부가 된 이유가 거기에 있다. 하지만 수천 개의 과학기술 관련 기업들이 전부 마이크로소프트사처럼 활약할 순 없었다.

대개의 투자는 위험-수익 저울에서 정부 채권과 과학기술 신생 기업 사이 어디쯤에 위치한다. 예를 들어 변동 폭이 크지 않으며 어느 정도 정평이 나있는 기업의 주식이 비교적 안정적 투자에 해당된다.

각자의 투자 전략은 위험 부담 허용 범위에 따라 조정된다. 개인의 위험-수익 비율은 위험 부담에 대한 개별 선호도뿐만 아니라 재정적 저항력의 기능도 한다. 대체로 젊을수록 포트폴리오에서 주식 투자 비율이 더 높아진다. 수입능력과 장기 투자 범위가 은퇴를 앞둔 사람과는 차이가 나기 때문이다.

3. 투자 대상

시장에 존재하는 다양한 투자 대상에 대해 알고 있어야 한다.

• 보통주: 보통주는 회사의 소유주 지분에 대한 직접 투자분이다. 각 보통주 주식은 특정 회사의 소득과 미래 성장분의 주식을 나타낸다. 그리고 보통주 소유주는 회사가 지불하는 배당금 중 일정 비율에 대한 자격이 있으며, 주주들의 승인을 받기 위해 기업 법률이 필요로 하는 항목에 대한 투표권도 갖고 있다. 그렇기 때문에 다른 종목 승인과 중역 선출을 위한 투표용지가 든 성가신 우편물 다발을 받게 되

는 것이다. 보통주의 가치를 결정짓는 요소는 여러 가지다. 가장 눈에 띄는 것은 회사의 매출과 장래성이다. 다른 항목으로는 특정 산업의 상태, 경영의 질, 향후 성장 전망, 전반적 경제 상황 등이 있다. 매우 치밀하게 대기업의 행보를 좇으면서 이상의 요소들을 면밀히 검사하고 평가하는 애널리스트들이 있다. 따라서 좋은 실적을 내거나 애널리스트들의 예상치를 뛰어넘는 회사의 주가는 급등할 수 있다. 주식 애널리스트들이 주시하는 가장 보편적인 요소는 주가 수익률이다. 주식 당 주식 시장 가격을 주식 당 수익으로 나눈 값이 주가 수익률, 또는 주가수익비율인데, 이 비율은 주식 시장이나 산업 전반과 관련해서 주식이 과대평가되는지 여부를 알려주기 때문에 매우 중요한 역할을 한다. 일반적으로 주식은 주당순이익(EPS)의 10~20배의 가격에 거래된다. 수익률이 주식 가격을 평가하는 데 결정적 숫자인 것은 분명하다. 그렇기 때문에 엔론(Enron)이나 월드콤(WorldCom) 같은 기업이 수익을 조작해서 주식 가격을 떠받치기 위해 불법을 자행했던 것이다.

연방준비제도이사회(FRB)의 전직 의장 앨런 그린스펀이 '비이성적 과열' 양상이라고 평한 시기에 시장 가격은 적정 주가수익률 수준에서 크게 벗어나 길을 잃고 말았다. 수익이 전혀 없는데도 50, 100, 심지어 차트에서 벗어날 정도였다. 장기 투자가들이 놓치지 말아야 할 핵심은 훌륭한 경영진과 기복 없는 경영 전력을 갖춘 튼튼한 회사를 찾는 것이다.

• **뮤추얼펀드**: 뮤추얼펀드는 투자 전문가가 관리하는 유가증권

모음으로 구성된다. 뮤추얼펀드 주식을 사면 뮤추얼펀드 관리자들이 소유하는 보통주를 간접적으로 매입하게 된다. 여러 개의 뮤추얼펀드에 투자할 때 흔히 나타나는 실수는 인지하지도 못하는 새 특정 시장 분야에 과다 할당되는 것이다. 다각적인 투자 포트폴리오 유지의 중요성과 다각화에 대해서는 나중에 살펴볼 것이다. 뮤추얼펀드를 매입함으로써 위험 부담을 줄이고 있다는 생각이 들지도 모르지만, 동일한 주식을 매입하고 있지는 않은지 꼼꼼하게 확인해야 한다. 또한 각 뮤추얼펀드의 연회비, 선취 및 후취 수수료, 특정 뮤추얼펀드에 드는 초기 투자비용 등을 알고 있어야 한다. 때로는 한 계열의 뮤추얼펀드에 투자해서 그 계열 내에 머무는 것이 더 낫기도 하다. 주기적으로 투자하거나 뮤추얼펀드를 바꿀 수도 있기 때문이다.

• **채권**: 채권은 기업이나 정부가 일반 대중들에게 발행한 일종의 차용증서이다. 정부 채권의 이점은 비과세이며 정부 단체가 신용을 보장한다는 점이다. 일반적으로 채권은 저축예금이나 은행의 양도성 예금 증서보다 더 높은 이자를 지불한다. 채권 가치는 금리에 따라 오르내리지만 보통주에 비하면 진폭이 덜하다. 하지만 채권은 위험률에서 자유롭지 못하다. 가령 고수익의 채권은 금리가 떨어지면 회사가 회수할 수도 있다. 대체로 인플레이션이나 금리 인상 시기에는 채권 가치가 떨어진다. 다른 투자 자산에서 나오는 금리가 더 높기 때문이다.

• **귀금속**: 경기가 불안할 때는 귀금속이 좋은 투자 대상이 된다.

금, 은, 백금 같은 귀금속은 다른 대상에 비해 안정성이 있다고 여겨지므로 경제가 불안정한 시기에 가치가 오르는 경향이 있다.

• **부동산**: 일부 시장에서 부동산은 아주 잘 나가는 투자 대상으로 변모했다. 대체로 대규모의 자산을 보유하고 있는 부동산 투자 신탁의 주식이나 임대 자산을 매입함으로써 부동산에 직접 투자할 수 있다. 거듭 당부하지만 부동산 투자 신탁을 정할 때 실적과 관리 수수료를 면밀히 따져봐야 한다. 부동산은 개인의 금융 자산 구성을 보호하는 훌륭한 방편이 될 수 있다. 실제로 많은 이들이 부동산이라는 투자 대상을 잘 운용하고 있다. 그러나 부동산은 시장 가치의 변화에 영향을 받기 쉽다는 점에서 불리한 면도 있다. 투자 시장이 주기적으로 변화하는 데다 부동산은 지역 경제 상황에 매우 민감하게 반응하는 게 사실이다.

• **연금**: 연금이란 보험회사가 투자자에게 투자금을 일시불로 지급하는 대신 일정 시기 동안 고정 금액을 지불하는 것이다. 일정 비율과 액수의 소득을 보장받고 싶은 사람들이나 은퇴자들에게 연금은 매우 유용하다.

4. 장기투자전략

하버드대의 연구에 따르면 최고의 성공을 거둔 사람들은 장기간에 걸쳐 투자한 사람들이었다. 소위 전문가라는 사람들도 주식 시장을 예측하기는 매우 어렵다. 심리학적 요인도 너무 많고 시장 내에 잠재된 변수도 각양각색이다. 그러므로 위험 요소 분석과 투자 선택에 기초한 장기 전략을 세워 거기에 집중해야 한다. 장기 투자 전략은 지속적 훈련을 필요로 한다. 저가 시장이 형성되었을 때 투자하고, 최고가에 도달했다는 생각이 드는 주식은 팔아야 한다.

단기 투자에 집중하는 사람들은 20년, 30년을 내다보는 사람들만큼 재정적 안정을 이룰 수 없는 건 분명하다. 나는 대학 시절 아파트 건물을 관리하는 일을 했는데 노동자 계층의 세입자들한테 집세를 걷는 게 늘 고역이었다. 내가 기억하기론 주급을 받는 금요일이면 사람들이 피자며 맥주를 사먹느라 돈을 마구 쓴가 다른 어딘가에 봉급을 날려먹기 일쑤였다. 돈을 쓰기 전에 집세를 받아내는 게 나한테는 중대 임무였을 정도다. 현재의 우리들이라고 그리 다르진 않을 것이다. 손에 차분히 쥐고 있기도 전에 어느 새 돈을 쓰고 있지 않은가? 오늘 100달러를 쓰면 곧 100달러가 다시 채워지겠지 하는 안일한 생각은 곤란하다. 지금 제대로 투자해둔 100달러가 15년, 20년이 지나면 수천 달러가 될 거라는 생각을 해보라. 이것이 바로 장기적 안목으로 돈을 대하는 방식이다.

5. 정기 정액 매입

이것은 장기 투자의 중요 법칙이다. 시장 상황을 예측하기가 매우 어렵기 때문에 정기적으로 투자하는 게 도움이 된다. 이러한 접근법을 통해 시장 상황의 잦은 등락으로부터 벗어날 수 있다. 정기적으로 돈을 투자하는 사람은 산발성 투자자에 비해 결과적으로 더 나은 결과를 본다. 수많은 뮤추얼펀드 투자와 주식 투자 역시 투자율을 높일 목적으로 매달 계좌에서 돈이 인출되게 한다. 이렇게 하면 저축과 투자 전략을 자동화하는 데 도움이 된다.

전문 재정 고문

경제적 힘을 기르는 마지막 방법은 주변에 좋은 조언자들을 배치하는 것이다. 금융 서비스 회사는 끊임없는 변화 양상을 보인다. 그리고 수많은 전직 보험설계사며 주식중개인들이 어느 순간 금융설계사로 등장하고 있다. 주요 재정 고문으로는 금융설계사, 공인회계사, 보험 전문가, 변호사가 있다. 금융설계사는 경제적 자립을 위한 청사진을 마련해줄 것이다. 그 청사진은 자산 배분 기본 원칙으로 이루어지고, 그 기본 원칙에는 자신이 목표로 하는 금융 자산 구성의 최종 가치에 도달하기 위해 오랜 시간에 걸쳐 계획한 현실적 수익이 포함돼 있다. 대개 자문 비용만 받고 일하는 재무설계사들이 재무 전략을 짜는 데 보다 객관적이다. 수수료가 높은 투자 대상 쪽으로 끌고 갈 가능성이 덜하기 때문이다. 전문적으로 계획을 세우는 데 드는 비용은 최근 들어 상당히 감소했다.

좋은 투자 자문은 재정 계획에 아주 중요한 존재다. 올바른 투자 전문가는 경제적 자립을 목적으로 하는 의뢰인에게 힘을 실어줄 수 있으며 재정 계획과 관련된 무수한 문제들을 해결해줄 것이다. 재정 전문가를 선택할 때 기업 내 이해관계에서 처음부터 상충되는 부분이 있는지 이해하는 게 도움이 된다. 예를 들어 특정 증권 회사의 주식 중개인은 특정 유가증권을 팔고서 부가적으로 수수료나 인센티브를 받기 때문에 객관적인 투자 조언을 하기 힘들어진다.

금융설계사도 필요하지만 세금 최소화 업무를 도와줄 좋은 공인회계사도 필요하다. 또한 보험 전문가는 장기적인 관리와 관련된 비용을 정리해주고 재정적 안녕에 잠재적 위험을 가하는 요소를 막아주는 역할을 할 것이다. 마지막으로 변호사는 재산 계획을 처리해줄 뿐 아니라 법적 업무 정리를 위해 유언장과 기타 문서를 준비해준다.

자문을 선택할 때 의뢰인들의 추천서를 요청해서 그 재정 자문이 자기 전문 분야의 적임자인지 확인해야 한다. 그리고 비용 관련 얘기를 할 때 주저할 필요 없다. 혹시나 신용 상담사처럼 자격증이 없고 공신력이 다소 떨어지는 전문가들을 만날 때는 특히 조심해야 한다. 전반적인 산업이 신용 상담을 둘러싸고 성장했고 그만큼 이 영역에서 불거진 폐해도 상당하다.

무엇보다도 자기 전문 분야의 일을 능숙하게 잘 하면서도 우리가 믿을 만한 사람을 곁에 두는 게 핵심이다.

재정 계획 수립

돈을 꾸지도 말고 꾸어주지도 마오.
이유인즉슨, 종종 빚과 함께 친구도 잃기 때문이오.
더구나 꾸어 버릇하면 절약의 칼날이 무뎌지는 법이라오.
— 셰익스피어

경제적 자립을 위한 계획은 절대 복잡할 필요가 없다. 현재의 순 자산에서부터 은퇴 이후까지의 간단한 지도만 있으면 된다. 이를 위해서는 먼저 다음의 세 가지 주요 질문에 답을 찾을 필요가 있다.

1. 자신의 위치가 어디인가?

본인 자산 수치를 측정한 다음 부채를 빼서 현재의 순 자산을 계산해본다. 공인회계사나 금융설계사의 도움을 받아 현재의 재정 상태를 판단해볼 수 있을 것이다.

2. 도달하고 싶은 지점에 이르기 위해서 얼마가 필요한가?

은퇴 기간 동안 돈이 얼마나 필요할 것 같은가? 노년기의 건강관리 비용과 기타 지출이 얼마나 될지 계산해두어야 한다. 자녀들과 관련해서 책임져야 할 특별 지출은 없는가? 자녀가 어리다면 교육비는 얼마나 들겠는가? 생활비는 얼마나 들 것이며, 궁극적으로 자신이 예상하는 생활방식은 어떠한가? 가령 여행비용처럼 여유 있게 쓸 수 있는 자금을 충분히 두고 싶은가? 물론 이런 질문을 하면서 인플레이선도 고려해야 한다. 사회보장제도, 연금, 기타 수입이 생기는 자산 등 어떤 수입에 의존할 수 있는가? 이 모든 질문은 다소 까다로울 수 있다. 그리고 제법 심사숙고해봐야 하는 문제들이다. 그렇기 때문에 금융설계사나 공인회계사에게 숫자 관련 문제를 일임하는 게 편하다. 사업을 할 때 견적서를 준비하는 것처럼 본인의 재정적 요구와 관련된 몇 가지 다른 시나리오를 만들어둘 필요가 있다. 단, 현실적이고 신중한 계획이어야 한다. 대부분의 사람들은 퇴직 후 뭐가 필요한지도 잘 모르고 있다.

3. 원하는 지점에 어떻게 도달할 것인가?

경제적 자립으로 나아가는 길에는 두 가지 전략이 필요하다. 바로 저축 전략과 투자 전략이다. 저축 전략은 수입 중 얼마를 저축할지, 혹은 얼마만큼의 지출을 보류할지 결정하는 것이다. 그리고 투자 전략은 일정 기간의 투자에 대한 수익을 최대화하는 것이다. 투자 자문의 도움을 받으면 본인의 위험 감수도를 반영하는 다각적 포트폴리오를 선택할 수 있다. 투자 전략의 결과를 산정할 때 자신한테 적당한 투자 수익률을 가정해야 한다. 자신의 목표 지점에 이르는 과정에서 재정 자문이 큰 도움이 되는 게 당연하다.

① 저축

은퇴 이후의 삶을 보장하도록 저축하는 데 도움을 주는 상품이 많이 있다. 세금 혜택이 좋은 개인연금이나 퇴직연금 같은 연금 방식은 월급에서 직접 돈이 빠져나가므로 저축에 크나큰 도움이 된다. 이번

장에서 반드시 알아둬야 할 한 가지가 있다면 바로 하향식 예산안을 수립하는 것이다.

예산안은 저축 계획에 굉장한 도움을 준다. 예산안이 없으면 자기도 모르는 새 돈이 술술 빠져나갈 것이다. 우리는 크기도 모양도 각양각색인 온갖 제품의 생산자들에 맞서 돈을 사수하려고 갖은 애를 쓰는 일개 소비자에 불과하다. 생산자들은 광고 폭탄을 퍼부으며 호시탐탐 우리를 돈과 떼어놓을 기회만 찾는다. 예산안은 바로 이런 순간에 "No!"를 외치게 할 힘을 갖게 해준다. 주택 융자금이나 각종 공과금처럼 꼭 지출해야 하는 고정 비용과 여가비와 의류비용 같은 선택 가능 비용을 구분하게 해주는 것이 바로 예산안이다.

피고용인으로 월급을 받는 사람이라면 예산안을 순이익에서 시작할 수 있다. 계약직으로 일하면서 수입을 얻는 사람이라면 예산안 세우기가 약간 어려울 수 있다. 이런 사람들은 나중에 세무서에 내야 할 세금을 미리 인출해서 향후 발생할 지출에 대비해야만 한다. 세금으로 떼어놓은 그 돈에 손댈 위험을 줄이기 위해 따로 계좌를 만들어 돈을 넣어두는 것도 좋은 생각이다. 신용카드 비용이 밀려 있는 것처럼 세금이 밀려 있으면 금세 문제가 커질 수도 있다.

예산안 수립의 다음 단계는 지출 목록을 정리하는 것이다. 주택 융자금, 공과금, 자동차 보험, 전화비, 식료품비, 기타 주요 지출 등이 해당된다. 고정 지출 내용을 정리한 다음에는 의류 구입비용, 가사 지출, 집안 수리비 등에 예산을 편성한다. 그리고 여가활동비, 외식비, 여행경비, 각종 청소 및 세탁비용도 포함시킨다. 마지막 범주 대부분은 선택 가능한 지출이므로 저축 액수를 최대화하려면 얼마간 자제심을 발휘할 필요도 있다.

일주일에 외식을 두 번 하는 대신 한 번으로 줄이면 돈을 얼마나 절약할 수 있을지를 따져본다. 예산에서 가외 비용만 줄이더라도 얼마나 많은 돈을 절약할 수 있는지 확인하면 그저 놀라울 따름이다. 한 푼 두 푼 쓸 때마다 강박적으로 궤적을 쫓아다니라는 말이 아니라 소비하는 즐거움과 저축 비율을 함께 올리라는 말이다. 왜냐, 우리는 충분히 전 과정의 예산을 짤 수 있기 때문이다.

다른 목표와 마찬가지로 예산 수립의 이점 한 가지는 본인에게 책임감을 부여한다는 것이다. 예산을 세우면 예산 내에서 살아야 하므로 자기 관점을 유지하면서 충동구매에 휘둘릴 가능성을 줄일 수 있다. 큰 그림 안에서 자신의 재정 상태를 보면서 돈이 지금 어디로 가고 있는지 이해하기 시작한다. 인터넷뱅킹이 등장한 후로 개인적으로 자기 정보에 접근하기가 훨씬 수월해졌다. 현금 카드 역시 여러모로 도움을 준다. 우리 인생의 수많은 영역과 마찬가지로 경제 영역의 튜닝에서 가장 핵심적으로 생각해야 할 부분은 작동법을 제대로 익히는 것이다. 재정 관련 이모저모를 어떻게 다루는지 방법을 습득해야 한다. 일단 방법을 익힌다면 재정적인 면을 관리하기가 한결 쉬워진다.

② **투자**

시중에 나와 있는 투자 전략 서적들을 들여다보면 사실 그 이름값을 제대로 못하는 경우가 많다. 월스트리트에서 제일 잘 나가는 애널리스트들도 나무에서 떨어질 때가 있는 법이다.

많은 사람들은 경제 주기를 관망하면서 광범위하게 시장을 예측할 수 있다. 그러나 단기간에 단 한 회사의 실적을 예상하는 건 무척이나 어렵다. 특정한 재정 지표는 시장에 영향을 끼치지만 수많은 심리학적 거시경제 지표는 가늠이 안 될 수도 있다. 그러므로 단기적으로 주가를 예측하기란 어려울 수밖에 없다.

그렇지만 장기적 안목으로 본다면 확률이 한층 높아진다. 경제와 마찬가지로 주식은 주기에 따르기 때문이다. 따라서 다각적 펀드, 즉 특정 분야 하나에 지나치게 집중하지 않은 투자 구성이 필요하다.

시장의 타이밍도 변수가 된다. 투자 시장에서 적기를 찾기가 무척 어렵기 때문에 한꺼번에 뭘 하기보다는 주기적으로 투자하는 쪽이 훨씬 유리하다. 좋은 투자 전략이란 자신의 위험-수익비율에 맞춰 다각적 투자 자산 구성을 갖춘 다양한 뮤추얼펀드에 주기적으로 투자하는 것이다. 계좌에서 바로 돈이 빠져나가게 하면 지속적으로 투자할 수 있는 확실한 방법이 된다.

올바른 인식과 저축 활동을 통해 얼마나 빨리 돈이 쌓여가는지 확인하면 무척 놀랄 것이다. 주기적 투자를 통해 자기 지불 우선 습관을 정착시킬 수 있을 뿐 아니라 정기 정액 매입으로 투자에 힘을 실을 수 있다.

장기적 관점으로 투자하기

보다 행복한 나날을 위해 인내하고 아끼라.

— 베르길리우스

앞서 살펴봤듯이 꾸준한 장기 투자가 최고의 결과를 낸다. 장기간이 아닌 단기 투자가 가장 흔히 나타나는 실수이다. 잽싸게 한 건 올리겠다는 사람들로 북적대는 틈바구니에서 우리는 중심을 잡고 투자 전략상 올바른 시각을 유지해야 한다.

유가 증권이 유일한 투자 방법은 아니다. 《부자 아빠, 가난한 아빠 Rich Dad, Poor Dad》라는 책은 우연찮게도 훌륭한 투자 지침서 역할을 톡톡히 했다. 이 책의 작가들이 건네는 조언은 초급 투자가가 되라는 것이다. 단순히 주식과 중개업에 집중하기보다는 수익부동산같은 부동산에 투자하라는 뜻이다. 임대 자산 유지비를 감당하고 싶지 않다면 미개발 토지 매입을 고려해보라.

투자에 관해 장기적 관점을 유지한다는 말은 세금으로부터 재산을 보호한다는 뜻이기도 하다. 세금관리(절세) 계획 역시 경제적 자립 전략의 한 부분이 되어야 한다.

장기적 관점은 경제적 자립에 집중할 뿐 아니라 모든 위험 부담을 확실히 감수할 수 있게 한다. 보험은 충분히 들었는가? 신체장애 보험은 있는가? 장기간의 질병이나 부상에 대비해 어떤 준비를 해두었는가? 이 모든 문제는 제대로 된 재정 계획이 담당해야 할 내용이다.

재정 관련 인내력

돈은 제6감, 그러니까 직감과 아주 많이 닮았다. 직감 없이는 나머지 오감을 제대로 이용하기란 불가능하다.
— W. 서머셋 몸, 《인간의 굴레Of Human Bondage》

무슨 일을 하든지 간에 성공하려면 무엇보다 인내심이 있어야 한다. 경제적 자립을 원하는 사람에게 인내심은 더더구나 중요한 덕목이다. 경제적 자립은 토끼와 거북이 이야기와 아주 많이 비슷하다. 앞서 밝혔듯 미국의 평균치 백만장자들은 천천히 차근차근 돈을 모은 이들이다. 이들의 성공은 절대 급하게 이루어지지 않았다. 대체로 그들은 자기 사업체를 갖고 있었으며 평생에 걸쳐 돈을 모으고 저축했다. 자기가 가진 것에 비해 검소하게 살았고 신중하고 절제된 접근법을 통해 백만장자가 되었다. 끈기가 왜 그렇게나 중요한지를 보여준 장본인들이다. 우리 역시 예산, 저축 전략, 투자 전략을 세우고 이를 충실히 따를 필요가 있다.

지금 우리가 늘 염두에 둬야 하는 것은 오늘의 투자 결정과 저축이 내일 어떤 영향을 끼치는가이다. 무엇보다도 하루하루 인내심을 갖고 장기간 투자한 결과가 훗날 경제적 자립으로 이어진다는 사실을 잊지 말아야 한다.

4

직업 튜닝

끈기 있게 일하라. 일은 기쁨으로 화할 수 있으며, 오로지 일을 통해 인간과 도시와 국가가 이로워진다.

— 루이 파스퇴르

자기 직업에 열정 갖기

… 나를 흥분시키지도 않고 도전 정신을 불러일으키지도 않는 직업에 갇힌 채 살기에는 인생이 너무 짧지 않은가? 자기 직업이 운명이라고 체념한 채 마음속으로는 '정말 이게 다란 말인가?'라고 의아해하는 사람들이 수두룩하다. 이들은 덫에 걸린 듯한 기분을 느끼지만 현재 상황에 매달려 있는 것 말고 다른 뭔가를 하기엔 너무 늦었다고 걱정한다. 경력 변경이라는 말에 마음이 혹할 수는 있지만, 이건 어디까지나 자식 교육 걱정 없고 날아올 청구서 없고 매달 꼬박꼬박 갚아야 할 주택 융자금 따위 없고 자금 마련해둬야 할 은퇴가 아른아른 눈앞에 보이지 않는 젊은이들한테나 어울리는 말이다. 자고로 중년기는 몸을 사리고 수비 중심 플레이를 하고 현재의 자기 직업을 어떻게든 붙잡고 있으려 하는 시기이다. 여느 다른 요일보다 월요일에 심장병 발생률이 높다는 사실을 알고 있었는가? 차마 견딜 수 없지만 그래도 일은 해야 하니까 어쩔 수

없이 일터로 향하는 이들이 많다는 서글픈 증거이기도 하다.

　하지만 이 상황을 숙명으로 받아들일 필요는 없다. 세계 정세는 늘 불확실하고 경제 역시 들쑥날쑥 변한다지만 우리는 여전히 무궁무진한 기회 속에 살고 있다. 시장의 틈새를 공략하기 위해 매일 소규모 사업체들이 등장하면서 경제계 신종 직업 중 90% 이상의 싹을 틔우고 있다. 나는 기업가 정신에 관한 책을 두 권 썼고 수많은 기업가들의 자문으로 일하면서 그들을 가르쳐왔다. 내 경험에 따르면 기업가들이야말로 직업적 열정의 정수를 보여주는 사람들이다. 기업가(entrepreneur)라는 단어 자체가 프랑스어 'entreprendre'(맡다, 책임을 지다)에서 왔다. 열정과 기업가 정신은 매우 밀접한 관계를 보인다. 대개의 기업가들이 단순히 돈을 버는 데 집중하는 게 아니라 자기가 사랑하는 일, 한껏 열중하고 있는 직업에 마음이 끌리기 때문이다.

　자기가 정말 사랑하는 일, 진심으로 열정을 갖고 덤벼드는 직업을 갖는 데 늦은 시기란 없다. 당장 내일이라도 자기 사업을 시작하기 위해 반드시 직장을 관둬야 한다는 그런 말은 아니다. 물론 그럴 가능성이 없지는 않다. 기업가 정신은 모험이나 도전과 상당히 가까우며 일면 가혹하기도 하다. 그리고 절대 모든 이들에게 허락된 건 아니다. 일단 직업 튜닝을 위한 필수 과제는 자기 내면의 부름에 절대 솔직할 것, 그리고 그 부름에 따를 용기를 갖출 것 이렇게 두 가지이다.

　내 친구 부인은 중년에 회사 생활을 접고 간호학교에 들어갔다. 그녀는 딸들에게 다른 사람들을 돕는 직업을 가지라고 거듭 권유했었다. 하지만 딸들이 전혀 관심을 보이지 않자 그녀가 직접 나선 것이다. 그녀는 기업 세계를 '영혼 없는' 곳이라 칭하면서 쉰 번째 생일을 바로 앞두고 간호 공부를 시작했다. 처음에는 딸들 또래의 학생들과 같이 수업을 들으면서 자기가 우스워보이진 않을까 걱정했지만 이내 자신이 그 자리에 딱 맞는 사람이란 걸 깨달았다. 지금은 자신의 결정에 더없이 흡족해한다.

직업 튜닝이라고 해서 꼭 직업을 바꿔야 하는 건 아니다. 기업가적인 마음가짐을 갖추게 되면 현재 자기가 하는 일에 열정을 불어넣을 수 있다. 동기부여 자기계발서 작가로 유명한 브라이언 트레이시가 지적한 바에 따르면 모든 사람들은 자기만의 '개인 서비스 기업'의 사장이다. 우리 모두는 자기 일을 하면서 어떤 형태로든 서비스를 제공한다고 볼 수 있다. 우리가 다른 사람들 밑에서 일하는 경우도 있지만, 우리가 제공하는 서비스의 질적인 면이나 양적인 면은 모두 완벽히 우리 통제 하에 있다. 스스로를 관료로 상정해 딱 필요한 만큼만 그럭저럭 해나가기도 하고, 자신을 기업가로 여기며 고용주에게 보다 나은 해법을 제공하고자 부단히 노력하기도 한다.

자기 분야의 활동과 최근 정황을 빠짐없이 챙겨 알아둬야 한다. 경쟁자의 연차 보고서를 전부 읽어보고 자기 사업 분야의 추세를 파악하면서 자기 스스로의 가치를 높이기 위해 시간을 투자해야 한다. 자신이 지금 있는 곳에서 비교적 만족한다면 직업 튜닝 계획은 한결 간단하다. 현재의 직업에서 더 나은 성과를 거두기 위해 최소 하루 한 시간 스스로 공부하는 시간을 두면 된다.

기업가 정신이 있는 직원과 그렇지 않은 사람을 나누는 기준은 바로 열정이다. 열정 넘치는 직원은 기업가 같은 사고방식으로 새로운 시장과 기회를 찾아 동분서주 뛰어다니면서 고용주를 위해 가치를 창출한다. 평범한 직원은 단순히 자기 할 일만 하면서 봉급을 받아간다. 기업가 정신을 불러일으키지도 않고 창발적으로 움직이게 하지도 않는 조직에 몸담고 있다면, 자기 직업을 재평가하고 본인이 열정을 느끼는 새로운 직업을 찾아볼 때가 된 것이다.

일은 언제나 일일 뿐이다. 선택권이 주어진다면 우리들 대부분은 당연히 여가 시간을 선호할 것이다. 혹시 지금 하는 일이 약간 지겨워졌다면 시각을 새롭게 해서 열정을 회복할 방법을 찾는 게 도움이 될 때가 있다. 나 같은 경우엔 법에 대한 열정을 되찾아서 나의 법조계 경력을 튜닝할 수 있었다. 나는 기업가들과 함께 일하면서 사업이 번창하도록 도와주는 걸 좋아한다는 사실을 깨달았다. 빠른 속도로 진행되고 생산성이 우선시되는 사업 환경에 속해있는 한 나는 최대치의 성과를 뽑아내는 사람이었다. 하지만 단조로운 법률 관련 작업의 늪에 빠져 있을 때면 기력도 없고 행복하지도 않았다. 그런 이유 때문에 나는 민간 일반 업무에서 방향을 바꿔 역동적인 신생 기업과 함께 일하는 직위로 옮겼다.

기존 직업에서 열정을 회복하는 게 항상 쉽지만은 않다. 늘 뭔가 다른 일이나 활동을 하는 자기 모습을 그리고 있는 사람이라면 변화를 감행해볼 때가 된 것일 수도 있다. 한참 흘러가고 있는 물줄기 한복판에서 직업을 바꾸는 게 얼마나 힘든지 내가 직접 겪어봤기 때문에 잘 안다. 진로를 급선회하는 데는 상당한 용기가 필요하며 만만찮은 고생도 감수해야 한다. 한 분야에서 숙련자가 되려고 오랜 시간을 보낸 이후에 그 일을 뒤로하고 떠난다는 건 두렵기도 하고 시간낭비가 아닌가 걱정스럽기도 하다.

특히 베이비붐 세대는 직업 열정이 안정성의 하위 개념이라 생각하는 게 몸에 배어 있다. 머릿속에 주입된 인생 모델이라고 해봐야 학교를 졸업한 뒤 좋은 회사에서 일자리를 찾아 회사에 전적으로 충성하면서 충성, 봉사의 대가로 평생 직장, 의료 보험, 가족 안전, 금시계, 공로 배지 이런 것들을 받는 것이었다. 이는 미국 경제계와 노동 인력 사이의 사회적 계약으로 알려져 있었다.

이런 패러다임 아래에서는 개인의 직업 결정권이 전적으로 개인의 통제 하에 있진 않았다. 개인 선호도를 표현할 수 있었다 해도 피고용인 입장에서는 회사가 원하는 일을, 회사가 원하는 도시에서 수행할 수밖에 없었다.

수많은 베이비붐 세대는 고작 중년의 나이에 조기 퇴직한 뒤 퇴직 수당을 받는 자기 현실과 맞닥뜨리고 있다. 어떤 이에겐 다소 어리둥절한 상황일 것이다. 고용주가 만들어둔 구조와 안정성에 익숙해져 있던 나 같은 사람에겐 특히 그렇다. 불현듯 월요일이 돌아오지만 더 이상 출근할 곳이 없다. 이런 상태가 처음에는 '암울한 휴식'처럼 느껴지기도 하지만, 다르게 생각해보면 자기가 좋아하는 일에 복귀할 수 있는 전환점으로 삼을 수 있다. 늘 꿈꿔온 일을 찾아 드디어 팔을 걷어붙이고 뭔가를 시도해볼 기회가 온 것일 수도 있다.

조기 퇴직으로 인해 마음의 저항력이 떨어질 수 있으므로 이 시기에는 무엇보다 명확한 사고 능력이 필요하다. 급하다고 당장 뛰쳐나가 눈앞에 놓인 사업 기회에 투자하거나 아무 일이든 수락해서는 안된다. 프랜차이즈 가게 하나 차리는 게 때론 돈 주고 일자리 하나 사는 것에 지나지 않다는 점을 알아야 한다. 프랜차이즈에 돈을 투자하기 전에 먼저 철저한 조사 기간을 거쳐야 한다.

내 친구 하나는 50대에 회사 인사 이동을 거절하고 자기 사업을 시작하기로 마음을 굳혔다. 회사나 단체의 유니폼과 주문제작 의류를 만드는 사업이었다. 친구가 조사한 바에 따르면 그런 의류의 품질이 떨어지는 경우가 많았기 때문에, 경쟁력 있는 가격으로 고품질의 주문제작 의류를 제공하면 승산이 있겠다 싶었다. 친구의 사업은 순식간에 성공 궤도에 들어서 쾌속 질주했고 그는 자본을 다시 회사에 투자해 운영 방식을 전면적으로 컴퓨터화했다. 요즘 그는 어느 때보다도 행복해 보인다. 자기가 일군 성공에 깜짝 놀란 것 같기도 하다. 하지만 이 모든 결과는 그가 자기 일을 자기 수중에 둘 용기를 발휘했을 때 비로소 현실화된 것이었다.

중년의 나이에 훨훨 날아올라 성공적인 이력을 펼친 사람들 얘기는 얼마든지 많이 있다. 우리들 대부분은 훨씬 작은 규모의 성공을 거두는 데 만족할 것이다. 판에 박힌 직업의 굴레에 계속 갇혀 있으란 법은 없다. 새로운 정보, 새로운 아이디어, 그리고 무엇보다 중요한 자기 믿음이 우리가 하는 일에 동력을 달아줄 수 있다.

이렇듯 자기 일에 열정을 갖는 최고의 방법은 자신의 목적을 실현해주리라는 믿음의 진로를 선택하는 것이다.

자기만의 고유한 직업 목적 알아내기

스스로를 믿어라! 자기 능력에 믿음을 가져라. 겸허하지만 온당한 자신감으로 자기 역량을 지지하지 않으면 성공이나 행복은 절대 찾아오지 않을 것이다.
— 노먼 빈센트 필

중년기야말로 자신의 직업 목적을 찬찬히 생각해보는 데 최적의 시기이다. 스스로에게 솔직해지자. 어쩌면 늘 다른 일을 꿈꿨을지도 모른다. 중년 즈음이면 일에서건 인생 경험에서건 많은 강점을 확보하고 있고 자기한테 맞는 활동이나 분야에 대해서 많이 알고 있다. 한 분야에서 직무를 바꿔보거나 직무는 그대로 두되 분야를 바꿔봄으로써 직업 관련 목적을 달성할 수 있다.

자신의 직업 목적을 찾는다 함은 자기한테 꼭 맞는 자리, 즉 내가 승부수를 띄울 수 있는 틈새시장을 찾아낸다는 뜻이다. 이는 마치 사업체들이 경쟁사보다 우위를 보이는 틈새를 찾아 소비자들에게 최고의 가치를 선사하는 것과 마찬가지로, 사람들 역시 자기 고유의 재능을 최대한 발휘해 최고의 가치를 창출할 수 있는 나름의 틈새시장, 즉 자신의 맞춤 자리를 찾아낼 수 있다. 탁월한 능력을 발휘할 수도 있고 즐길 수도 있는 일을 통해 소득을 높인다는 건 자신의 경력에 가속 페달을 밟는 것이나 다름없다. 이미 잘 알고 있는 분야나 직업의 한 부분에 자기한테 꼭 맞는 자리가 있을지도 모른다. 자기한테 꼭 맞는 직업을 찾으면 자기 직업에 보다 확실히 집중할 수 있으므로 경제적 보상 역시 더욱 커진다.

직업상의 맞춤 자리를 살펴보는 또 다른 방법은 전문 분야를 생각해보는 것이다. 특정 직업의 전문가들은 대체로 최고의 임금을 받는다. 가령 법, 의학, 회계 분야의 전문가들은 일반직 직원에 비해 임금이 높다. 그리고 자기 일에 대한 만족도도 높아 보인다.

법조계 관련 직업은 꽤 광범위하고 내가 아는 대개의 일반 변호사들은 자기 일을 딱히 좋아하는 것 같지 않다. 하지만 전문화된 일을 맡는 이들은 훨씬 행복해 보인다. 그들은 단순히 사무실 문을 들락거리는 게 아니라 자기가 정말 좋아하는 뭔가를 하고 있으며 자기 직업에 대한 진심어린 열정을 발산하고 있다. 그들이 세법 같은 지루하기 짝이 없는 얘기를 하면서 입에 침을 튀기며 흥분하는 모습을 보노라면 놀라지 않을 수 없다. 그들은 컨퍼런스를 가고 신문을 읽고 다양한 아이디어를 찾아내고 늘 뭔가 더 나은 서비스를 제공하는 방식을 탐색하기를 즐긴다.

때로는 다른 직업, 접점, 기회를 통해 자기만의 공략 지점을 구축할 수도 있다. 돌아가신 나의 의붓아버지는 힘든 이혼 과정을 겪은 후 중년기에 자기한테 꼭 맞는 직업을 찾아냈다. 의붓아버지의 전부인은 아버지의 마음을 갈가리 찢어놓은 것도 부족해 지독하게 공격적인 이혼 전문 변호사를 고용해 아버지의 재산을 집요하게 물고 늘어졌다. 아버지는 이 불운을 한탄하기보다는 정서적, 경제적으로 스스로를 재정비하는 기회로 삼고자 결심했다. 이 재건 과정의 한 부분이 바로 자기 직업의 맞춤 자리를 찾는 것이었다. 아버지는 헤어 디자이너였는데 나중에는 주말마다 부동산 판매를 통해 수입을 보탰다. 아버지가 성공을 거둔 부동산 일과 미용 일을 조합하기란 사실상 불가능해 보였지만 의외의 결과가 기다리고 있었다.

아버지의 미용실 위치는 업타운 뉴올리언스의 고급 주택 지구에 자리한 값비싼 고층 아파트 건물 1층이었다. 아버지는 기술이 좋은 데다 잘생기고 성격도 좋았기 때문에 단골이 많았다.

몇 년 뒤 아파트 건물이 콘도로 개조될 때 아버지가 깨달은 사실은 콘도 재매각 시점에서 상당한 매매 기회가 자기한테 있다는 것이었다. 아버지가 부동산 일도 한다는 걸 알게 된 가게 손님들이 자기들 부동산을 팔아달라고 아버지한테 맡기게 되었다. 입소문이 퍼졌고 콘도를 사려는 사람들 역시 아버지를 찾아왔다. 아버지 가게는 마치 중간 연락 지점 같았다. 누군가가 이사를 하려는데 아직 그 집이 시장에 나와 있지는 않다는 등의 특종이 오가는 곳이었기 때문이다. 얼마 지나지 않아 아버지는 한 건물 안에서 굉장히 많은 부동산 거래 건수를 올렸다.

자기한테 딱 맞는 직업이 바로 곁에 있다면 어떨까? 전문적 지식도 갖추고 있고 소위 말하는 연줄도 있고 그 연줄을 시도해볼 뻔뻔스러움도 얼마간 있다면 자기 자리를 찾는 데 큰 도움이 된다.

《나를 명품으로 만들어라What Color Is Your Parachute?》의 작가 리처드 넬슨 볼스가 책에서 정리한 내용에 따르면 진로를 결정하는 데 유용한 테스트 몇 가지가 있다. 자기만의 고유한 능력과 틈새시장의 접점을 찾는 것이 핵심이다. 딱 맞는 지점을 찾게 되면 행복과 성공이 함께 찾아올 것이다. 직업상 맞춤 자리는 유일함과 밀접하게 연관돼 있다. 남들과 비교해서 자기만 갖고 있는 특성이 무엇인지 찾아야 한다. 누구나 고유한 재능을 갖고 있으며, 누구나 자기만의 꿈과 열정을 품고 있다. 비록 남들이 보기에 그 꿈이 아무리 터무니없어 보여도 그건 각자의 영역이다.

하지만 불행히도 부모님이나 친구들을 비롯한 다른 사람들이 우리의 꿈을 꺾는 경우가 간혹 있다. 종종 우리 내면의 목소리가 제일 크게 혹평을 쏟아내는 비평가가 되기도 한다. 이 비평가는 우리의 열망을 목 졸라 절대 그 열망에 따르지 못하게 만들어버린다. 사장된 꿈들로 묘지가 꽉 찰 지경이다.

문제를 확인하고 해결책을 찾아내면 자기에게 꼭 맞는 직업이 무엇인지 명확해질 것이다. 어디든 틈새시장은 늘 있기 마련이다. 뛰어난 전문지식을 갖춘 누군가가 여느 경쟁자들보다 가뿐히 우위를 점할 수 있는 그 지점이 있다. 나의 의붓아버지는 특정 건물에 관한 한 권위자가 되었다. 특정 시장에 관한 전문지식, 정보, 연락책을 모두 확보했고 그것들을 최대한 이용했다. 직업상의 맞춤 자리를 마련하기 위해 혁명적인 아이디어가 필요한 건 아니다. 어느 한 시장을 이해하려는 열린 마음, 그 곳에 뛰어들어 일을 할 정도의 적극적 태도면 충분하다.

우리는 하루하루 살아가면서 가슴 뛰게 만드는 기회와 종종 마주치곤 한다. 그런 기회들을 제대로 활용한다면 실행 가능한 사업을 해보겠다는 목적이 달성되는 건 시간문제다. 좋은 아이디어는 늘 차고 넘치지만 첫 걸음을 내딛어 실행하지 않는 한 꽃도 피우지 못하고 사라질 것이다. 날개 돋친 듯 팔려나가는 제품을 보면서 "저런 거 나도 생각했었는데…"라고 중얼거린 게 한두 번이 아닐지도 모른다. 실제로 그 제품을 만든 사람이 바로 우리가 될 수도 있었다. 사람들에게 부족한 부분은 독창성이 아니다. 자기한테 독창성이 있다는 사실을 믿는 믿음이 부족할 뿐이다.

켄 다이치월드의 책《힘 고르기The Power Years》를 보면 자기한테 꼭 맞는 직업을 찾기 위한 방법이 제시돼 있다.

1. 마음 편한 장소를 찾아 조용한 분위기 속에서 자신이 원하는 게 무엇인지 진지하게 생각하는 시간을 갖는다.

2. 마음을 비운다. 모든 일을 잠시 동안 잊는다. 자원봉사 일을 포함해서 이전에 한 일을 전부 돌이켜보면서 각각 어떤 점이 좋았는지 생각한다. 현실적인 고려 때문에 어긋나버렸던 청년 시절의 야망이 있었는가?

3. 정해진 규칙은 없다는 점을 기억하고 생각이 흐르는 대로 자연스럽게 놔둔다.

4. 스스로에게 다음 질문을 해본다.

   a. 내가 이 세상에서 뭔가를 할 수 있다면 그게 무엇일까?

   b. 실패할 위험이 전혀 없다면 나는 어떤 직업을 선택할까?

   c. 내가 이 일을 어떻게 실행 가능한 일로 만들 수 있을까?

5. 자신의 재량 소득을 어떻게 소비하고 있는지 확인한다. 이를 통해 자신의 우선순위를 알 수 있다.

6. 노동력이 부족한 분야, 나이 든 사람들에게 열려 있는 분야를 찾아본다.

7. 추가 훈련과 자격증 취득을 위해 다시 학교에 간다.

진지하게 창업을 고려하는 사람이라면 사업 계획 수립을 최고의 출발점으로 삼을 것이다. 창업의 실패 가능성은 상당히 위협적으로 다가오지만, 내가 본 바로는 사업계획서를 작성하는 사람의 성공 확률이 평균치보다 높았다. 우리 역시 언제든 사업계획서를 작성할 수 있다. 계획서 하나 작성한다고 해서 어떤 식으로든 의무나 구속이 생기지는 않으니 염려할 일도 없다. 그런데 사업계획서를 작성하는 과정은 시간이 소요되고 만만찮게 힘이 든다. 그래도 땀 흘리지 않으면 얻는 것도 없다 하지 않았는가? 차분히 자리에 앉아서 자기 계획을 정리해보는 훈련을 하다 보면 어쩔 수 없이 장래의 사업에 관한 녹록찮은 문제들과 마주하게 된다. 충분한 시장이 존재하는가? 사업을 시작하려면 자금이 얼마나 필요한가? 경쟁에 어떻게 대처할 것인가? 사업 계획은 여러 가지 문제를 헤쳐 나가게 하고 성공적 사업 운영 전략을 보여주는 길잡이 역할을 한다. 처음에는 당면 과제가 너무 어마어마해 보일 수도 있지만, 대규모 작업을 이뤄내는 핵심이 바로 세분화라는 점을 명심해야 한다. 큰 덩어리는 잘게 쪼개서 하나씩 해결해나가면 된다.

사업계획서의 구성 요소

1. 사업 개요

사업 개요를 작성하는 목적은 사람들에게 자신의 사업을 개략적으로 보여주는 데 있다. 여기에는 자신이 제공할 서비스나 상품, 활동할 시장이 포함될 것이다. 말하자면 사업 개요에는 사업에 대한 비전과 시장 경쟁에서 살아남을 전략을 담는다.

2. 경영 및 조직

사업 계획에서 경영과 조직화 부분은 경영진, 경영진의 배경, 사업의 법적 형태에 관해 논의하는 영역이다. 중역진이 없다 하더라도 재정, 마케팅, 법 관련 직무 모두 실행되어야 한다는 점을 유념해야 한다. 특히 재정 영역처럼 외부의 도움이 필요한 경우도 있다.

3. 상품 및 서비스 설명

이 부분에는 회사가 제공할 상품이나 서비스의 목적을 자세히 설명한다. 다른 데서 찾아볼 수 없는 자기 상품(서비스)만의 독특한 특징을 강조하는 것이 핵심이다. 고객의 관점에서 파악되는 상품 및 서비스의 이점을 공들여 설명해야 한다. 상품(서비스)의 역사를 언급해도 좋고 자회사 제품이나 관련 상품을 덧붙여도 된다. 또한 자신이 경영에 돌입하게 될 산업 분야의 개요와 분석표를 제시하는 방법도 있다. 산업 개요 및 분석표에는 시장의 크기, 종류, 성장 가능성이 포함된다. 그 다음에는 유사 상품(서비스)과의 경쟁 분석표를 작성할 수 있다. 경쟁 기반 분석표를 작성하면 경쟁사와 자신의 사업체를 비교하는 데 꽤 도움이 된다. 가격, 품질, 선택사항, 부가 서비스, 시설, 위치 등 여러 영역을 비교할 수 있고 자기 제품이 경쟁사 제품과 어떻게 다른지 확인할 수 있다.

4. 마케팅 계획

　마케팅 계획은 개략적인 고객 분석으로 시작한다. 고객은 누구이며 표적시장은 어디인가? 성공적 마케팅 계획의 핵심은 고객의 호불호, 기대를 정확히 파악하는 것이다. 이러한 요소들을 정확히 판별함으로써 고객의 요구를 충족시킬 수 있는 마케팅 전략을 개발할 수 있다. 연령, 성별, 수입 수준, 교육 수준, 주거 등의 기준으로 고객층을 파악해서 표적 시장을 잡는 것이 목표이다. 성공하는 사업체는 하나, 또는 그 이상의 표적 시장을 신중히 선별해서 마케팅 측면의 노력을 기울인다.

　사업계획서에서 마케팅 파트는 표적 시장에 도달하는 데 사용되는 마케팅 믹스(상품, 판매장소, 가격)와 판촉을 다룬다. 상품이나 서비스가 곧 마케팅 믹스에서 가장 중요한 요소 중 하나가 된다. 마케팅 계획은 표적 시장을 목표로 한 판매 촉진을 위해 상품의 독특한 측면에 집중할 필요가 있다. 인쇄물, 인터넷 광고, 매체, PR 등의 판촉 기법이 상품이나 서비스의 메시지를 전달하는 방식으로 사용되어야 한다. 마케팅 믹스에서 또 다른 중요한 부분은 가격과 분배 전략이다.

5. 재무 자료

　필수 재무 자료에는 사업을 일으키고 운영하는 데 필요한 최초의 자본금과 실적 예측이 포함된다. 이 부분에는 창업 예산 회계 툴, 추정 현금 흐름표, 대차대조표가 들어가 있다. 재무 자료는 사업계획서의 나머지 부분을 하나로 결합시키는 접착제 역할을 한다. 재정 관련 배경이 없는 사람은 소상공인지원센터나 공인회계사의 도움을 받아 재정 계획을 세우는 게 유리하다.

6. 별첨(첨부자료)

사업계획서의 별첨 부분에는 상품 광고 인쇄물, 사업 관련 기사, 이력서, 관련 조사 내용 등 사업과 관련된 자료들을 포함하면 된다.

처음에는 사업계획서 작성이 지루하게 느껴질지도 모르지만 일단 시작하는 게 중요하다. 컴퓨터 앞에 앉아서 앞표지를 만들고 목차를 작성한다. 목차에는 사업계획서의 모든 항목을 열거하면 된다. 그런 다음 각 페이지에 위의 항목을 하나씩 써넣어보자. 그러면 이제 사업계획서 초안을 작성한 것이다.

자영업에 대해 마지막으로 제안할 내용이 몇 가지 있다. 남들보다 전문 경영인 기질을 더 많이 타고난 사람들이 있는 건 사실이지만, 성급하게 그 무리에서 자신을 제외시키지는 말자. 자영업에 대한 자신의 믿음을 바꾸는 것이 급선무다. 오랜 시간 회사 조직 내에서 일했던 사람이라면 처음 자신이 사업주가 되어 혼자서 뭔가를 한다는 게 이상하고 두려울 수 있다. 안정된 봉급 대신 훨씬 불확실한 무엇인가와 맞바꾸게 된 사람이라면 당연히 그런 느낌을 갖는 게 정상이다. 우리는 늘 자영업의 위험에 관심을 둔다. 창업 회사 대다수가 초반 5년 만에 실패한다고는 하지만, 그 같은 사업 실패는 재무, 회계, 경영, 법 등의 주요 사업 영역에 대한 지식이 부족해서 생긴 결과이다. 적절한 교육과 계획이 수반된다면 충분히 높은 성공률을 자기편으로 끌고 갈 수 있다. 따라서 사업을 시작하기 전에 스스로 힘을 충전하는 것이 매우 중요할 수밖에 없다. 그래야 자기 능력과 자산운용에 대한 자신감이 생긴다.

성공적 자영업의 핵심 또 하나는 상황을 앞서서 주도하는 혁신성이다. 새로운 아이디어는 재빨리 실행에 옮겨야 한다. 내일이 아니라 오늘, 지금 당장 행동하는 법을 배워야 한다.

혁신적인 경영 태도는 정보를 종합하고 결정을 내리는 능력과 관련된다. 사업주는 하루에도 수십 가지 결정을 내리는 사람이기 때문에 의사결정 과정에 편안함을 느껴야 한다.

자기 직업에 힘 충전하기

지금 하고 있는 일에서 짜릿한 흥분을 느끼지 못한다면 다른 일을 찾아보는 편이 낫다.
― 새뮤얼 보클린

자기 직업에 힘을 충전하는 최단 코스는 고객과 사업주를 위해 보다 나은 가치를 창출하는 데 집중하는 것이다. 가치 창출의 두 가지 방법은 첫째, 전문 기술, 지식, 방법론, 제품 개발, 둘째, 판매 소구점을 만들어내 고객을 불러 모으는 것이다.

스타급 운동선수와 연예인처럼 상위 계층에 있는 부자들을 생각해보자. 이들은 전문적 기술과 판매 소구점을 조합하는 능력을 갖췄다. 타이거 우즈나 마이클 조던 같은 프로 선수들은 몸값 자체도 높지만 광고비 역시 만만찮게 받는다. 그들의 뛰어난 기술로 인해 그들 자체가 인기 있는 매매 상품이 되어서 그렇다. 빌 게이츠 역시 전문화된 상품, 즉 최첨단 PC에 사용되는 소프트웨어라는 상품과 판매 소구점을 결합시킬 수 있는 사람이다. 빌 게이츠의 비전과 끈기라는 무기는 컴퓨터 소프트웨어 시장을 지배하게 해 그를 세계 최고의 부자로 우뚝 세웠다.

그런데 우리들 대다수는 슈퍼스타 운동선수도 아니고 스타급 연예인도 아니고 세계 최고 기업의 수장도 아니다. 하지만 전문화된 기술이나 판매 소구점이 그들의 전유물로 쓰이는 건 아니다. 그 둘의 조합은 우리가 하는 일에도 날개를 달아줄 수 있다.

보수가 높은 전문직 대부분은 전문 기술을 필요로 한다. 신경외과, 정보통신기술(IT), 지적재산권보호 등이 이에 해당된다. 자신의 산업 분야나 회사와 관련된 지식을 키워가면 기업주에게 보다 큰 도움을 주게 된다.

그러므로 자기 직업에 힘을 불어넣는 첫째 방법은 기술과 지식 수준을 끌어올리는 것이다. 아는 것이 많을수록 보다 큰 가치를 창출할 수 있다. 변호사, 음악가, 운동선수, 마케팅 전문가는 자기 분야에서 최고라는 인정을 받을 때 굉장히 높은 보수를 받을 수 있다. 한 분야의 최고 자리에 있는 사람들은 동종 직업에 종사하는 보통 사람들에 비해 크게는 다섯 배 이상의 보수를 받는다. 물론 이들이 일을 다섯 배나 잘하는 건 아니다. 사람들은 '최고'한테 언제나 고액을 지불할 용의가 있다. 프로야구를 생각해보라. 꾸준히 타율 3할 이상을 올리는 야구선수는 수백만 달러를 받는 데 반해, 타율이 2할 2푼 5리인 선수는 상대적으로 꽤 낮은 액수를 받게 될 것이다. 숫자상으로 타율을 따져 봤을 때 그 차이가 그리 크지 않은데도 고액 연봉의 선수가 훨씬 더 중요하다고 여겨지는 이유를 언뜻 이해하긴 힘들다. 하지만 동종 직업에서 남들보다 뛰어나다는 점에 집중한다면 기술면에서 점진적 발전을 보인다는 것은 상당히 높은 보수를 주장할 수 있는 근거가 된다.

그렇기 때문에 자기 분야에서 뛰어난 기량을 닦을 수 있는 기회는 있는 대로 다 확보해야 한다. 세미나에 참석하고 책을 읽고 동영상을 보고 배워라. 그리고 자기 분야의 최고 전문가들과 이야기를 나눠보라. 그들은 최고의 자리에 오르기 위해 정말 열심히 노력한 사람들이다. 작은 장점들이 쌓이고 쌓여 큰 결과를 낳게 된다. 앞서 언급했다시피 자기 일에서 더 나은 성과를 내기 위해 하루에 단 한 시간만 투자해도 나중에 커다란 배당금이 손에 쥐어질 것이다.

자기 직업에 힘을 불어넣는 다음 방법은 마케팅 기술과 지식을 보강하는 것이다. 특히 마케팅이 자기 전문 분야가 아니라면 더더욱 신경 써야 한다. 정보가 넘쳐나는 현대 사회에서 소비자들의 입맛은 보다 까다로워졌다. 과거 제조업 시대의 소비자들은 대형 제조업체의 포로나 다름없었다. 산업계의 오만함이 얼마나 하늘 높이 치솟았는지를 들려주는 일화가 있다. 헨리 포드가 자사 모델-T에 대해 한마디 던진 게 그야말로 가관이다. 헨리 포드 왈, 고객들은 얼마든지 자신이 원하는 색깔의 차를 가질 수 있다고 했다. 단, 그게 검정색에 한해서란다.

하지만 오늘날은 사정이 달라졌다. 고객이 주도권을 잡고 있기 때문에 사업상의 경쟁은 더욱 격렬해졌다. 고객을 만족시키지 못한다면 다른 누군가가 고이 그 고객을 모셔갈 것이다. 최고의 성공률을 보여주는 전문가들은 마케팅의 귀재이다. 최고의 세일즈맨이 최고로 노련한 의사와 맞먹는 연봉을 받는 건 결코 우연이 아니다. 어쨌든 그들은 고객들을 문 앞으로 모셔오기 때문이다. 고객이 없으면 사업도 없다.

또한 빼놓을 수 없는 중요 요소가 있다. 내가 무엇을 아느냐도 중요하지만 내가 누구를 아느냐도 매우 중요하다. 그러므로 조금이라도 발품을 더 팔면서 사람을 만나고 인간관계를 넓혀야 한다. 네트워킹이야말로 마케팅의 관건이다. 무슨 일을 하든지 간에 제대로 된 인간관계를 구축하는 것은 언제나 중요하다. 사실상 인맥은 말 그대로 경력에 득이나 실이 된다. 좋은 인맥 덕분에 위기 상황을 벗어났던 순간을 생각해보라. 무슨 일을 하든 적극적인 마케팅 태도를 취하는 것이 왜 중요한지 알 수 있을 것이다. 우리가 만나는 모든 사람들은 잠재적 고객이자 의뢰인이다. 자기 공동체나 사업 분야에 보다 적극적으로 개입하면서 인맥을 넓히기 위해 한 발자국 더 나아가야 한다. 이렇게 하면 자기 가치가 월등히 높아지고 일에도 도움이 된다.

사업은 곧 사람에 관한 것이라고 봐도 무방하다. 시장의 요구를 이해하는 것은 결국 사람을 아는 것이다. 이메일, 팩스, 원격 사무실 등 과학기술이 고도로 발달한 세상에 우리가 살고 있지만, 사람은 여전히 매우 사회적인 동물이다. 당연히 자기가 좋아하는 사람들과 사업을 하고 싶어 한다. 그러므로 자신의 가치를 높이고 직업 튜닝에 성공하기 위해서 인맥 관련 데이터베이스를 구축하는 데 아낌없이 시간을 투자해야 한다. 어떤 사람들은 그저 사람 대하는 게 싫다는 이유로 기술직을 택하기도 한다. 하지만 왜 스스로를 가둔 채 다른 사람들을 위해 일하는가? 힘차게 비상하는 사람들은 자신의 숙련된 기술과 마케팅 활동을 결합시켰기 때문에 저렇게 날아오르는 게 보이지 않는가?

가치란 개념은 파악하기 어려운 것일 수 있다. 우리가 살아가는 자유 시장에서는 우리가 창출하는 가치에 따른 보상이 돌아오게 돼 있다. 가치는 실질적으로 인식된다. 우리가 가치를 제공하는 존재로 여겨진다면 누군가는 우리의 상품이나 서비스에 주저 없이 돈을 지불할 것이다. 원가가 50센트도 안 되는 3~4불짜리 스타벅스 커피를 마시려고 줄 서서 기다리는 사람들을 보고 의아한 생각이 든 적 있는가? 내 점심값과 맞먹는 돈을 지불하고 스타벅스 커피와 빵을 사먹는 십대들을 많이 봤다. 스타벅스는 사람들이 혼쾌히 돈을 지불하고 살 만한 경험을 제공하고 있다. 고객 입장에서는 스타벅스가 제공하는 가치가 충분히 인식 가능한 것이므로 기꺼이 지갑을 열게 된다.

자신이 회사나 고객을 위해 가치를 창출하는 사람이라면 그 사실을 알릴 방법을 찾아야 한다. 가치 창출에 대해서나 가치 창출 비용에 대한 대가를 요구하는 것에 머뭇거릴 필요가 없다. 투자회사 직원들이 왜 그렇게 연봉이 높은지 생각해봤는가? 그들은 의뢰인들을 위해 금융 자산 형태의 가치를 제공하기 때문이다.

유명한 텔레비전 선교사 조이스 마이어의 강연을 들은 적이 있다. 강연 중간에 그녀는 단도직입적으로 기부금 얘기를 꺼냈다. 그 모습은 자신의 가치 창출에 근거한 행동이었다. 마이어는 강연장을 빽빽이 메운 사람들에게 자기 프로그램을 본 사람이 있냐고 물었다. 물론 모든 사람들이 손을 들었다. 그리고 자기 프로그램 때문에 도움을 받은 사람은 얼마나 되느냐고 물었다. 역시 다들 손을 들었다. 그런 다음 마이어는 다음과 같은 이야기로 깔끔하게 강연을 마무리했다.

"맥도날드에서 득을 본 사람이 버거킹에다 돈을 지불하는 일은 없겠죠."

그녀의 논리는 청중의 마음을 단박에 사로잡았고 기부금은 물밀듯 쏟아졌다.

자기 직업에 힘을 충전하는 것은 가치 창출 방법을 배우는 것과 연관된다. 유감스럽게도 관료 조직은 가치 창출과 실제적 기술 사이의 단절을 조장한다. 그렇다면 가치를 창출하기 위해 우리는 무엇을 할 수 있을까? 새로운 시장을 찾아낼까? 조직이 보다 효과적으로 돌아가게 할까? 최종 결산 결과를 높일 방법을 제안할까? 신상품 개발? 자본 조달? 좀 더 조사하고 사고의 틀을 확장할 기꺼운 마음과 의지만 있다면 할 수 있는 일은 얼마든지 있다.

마지막으로 생각해볼 게 있다. 우리 중 많은 이들은 하고 싶지 않은 것들에 발목이 잡혀 자신의 경력을 꽃피우지 못하고 있다. 자기 가치를 높일 수 있는 큰 프로젝트처럼 중요한 활동에 집중하느니 무의미한 문서 작업이나 이메일 회신 같은 업무만 꾸역꾸역 해내는 쪽이 훨씬 쉽다고 느낄 수도 있다. 보다 큰 동기를 모색하는 중이라고 생각할 수 있지만 사실은 자신이 보다 편안하게 느끼는 작은 일을 하며 소극적으로 시간을 보내는 것이다. 생산적인 하루를 위해 한껏 충전한 상태로 사무실에 나타나지만 하루 종일 무의미한 고민과 일 때문에 제 궤도에 진입조차 못하고 만다.

성공하는 사람들은 꾸물거리고 망설이는 태도를 극복하고 스스로에게 힘을 부여한다. 이들은 결승선에 들어설 때까지 자신의 에너지를 중요한 일에 쏟아 붓고 필연적인 위험을 감수하는 데 두려움이 없었던 사람들이다. 꽤 간단하게 들리는 과정이지만 사실 실행하기는 상당히 어렵다. 하지만 이런 식으로 스스로에게 힘을 부여하는 과정은 직업적인 면에서 발전하는 데 크나큰 도움이 된다.

직업 계획 세우기

성공하는 자기 모습을 머릿속에 명확하게 그리고 지워지지 않게 새겨두라. 자기가 그린 이 모습을 끈질기게 간직하라. 절대 희미해지게 놔둬선 안 된다. 그대 마음은 이 모습을 실현하기 위해 힘껏 노력할 것이다.

— 노먼 빈센트 필

직업 계획을 세우려면 다음의 평가 과정을 거쳐야 한다.

1. 지금 하는 일에 만족하는지 아닌지를 판단한다. 때로는 사업 분야나 업무에 변화를 줘서 기존의 기술을 활용할 수 있고 자기가 열정을 갖고 임하는 일로 경력을 업그레이드할 수 있다는 사실을 기억하라.

2. 자기 일에 만족한다면 보다 높은 가치를 창출하고 기술과 마케팅 능력을 향상시킴으로써 직업적인 면을 튜닝한다.

3. 시장과 산업을 이해하기 위해 노력하고 자기 직업에서 보다 큰 가치를 창출하고자 매진할 수 있는 사업 계획을 세운다. 꼭 필요한 시장 조사를 한다. 즉 산업, 경쟁 상태, 고객층에 대해 조사한다. 자기 일에 보다 가치를 높이기 위해 노력한다.

4. 자기 직업에 만족하지 않는다면 직업 상담 전문가와 상담하거나 자기 내면의 목소리에 귀를 기울여 이직 가능성에 대해 꼼꼼히 따져본다. 이런 숙고 과정 끝에 실제로 이직 계획을 세우거

나 자기 사업을 시작할 수도 있다. 우리는 창업 시 사업계획서가 얼마나 중요한지 앞에서 살펴봤다.

5. 진로를 수정하려면 부가적으로 교육 과정이 수반되는 경우가 많다. 특히 전혀 다른 직종이나 전문직으로 바꾸고 싶다면 그에 따른 필수교육을 받아야 한다.

진로를 바꾸겠다고 마음을 굳힌 사람이라면 튜닝 계획이 약간 더 복잡할 수 있다. 다른 직업에 대한 생각이 머리에서 떠나지 않는다면 충분한 노력을 기울여 사전 조사를 해봐야 한다.

내가 아는 사람 중에 한때 항공 우주 엔지니어였다가 일시 해고 당한 남자가 있었는데 그는 예전부터 자기 레스토랑을 차리고 싶어 했다. 적어도 본인이 그걸 원한다고 생각했다. 그는 요식업에 대해 아는 게 전혀 없었기 때문에 일단 직업 연수 계획 요청문을 다섯 통 작성했다. 그 중 세 통의 답신이 왔고 그는 한 음식점에서 몇 주간 연수를 받으면서 경영 기술을 익힐 기회를 얻었다. 무엇보다도 레스토랑 경영이 무엇인지 체감하는 시간을 보낼 수 있었다. 바깥에서 보면 뭐든 좋아 보이기 마련이다. 진로 수정에 대해 진지하게 생각하고 있다면 무작정 뛰어들기 전에 우선 그 사업 분야에서 얼마간 시간을 보내는 쪽이 현명하다. 이 남자는 브로큰에그라는 레스토랑을 열게 되었다. 아침 식사와 점심 식사를 제공하는 이 음식점은 루이지애나 맨더빌에 문을 열어 큰 성공을 거뒀다. 얼마 뒤 미국 동남부 지역에서 이 레스토랑 체인점 사업도 시작되었고 현재까지 모든 사업이 아주 잘 풀리고 있다.

미래의 직업이 될 수도 있는 일에 실제로 참여해 경험을 많이 쌓을수록 더 좋은 결과를 얻게 될 것이다. 뭔가 할 만한 일 아닐까 싶어서 새로운 직업을 찾아선 안 된다. 한때 인기가 치솟던 직업군이 어느 순간 썰렁해지는 경우가 종종 있다. 단숨에 부자 되기 비법 같은 말에 혹하지 말아야 한다. 현재의 직업을 좋아하지 않는 사람들을 속여서 뭔가 다른 일을 하게 만드는 사업체도 있으므로 조심해야 한다.

다양한 인터넷 회사, 네트워크 마케팅 벤처기업이라는 이름으로 허울 좋은 구실을 내세워 사람들을 이용하는 경우가 있다. 대개 회사 대표들 배만 불릴 뿐이지 이직을 위해 뭔가를 배우려했던 사람들은 돈도 별로 못 벌고 다른 쉬운 길을 찾아 다시 기웃거리게 될 뿐이다. 일주일에 10시간 일하고 경제적으로 자립할 수 있다고 큰소리치는 얘기는 무엇이든 조심해야 한다.

새로운 진로를 정하기 위해서는 책임 있는 과정을 거쳐야 한다. 시간을 투자해 면밀히 조사하고, 필요하다면 직접 새 직업을 경험해봐야 한다. 친구나 지인들의 의견을 들어보되 모든 조언을 잘 걸러 들어야 한다. 많은 이들은 가장 안전한 길을 권하겠지만 다른 사람들은 정작 자기가 무엇에 관해 얘기하고 있는지 잘 모를 때가 많다. 게다가 심한 경우에는 우리가 성공하기를 원치 않기 때문에 솔직한 조언을 하지 않을 수도 있다. 정보를 얻고 싶다면 정말 믿을 만한 소수와 접촉하는 편이 낫다. 새로운 사업을 구상하면서 다른 사람들과 의견을 나눌 때 그들이 보이는 반응에 기가 꺾일 필요는 없다.

자신의 경험을 토대로 할 수 있는 게 무엇인지 생각해보자. 사람들은 저마다 독창적인 잠재력을 갖고 있지만 실제로 그 능력을 믿는 사람은 많지 않다. 그 능력을 실행하는 사람은 더더구나 거의 없다. 우리는 다들 나름의 재능과 능력을 발휘해 성공적인 경력을 일궈낼 수 있다. 그런 능력이 오로지 스타급 운동선수나 컴퓨터 천재의 전유물일 이유는 없다.

미시즈필즈 쿠키의 창립자 데비 필즈의 이야기를 예로 들어보자. 팔로알토에 사는 젊은 가정주부였던 데비 필즈는 주변의 학벌 좋고 경력 화려한 사람들 때문에 자신이 주눅 들어 있다는 느낌을 받았다. 괜스레 그런 생각에 짓눌려 있지 말고 사업을 시작해야겠다는 강한 충동을 느낀 때가 20대 초반이었다. 일단 그녀는 자신이 잘 하는 게 무엇인지를 쭉 적어봤다. 눈에 확 들어오는 게 한 가지 있었다. 쿠키를 잘 굽는다는 것이었다.

데비 필즈는 자매가 여럿 있는 집안의 막내딸이었는데 자라면서 언니들과 함께 가족 식사를 준비하곤 했다. 자매들이 각자 식사 준비의 한 부분씩을 맡았는데 데비는 디저트를 담당했다. 그 당시에 데비는 쿠키를 구울 때 신선한 가정용 재료를 사용하려고 각별한 노력을 기울였다. 이렇게 데비는 자기한테 어울리는 사업이 쿠키 가게라고 결론을 내렸다.

데비는 자신의 첫 번째 쿠키 가게를 열기 위해 은행 대출을 받았다. 가게 개업 전날 밤 데비는 남편과 마주 앉아 계산기를 두들겨 봤다. 본전치기를 하려면 매일 200달러어치의 쿠키를 팔아야 한다는 계산이 나왔다. 하지만 개시 첫날 정오가 되도록 쿠키는 단 한 개도 팔리지 않았다. 하지만 데비는 가만히 앉아 손님이 올 때까지 마냥 기다리는 사람이 아니었다. 그녀는 직접 팔로알토 거리로 나가 지나가는 사람들에게 쿠키를 맛보라고 나눠줬다. 그러자 많은 사람들이 가게를 찾아와 쿠키를 사가게 되었다. 첫날 장사를 마감하자 쿠키 판 돈 200달러가 데비의 손에 쥐어졌고 그 이후 알다시피 성공, 성공, 성공이었다. 이 작은 가게 하나가 6억 달러 이상의 가치를 지닌 국제적 쿠키 왕국이 된 것이다.

내가 본 바로는, 자기 일에서 성공을 거둔 사람들은 자신의 인맥, 지식, 능력을 최대한 활용할 줄 알았고 스스로를 끝까지 믿고 또 믿었다.

직업적 관점 유지하기

힘에 관한 굉장한 비밀이 있다. 힘을 아끼라는 것! 폭발적인 힘을 원한다면 쓸데없는 데 헛힘 쓰지 말아야 한다.
— 헨릭 입센

　다른 사람의 관점이 아니라 자기 자신의 관점에서 직업을 고려해야 한다. 자기 직업 목표를 세우면서 스스로에게 녹록찮은 질문들을 던질 때 오롯이 내면의 소리에 집중해야 한다. 자신을 남들과 비교한다면 주의가 산만해지고 의욕을 잃기 쉽다. 우리보다 성공했다고 평가 받는 사람들은 언제나 우리 주변에 있기 마련이다. 그렇지만 이에 흔들리지 말고 기죽지 말고 자기 나름의 관점에서 전략을 세울 필요가 있다. 남들은 잊고 스스로에게 집중하라. 우리가 무얼 하든 누군가는 늘 우리보다 잘 할 수밖에 없다.

　자기 직업에 관한 한 장기적인 관점을 유지하는 자세가 중요하다. 너무 많은 이들이 쉽게 낙담하고 초조해 한다. 직업적 성공은 얼마나 참고 견디느냐에 달려 있다. 하루아침에 최첨단 소프트웨어를 발명하거나 시청률 최고의 텔레비전 쇼프로그램을 만들 거라 기대해선 안 된다. 지금 자신이 하고 있는 소소한 일들이 보다 큰 성과의 서곡에 해당되는 경우가 많다. 보다 거물급 의뢰인을 불러 모으기 위해 매진하는 동안 현재 만나고 있는 평범한 의뢰인들을 부당하게 대우하는 우를 범하지 않아야 한다. 나 같은 경우 다국적 기업과 관련된 일을 하다가 주변의 평범한 사람들의 일을 봐주면서 법률 업무에 관해서도 변화를 줘야 했다. 변호사 업무를 재개하면서 나는 현재 내 의뢰인으로 찾아온 사람들에게 최선을 다하기로 했다. 내 사업을 구축하면서 인내심을 갖고 관점을 유지할 필요가 있었다. 나를 찾아오는 의뢰인들의 규모가 점점 커져갔다. 그러다 내가 법무 자문위원으로 참여하는 일까지 생겼다.

인내심을 가져라! 역사는 노력에 노력을 거듭했던 사람들의 이야기로 가득하다. 자기 경력의 결승점만을 바라보고 꾸준히 달렸던 그들은 끝끝내 짜릿한 성공을 거뒀다. 리버라치부터 메탈리카에 이르는 연예계 인물들 역시 자기 자리에서 성공을 거두기까지 오랜 기간 동안 고생에 고생을 거듭했다. 〈월스트리트저널〉에서 베스트셀러 작가 제임스 패터슨에 관한 이야기를 읽은 적이 있다. 패터슨은 가공할 만한 출판 제국을 건립한 인물로, 그의 연간 수입은 자그마치 2,500만 달러로 추정된다고 한다. 그는 몇 번의 역경을 겪었지만 자기 책이 판매될 수 있도록 마케팅 분야에서 끈질긴 노력을 이어갔다. 패터슨은 미국의 다국적 광고대행사 J. 월터톰슨에서 카피라이터로 일하면서 마케팅을 배웠다. 그는 소설가로서 오랜 시간 동안 고전했지만 마침내 자신의 마케팅 경력을 활용해 문학적 영역에서 최고의 성과를 낼 수 있었다. 그는 자기 책의 판매를 단순히 출판사한테 맡겨 두진 않았다. 책 판매 문제를 자기 수중으로 가져왔고, 심지어 출판사가 거절한 텔레비전 광고까지 자기 돈을 지불해가며 성사시켰다. 그리고 중년이 되어서야 진짜 성공에 도달할 수 있었다.

직업적 성공을 위한 인내심

충분히 기다란 지렛대를 주시오. 그러면 내가 지구를 들어 올리겠소.
— 아르키메데스

성공한 사람들의 이력서에 포함된 공통 항목 하나가 있다면 바로 인내력이다. 첫 번째 시도에 성공을 거두는 사람은 흔치 않다. 아타리 사의 회장이 스티브 잡스에게 이렇게 말했다고 한다.

"야, 이 더러운 놈아! 당장 내 책상에서 발 치우지 못해! 네 놈 물건은 아무것도 사지 않을 테니 그런 줄 알아."

물론 잘 알다시피 잡스는 자신의 애플컴퓨터사를 꾸준히 키워내 전세계적으로 성공을 거둔 인물이다.

월트 디즈니 얘기도 해보자. 누군가 월트 디즈니에게 물었다.

"세상에 누가 말하는 쥐 같은 걸 사겠소?"

결과가 어떻게 됐는지는 우리 모두 잘 알고 있다.

일에서 인내력이 차지하는 비율은 아주 크다. 너무나 많은 사람들이 성공을 바로 코앞에 두고 물러나버린다. 더 큰 노력을 기울이는 일에는 그만큼 인내력도 많이 필요하다. 어떤 분야의 성공이든 숱한 거절에 대처하는 힘과 포기하지 않는 능력을 바탕에 두고 있다.

베스트셀러 《영혼을 위한 닭고기 수프Chicken Soup for the Soul》 시리즈는 무려 서른일곱 군데의 출판사에서 퇴짜를 맞았다. 베스트셀러 작가 존 그리샴의 에이전트는 그의 첫 번째 소설 《타임 투 킬A Time to Kill》을 출판할 출판사를 찾기까지 족히 2년의 세월을 보내야 했다. 사실 그리샴이 그의 에이전트를 하도 귀찮게 괴롭혀서 급기야 에이전트가 제발 전화 좀 그만하고 두 번째 책이나 쓰라는 충고를 했을 정도라고 한다. 존 그리샴을 소설계의 스타덤에 등극시켜준 책이 바로 그 두 번째 책 《그래서 그들은 바다로 갔다The Firm》라는 사실도 흥미롭다. 그의 첫 번째 책이 빨리 팔렸더라면 그리샴의 두 번째 책은 어쩌면 세상에 나오지 못했을 지도 모를 일이다.

5

관계 튜닝

날이 밝아오고 당신 마음 아려오네요
다정한 말 한마디 한마디 당신 곁을 맴도는데
이제 더는 그녀가 당신을 원치 않아요
잠에서 깨어난 그녀, 곱게 화장을 하네요
느긋하게 여유를 부리며 서두를 생각도 없죠
그녀 이제 당신을 원치 않아요

이제 그녀 눈동자에서 아무 것도 볼 수 없네요
눈물 뒤에 남겨진 사랑의 흔적 따윈 없군요
그 누굴 위해서든 울지 않는 거겠죠
오래도록 영원하면 좋았을 사랑이여!
— 존 레논, 폴 매카트니, "For No One"

··· For No One! 이 불멸의 가사는 자꾸 머리에 떠올라 마음을 어지럽히는 묘한 힘을 지니고 있다. 대체로 한쪽, 또는 양쪽의 무심함 때문에 깨져버린 요즘의 연인 관계를 보여주는 절절한 증거가 아닌가 싶다. 관계에는 노력이 필요하다. 그것도 아주 많은 노력이 필요하다. 지속적으로 소통해야 하고 기꺼이 타협하고 양보해야 하며 서로에게 열심을 다해야 한다. 관계라는 게 단순히 자동 주행속도 유지 장치를 달고서 아무 문제없이 쌩쌩 질주할 거라 기대할 수 없는 노릇이다. 유감스럽게도 예전에 나는 그런 헛된 기대를 품고 있었다. 그런 나의 판단 실수 때문에 과거의 몇몇 관계에서 많은 문제가 발생했었다. 사실상 지금 내가 관계에 대한 조언을 할 자격이 있는지 망설여지기까지 한다. 내 인생에서 무엇보다 힘들었던 부분이기 때문이다. 하지만 달리 생각한다면 나 같은 사람도 마침내 성공적인 오랜 관계를 이뤄냈으니 누구든 잘 해낼 수 있을 것이다.

건강한 남녀 관계는 우리 사회의 근간이나 다름없다. 결혼한 커플은 가정이라는 기본 단위를 구성하게 된다. 안정적이고 사랑 넘치는 가정에서 자란 아이들은 부양 환경이 좋지 못한 가정의 아이들에 비해 대체로 적응력이 훨씬 뛰어나다. 하지만 사람 사이의 관계가 생각대로 그렇게 쉽게 흘러가지 않는다는 건 모두가 잘 아는 사실이다. 심지어 전문가들조차 인간관계 영역을 까다로워한다.

이런 경우가 있다. 예전에 부부였던 두 작가가 관계에 관한 책을 써서 두 권 다 영향력 있는 책으로 자리매김했다. 전남편 존 그레이는 관계에 대한 남녀의 차이를 인상적으로 다룬 책《화성에서 온 남자, 금성에서 온 여자Men Are from Mars, Women Are from Venus》로 베스트셀러 작가가 되었고, 아내 바바라 드 안젤리스는 연인이나 배우자 감 평가에 관한 책《당신이 나를 위한 바로 그 사람인가요Are You the One for Me?》를 써서 호평을 받았다. 관계에 관한 책을 써서 베스트셀러 작가로 등극한 전문가들조차 결혼 관계를 유지하지 못한다는 사실은 우리 같은 사람들에게 꽤나 심각한 도전으로 다가온다.

현대 사회의 높은 이혼율을 본다면 관계의 문제가 제법 심각하다는 사실이 입증된다. 미국의 이혼율은 50%를 넘고 있다. 애초에 그 수치가 오르기 시작한 건 베이비붐 세대 때문이다. 이 세대가 등장하기 전에는 부부들이 좋든 나쁘든 결혼 생활을 지키려고 했던 것 같다. 하지만 오늘날에는 전반적으로 결혼과 헌신에 대한 냉소주의가 팽배해 있다. 랍비이자 상담가인 슈물리 보테악이 쓴 책《내가 사랑에 빠지지 못하는 이유Why Can't I Fall in Love?》를 보면 저자는 현대 사회에서 사랑과 헌신이 부족한 이유를 사회 내 근본적 변화에서 찾는다. 베이비붐 세대 이전에는 전체 사회 구조가 데이트를 둘러싸고 구축되었다. 때가 되면 구혼을 하고 대개 20대 초반쯤 짝을 찾아 결혼했다. 당시는 결혼을 하고 집을 떠나는 것에 대한 기대가 매우 컸던 시대였다. 결혼은 곧 육체관계를 허락 받는 티켓과 같았다고 봐도 된다. 결혼이 제약이라고 여겨지기보다는 실제로 자유라는 개념으로 받아들여졌다.

그러다 1960년대가 되면서 개인의 표현과 자유방임, 그리고 성혁명의 시대가 활짝 열렸다. 갑자기 자유연애가 유행처럼 번졌고 사람들은 육체관계를 순서상으로 꼭 결혼 뒤에다 두지는 않게 되었다. 반드시 결혼을 해야 한다거나 결혼을 유지해야 할 필요성이 줄어들었다. 시간이 흘러 70년대, 80년대가 되었고 여성들이 노동시장에 뛰어들면서 소득이 두 배인 가구 수가 늘어났다. 여성들은 경제적 안정을 위해 더 이상 남자에게 의존하지 않아도 되었다. 오늘날에는 다른 사람에게 의존하는 대신 자신의 경력상 성과를 올리는 데 집중하는 경향이 있다. 결혼을 한다거나 결혼생활을 유지하는 데 결정적 요소로 작용하는 상호 의존성이 현대 사회에서는 영 못마땅한 것으로 여겨진다. 요즘 사람들이 짝을 이루거나 함께 사는 걸 못 견뎌 하게 된 데는 상호 의존에 대한 반감이 큰 요인으로 작용한다. 우리는 성공적 관계를 이어가기 위해 기꺼이 스스로를 조금 놓을 줄 알아야 한다. 이전 세대의 사람들이 사랑이라는 이름으로 일, 경력, 집, 사는 도시 등을 전부 바꿀 용의가 있었다면, 요즘 사람들은 예전에 비해 화해나 타협에 전력을 다하지 않고 있다. 하지만 성공적 관계를 꾸려가고 싶다면 타협의 장에 기꺼운 마음으로 들어서야 한다.

기혼자들이 대체로 더 행복하다는 연구 결과가 있는데도 높은 이혼율이 유지되는 현실은 참으로 아이러니다. 여전히 많은 사람들은 관계 때문에 고군분투한다. 잘 맞는 평생의 파트너를 만나 헌신적인 관계를 찾기도, 유지하기도 어려워한다. 때때로 이런 문제는 우리가 데이트에 접근하는 방식에서 비롯된다. 중년기의 데이트 지침에서 시기적절함을 논하는 게 이상할 수도 있지만, 나를 비롯해서 수많은 미혼의 친구들, 돌싱 친구들은 데이트 하는 법을 다시 배울 필요가 있었다. 기혼자라면 다음 부분은 넘어가도 된다. 혹은 주변 친구들을 위해 알아둬도 좋겠다.

데이트 개론

미혼 남녀, 혹은 진지하게 만나는 사람은 없지만 헌신적인 관계를 원하는 사람들에게 필요한 첫 번째 단계는 삶에서 냉소주의를 걷어 내는 것이다. 과거에 상처 한 번 안 받아본 사람이 있을까? 나 역시 많이 차이고 버림받고 내팽개쳐져본 사람이다. 하지만 '사랑에 빠질' 확률을 최대치로 높이기 위해 우리는 과거 따위는 무시하고 낭만에게 기회를 줘야 한다.

다음으로, 자신이 찾고 있는 대상에 대해 점검해볼 필요가 있다. 완벽한 사람을 찾느라 혈안이 된 사람들이 너무 많다. 어떤 경우에는 거울 속의 자기 자신을 찾는 사람도 있다. 우리는 저기 어딘가 나를 위해 완벽한 누군가가 대기해 있을 거라는 생각에 세뇌당해 제멋대로 높은 기대치를 갖고 자신의 가능성을 점치고 있다. 하지만 그럴 때가 아니다. 자신이 남들과 다르다는 사실을 보다 관대하게 받아들이고 상대의 외모에 대한 잣대는 다소 낮춰야 한다. 상대가 어떤 사람인지 더 알아볼 시간을 갖지도 않고 첫눈에 외모만으로 낙제시켜버린 예비 구혼자들이 얼마나 많았던가? 신체적 화학작용은 관계에 윤활제 역할을 하기 때문에 필요하기도 하지만, 그 기준을 정하는 데 얼토당토않은 원칙을 들이대면 곤란하다.

그 다음 조언은 상황을 앞서서 주도하라는 것이다. 상황에 부딪히는 게 얼마나 힘든지 나도 잘 안다. 다들 그렇듯 나 역시 싱글 남녀가 득실대던 바에 앉아 있기가 너무 싫었다. 데이트 자체에 겁먹게 하는 구석이 있긴 해도, 마음을 열고 다른 사람을 만날 노력을 기울인다면 데이트는 충분히 재미있을 수 있다. 내 생각에 누군가를 만나기 위한 가장 좋은 방법은 뭐든 조금씩 다 시도해보는 것이다. 온라인 데이트 서비스, 소개팅, 다양한 사교 모임, 동호회 등을 활용하면서 시야를 넓혀보는 게 좋다. 만나고 싶은 사람을 시기적절하게 딱 만나면 얼마나 좋겠냐마는 현실은 그렇지 않으니 그런 사람을 만나기 위해 방법을 강구해야 한다. 이 원칙은 남녀 공히 해당되는 얘기다. 사실 양쪽이 의도는 품고 있을지라도 누군가를 만나기 위해 애쓴다는 인상을 주지 않으면서 가볍게 대화의 물꼬를 트는 게 현명할 때가 있다. 그렇게 영리하게 굴어야 할 때가 가끔 있다. 그리고 괜찮은 사람이 눈에 띄면 두려워 말고 만남을 주선해줘야 한다. "야, 너한테 딱 맞는 사람이 있어"라고 말한 뒤 감감무소식이었던 사람도 내 주위에 수두룩했다. 누군가를 도와주기 위해 애를 써보라. 그들의 인생을 바꿔줄 수도 있다. 덩그러니 혼자 상황에 나서야 하는 건 무척 어려운 일이므로 누군가를 도와주기 위해 뭐라도 한다면 상대는 무척 고마워할 것이다. 그리고 자신이 연애하고 싶어 한다는 사실을 친구들이 안다고 부끄러워할 필요는 없다. 이성 친구들을 곁에 두는 것도 나쁘지 않다. 그들 역시 만남의 기회를 만들어줄 수 있을 것이다.

앞에서 언급한 방법 중에 의외로 괜찮은 방법이 바로 온라인 데이트 서비스다. 내 친구 몇몇은 인터넷 데이트를 디지털 정육점에 비유할 정도로 질색하지만, 이 서비스는 실용성과 인기도 면에서 괜찮은 점수를 받고 있다. 나와 같이 일했던 비서 한 명은 50대 여성이었는데 전통적인 데이트 방식에 진력이 났던 사람이다. 결혼 실패는 세 번, 연애 실패는 그보다 횟수가 더 많았다. 마지막 연애 상대는 언급하기조차 회피하는 변호사였다. 그녀는 상대방이 결혼할 수 없다는 이유를 대며 온갖 변명과 구실을 내놓는 소리를 진저리나게 들어왔던 터라 이제는 누군가가 프로포즈해주는 소리를 듣고 싶었다. 그녀의 두 딸이 대학을 졸업한 뒤 독립해서 나갔고 고이 기르던 개도 천국으로 떠났다. 인터넷 메모장이 간단해졌다. "애들도 개도 다 치웠다. 이제 제대로 된 남자를 만나 정착하고 싶다." 그녀는 정착에 관해 매우 진지하게 생각한다는 점을 확실히 각인했다. 몇 달 지나지 않아 그녀는 노스캐롤라이나의 누군가를 만났고 그리로 가서 행복한 결혼 생활을 시작했다.

모든 온라인 데이트 사이트에는 회원 프로필이 꽤 상세하게 나와 있다. 나이, 관심사, 원하는 상대방의 자격 조건 등. e-harmony.com 같은 사이트는 궁합을 최대화하는 데 필요한 26개 항목을 프로필에 사용한다. 《데이트 상대일까, 소울메이트일까?Date or Soul Mate?》의 저자 닐 클라크 워렌 박사가 e-하모니의 설립자이다. 그는 상호 적합성 체계에 대해 굉장히 상세하게 다루면서 전통 방식의 데이트보다 어떤 점이 좋은지를 설명한다. 워렌 박사의 말에 따르면, 전통적인 데이트는 상호 융화적인 요소보다 신체적 매력을 강조한다. 우리는 외모에서 매력을 느끼는 사람들에게 강하게 끌려가 상호 융합 문제는 나중에 해결하려는 경향이 있다. 하지만 실제로 우리가 초점을 맞춰야 하는 부분은 외적인 특징을 판단하기에 앞서 내가 상대방과 얼마나 융화될 수 있는지이다. 이 말은 랍비 보테악의 충고와도 일맥상통한다. 처음에는 외모에서 전혀 매력을 느끼지 못했더라도 상대방에게 기회를 줘야 한다는 얘기다.

최근에 데이트다운 데이트를 해본 적 없는 사람이라면 인터넷을 이용하는 것도 괜찮다. 내가 아는 30대의 싱글맘은 일도 하면서 생활의 균형을 찾기 위해 인터넷 데이트의 편리함을 누리고 있다. 인터넷 데이트 과정에서 다른 회원들에게 받는 질문이 의외로 생각할 거리를 많이 제공한다. 이를 통해 스스로에 대해 여러 가지를 파악할 수 있다는 점이 놀라울 정도다. 물론 열린 마음을 유지하는 게 중요하다. 처음에는 교감이 없을 수 있지만 나중에 어떻게 진전될지 모를 일이다. 이런 경우도 있었다. 내 친구가 이메일을 주고받던 상대가 있었다. 처음에는 확 관심이 생겨 뭔가가 되는가 싶었는데 그 관심이 오래가지 않았다. 그러다 둘 다 알고 있는 친구의 주선으로 한 달 뒤에 서로를 소개받게 되었다. 이메일을 주고받던 상대인 걸 알게 된 둘의 관계가 급속도로 진전되었다. 만남 자리가 주선되지 않았더라면 아무것도 실현되지 않았을 것이다.

데이트 상대를 찾는 방법이 무엇이든 간에 한 가지 염두에 둬야 할 질문이 있다. "나는 어떤 점에 끌릴까?" 이다. 이미 알고 있던 사람과 연인이 되든, 다른 도시에 사는 사람을 만나든, 또는 입버릇 사납거나 자기 생각에만 빠진 사람을 만나든, 자신이 누군가를 만날 때 일정한 패턴이 있는지 여부를 자문해봐야 한다. 과거에 만났던 사람들을 잘 생각해보고 특정 패턴이 있는지, 보다 정확히 말해, 문제는 없는지 판단해야 한다.

그 다음으로 생각해봐야 할 질문은 "변하기 위해 내가 뭘 해야 할까?" 이다. 자기 자신과 자신의 선택 둘 다 변화를 줘야 한다는 뜻이다. 이전의 실패와 상처를 툭툭 털어버리고 새로운 시각으로 만남에 다가가고자 마음먹어야 한다. 내가 모든 남성을 대표해서 변호하려는 건 아니지만 정말로 모든 남자들이 다 비열한 건 아니다. 여자들이 입을 모아 말하기를 데이트는 남자들 좋은 일만 시키는 거라고 하거나 괜찮은 남자는 더 이상 남아 있질 않다고 한다. 하지만 남자들에게 유리한 점이 약간 더 많다고 볼 수는 있어도 절대 압도적일 정도는 아니다. 상대방에게 진짜 기회를 주지 않는다는 사실이 문제의 원인일 수 있다. 적당한 선에서 안주하라는 말이 아니라 최소한 상대방에게 기회는 줘보라는 뜻이다. 만나고 채 5분도 안 되었는데 내 짝이 아니라는 의심이 강하게 든다 쳐도 일단은 최소 두 번은 더 만나보라. 상대에게 기회를 줘봐야 한다.

결혼을 앞두고 있던 내 친구는 졸지에 파혼을 당했다. 약혼녀가 결혼을 취소해버린 것이다. 엄청난 충격을 받았을 텐데도 친구는 산산조각난 마음을 추스르고 얼른 제자리로 돌아왔다. 결혼할 준비는 이미 돼 있었기 때문에 신붓감을 찾는 계획에 집중할 수 있었다. 키도 작고 대머리였던 내 친구는 남들 이목에 굉장히 신경 썼지만 차근차근 데이트에 임했다. 앞에서 살펴본 방법들도 몇 가지 써가면서 끈기 있게 상대를 찾았다. 물론 수도 없이 퇴짜를 맞긴 했지만 드디어 운명의 짝을 만났다. 내 친구의 마음을 홀딱 빼앗아 가버린 여인, 내 친구를 있는 그대로 정말 사랑해주는 여인을 만났다. 지금 그 친구는 가정을 꾸리고 행복한 결혼생활을 하고 있다. 하지만 만약 친구가 데이트하는 데 그렇게 공을 들이지 않았더라면, 거절에 대처할 마음가짐이 아니었다면, 지금처럼 사람들의 부러움을 한 몸에 받는 상황에 이르렀을까? 그는 자기 삶의 중요한 목표를 그냥 놔버리고 싶진 않았기 때문에 과단성 있는 행동을 이어갈 수 있었다. 열심히 노력하는 사람 모두가 행복한 결혼생활을 할 수 있다고 말하면 너무 순진한 것 아니냐고 하겠지만, 노력 여하에 따라 성공률이 월등히 높아지는 건 확실하다.

평생의 짝을 찾기에 너무 늦은 시기란 없다. 사회적 통념에 휘둘리는 건 현명하지 못한 선택이다. 얼마 전에 나는 78세 여성 의뢰인의 혼전 약정서를 준비했다. 그녀는 네 번째 결혼을 앞두고 있었다. 우리 어머니도 지금 70대인데 어떤 분과 진지하게 사귀고 있다.

열정에 불 지피기

우리 사랑에 조바심내지 마오

하늘로부터 축복 받은 사랑이오

우리에겐 우리 길이 있는 법

활짝 필 순간이 찾아올 거요

하지만 기억해야 하오

서로에게 귀 기울이기

느끼기

대화하기

여유를 주고 기다리기

우리가 느끼는 방식은 한없이 현실적이기에

수많은 논쟁을 딛고 돌아와야 할 거요

내가 확신하는 바

내 심장은 당신 것이오

그러니 우리 사랑에 조바심내지 마오

하늘로부터 축복받은 사랑이오

— 팀 번즈

열정을 계속 팔딱대게 하는 것이야말로 모든 관계의 최대 난제라 할 수 있다. 특히 신선함이 한풀 꺾인 후엔 더욱 그러하다. 《아직도 가야 할 길》에서 저자 M. 스캇 펙은 진정한 사랑과 열병을 구분한다. 열병, 즉 상대에게 홀딱 반하는 것은 종의 존속을 위한 자연계의 방식이다. 처음에 상대에게 반해서 열을 내는 시기가 대략 2년인데 얼추 사랑에 빠지고 결혼하고 아이를 낳기까지 걸리는 시간을 감안한다면 틀린 얘기가 아니다. 그 기간이 지난 뒤에 두 사람은 서로의 관계 속에서 미끄러운 경사면을 딛고 올라가야 한다. 열병을 진정한 사랑으로 발전시키고자 노력해야 하는 것이다.

처음의 흥분과 열정이 시들해지면 편리하게도 저절로 눈감아지던 모든 잘잘못이 어느 순간 갑자기 수면으로 툭 튀어 오른다. 시간이 지날수록 상대방의 존재를 당연시하게 되고 둘의 관계를 자동 속도 유지 장치에 턱 얹어놓고 싶은 마음이 굴뚝같다. 부부나 연인은 자신들이 이미 사랑의 틀 바깥에 나와 있다는 걸 알지만 그 문제를 해결하려고 조치를 취하진 않는다. 어쩌면 그들은 편의상, 또는 애들 때문에 그냥 같이 살기로 하는 것일지도 모른다.

《근사한 관계를 구축하는 50가지 방법50 Ways to Create Great Relationships》에서 저자는 열정에 계속 불을 지피는 여러 가지 기술을 제안한다. 핵심은 간단하다. 주고, 주고, 또 주라. 단순히 상대방에게 반응을 보이기보다는 훌륭한 관계 성립을 위해 솔선수범하는 자세가 필요하다. 파트너를 위해 뭔가 좋은 걸 해주는 습관을 들이고 화목한 관계를 위한 장을 마련해야 한다. 원칙상 소신을 관철할 필요도 있지만 불필요한 충돌을 피하는 지혜도 필요하다. 허구한 날 남편은 치약 뚜껑을 열어두고 아내는 길을 제대로 찾아가는 법이 없는 것 같다면 어떻게 하겠는가? 이런 일들이 흔하게 일어난다고는 하지만 그 수많은 짜증과 불쾌감은 불필요한 충돌의 씨앗이 되고 만다. 그 모든 게 정말 아웅다웅 다툴 만한 일이었을까? 부부간의 불화를 유발하고 점점 확대시키는 게 실은 사소한 일들 아닐까?

열정이 불안하게 깜빡거리다가 이내 꺼지게 되는 원인으로는 소통의 부재, 감사 표현의 부재, 감정적인 거리감이 있다. 처음의 열정과 흥분은 늘 시들기 마련이므로 바로 그 순간이 진짜 노력을 시작하는 시점이라는 사실을 명심해야 한다. 그 노력을 기울이기 싫거나 혹은 방법을 모르는 사람들은 한 관계에 진득하게 붙어있질 않고 계속 새로운 사람을 만나며 관계를 갈아치운다. 하지만 파트너를 자꾸 바꾼다고 능사가 아니다. 소매를 걷어붙이고 지금의 관계를 예열하는 게 급선무다.

물론 관계를 위한 튼실한 기초가 있어야 한다. 사랑하는 두 사람 사이에는 동료애를 위한 충분한 토대도 필요하다. 각자의 삶은 하나의 독립된 원이나 다름없다. 두 원의 교집합이 커질수록 두 사람이 융화되는 부분도 많아지고 공통 관심사도 많아지는 것이다. 각자의 인생 범주에서 교차 지점이 전혀 없는 커플이라면 이 세상 그 어떤 열정도 도움이 되지 않는다.

예전에 나는 한번 프로젝트를 시작하면 몇 달이고 거기에만 매달려 있곤 했다. 그 와중에 애인과의 관계가 나 없이도 쾌속질주하기를 기대하면서 말이다. 하지만 그게 되겠는가? 그런 식으로는 관계가 지속되지 않는다. 양질의 충분한 시간을 함께 보내지 않으면 관계의 열기가 유지되기 아주 힘들다. 분주하고 자극 넘치는 생활을 흡사 중력 같다고 본다면 열정 유지의 노력은 이 중력에 저항하는 결합력을 형성하는 것이나 마찬가지다. 관계를 쉽사리 망쳐버릴 방해 요소가 너무 많다. 마음이 멀어지기도 쉽고, 불길을 지피기 위해 다른 대상을 다시 물색하기도 쉬워졌다. 그래서 불륜이 흔해진 것이다.

부부가 해야 할 일 대부분은 처음의 열정을 지속적으로 되살리는 것이다. 그러므로 결혼한 커플에게도 데이트하는 날이 여전히 중요하다. 열정을 계속 팔딱대게 하는 비결은 비싼 선물을 사주는 쪽보다는 마음에서 우러나는 방식과 뜻밖의 방식으로 행동하는 쪽에 가깝다. 물론 이 사회는 우리더러 발렌타인데이를 엄수하라고 명한다. 하지만 약간의 수고만 한다면 배우자나 연인을 위해 일상 속의 깜짝 선물을 할 수 있고 이를 통해 열정의 온도를 일정 수준으로 꾸준히 유지할 수 있다. 《근사한 관계를 구축하는 50가지 방법》에 나오는 흥미로운 이야기를 하나 더 보자.

한 남자가 오랫동안 사귄 여자 친구 생일날 턱시도를 멋지게 차려입고서 여자 친구에게 꽃 한 송이를 건넸다. 토요일 아침부터 이 생뚱맞은 행동을 하는 남자에게 룸메이트가 무슨 일이냐고 물었다. 남자가 답하길 여자 친구한테 특별한 날이니까 뭔가 특별한 걸 해주고 싶었을 뿐이라고 했다. 그들은 곧 결혼에 골인했다.

다른 남자 얘기도 해보자. 호된 이혼 과정을 한 차례 겪었던 이 남자는 현재의 아내를 위해 매일 뭔가 근사한 걸 해주려고 할 일 목록을 만들어 두었다. 그는 이전 결혼생활에서 자신이 아내에게 소홀했던 걸 깨달았기 때문에 이번 결혼생활에서 혹시나 똑같은 전철을 밟아 실패하고 싶지 않았다. 별 것 아닌 소소한 일들이 모여 뜨끈한 열정을 계속 만들어내는 법이다.

단지 편의상이라는 명목으로 사랑 없는 결혼생활에 머무르는 부부가 많이 있다. 나를 포함해 많은 이들은 혼자 있는 걸 마냥 두려워

한다. 외로움을 감수하느니 차라리 별로 이상적이지 않은 관계일지라도 거기에 안주하는 쪽을 택하는 사람도 허다하다. 내가 예전에 오래 유지하던 관계를 돌아볼 때 나 스스로도 너무했다 싶은 생각이 든다. 나와 여자 친구에 열정이 시들해지고 관계도 멀어졌지만 우리는 진정한 사랑과 열정보다는 상호의존이라는 이유 때문에 서로의 곁에서 그냥 뭉개고 있었던 것 같다. 부부는 같이 머물러 있기 위해 온갖 구실을 찾아낸다. 경제적 이유 때문에, 아이 때문에, 이혼이 번거로워서 등등. 일찌감치 헤어지는 게 정답이었던 부부지만 애 때문에 계속 같이 살고 있다면 이렇게 생각해보는 건 어떨까? 같은 지붕 아래서 끊임없이 소란스럽고 험악한 상황을 연출하는 환경보다는 상호 존중하는 분위기에서 아이를 양육하는 게 훨씬 건강할 것이라고.

현재 관계가 불치 수준인지 회생 가능한 수준인지 판단하기는 매우 어렵다. 전문 상담의 도움이 필요할 때도 가끔 있다. 이미 죽은 말한테 채찍질하며 어서 가자고 하는 건지, 구조해볼 가치가 있는 관계에 인공호흡을 가하는 건지 단번에 판단하기 미묘할 때가 많다.

어쨌든 이런 부부는 열정 재점화를 위해 노력하거나 관계 문제의 원인을 밝혀내 더 이상의 손실을 줄여야 한다.

우리의 목적은 멋진 관계 유지

허나 사랑은 눈멀었고 연인들도 눈멀었으니
저네들이 저지른 갖가지 우매한 짓도 볼 줄 모른다네.
― 셰익스피어

　　누구나 멋진 관계를 누릴 자격이 있다. 만족스럽지 않은 일에 연연하며 질질 끌려갈 필요가 없는 것처럼, 마음에 차지 않는 관계에 갇혀 살기에 인생은 너무 짧다. 현재의 관계에 한 바가지의 마중물이나 원기 회복제가 필요한지 아닌지가 늘 관건이다. 다음 부분에서 살펴보겠지만 현재의 관계도 충분히 튜닝할 수 있다. 하지만 목적을 제대로 수립하고 그 목적을 위해 열심을 다해야 한다.
　　연구 결과에 따르면, 사람들은 상호 헌신적인 관계에 있을 때 가장 행복감을 느낀다. 충만한 행복감 속에 사는 사람들이 오래 살고, 보다 행복한 생활을 이어간다고 한다. 이러한 행복에는 전제 조건이 있다. 어느 정도는 기꺼이 자신을 놓을 용의가 있어야 한다. 자진해서 타협과 화해의 장에 나서야 한다. 그래서인지 인생의 후반부에 누군가를 만나 관계에 돌입하는 게 더 어려울 수 있다. 자고로 사람은 '자기 방식'을 정해두고 웬만해선 타협을 꺼리기 마련이다. 타협 및 양보 능력 부재는 이혼한 내 친구들이나 아직도 혼자인 친구들한테 자주 나타나는 특징이다. 이상적인 배우자를 찾기보다는 자신이 보충해줄 부분이 있는 사람, 자신과 화합할 수 있는 대상을 찾는 게 맞다. 성배를 찾겠다고 스스로를 닦달하다 지쳐 나가떨어지지 말라. 자신의 짝이 저기 어딘가 있긴 하겠지만 그 사람이 완벽한 사람은 아니다. 그 진실을 받아들여야 한다. 물론 자기 역시 완벽한 사람이 아님도 부디 잊지 말라.

많은 이들은 자신이 혼자 있을 때 상태가 더 좋다고 자평한다. 사실상 혼자 있을 줄 안다는 점은 좋은 관계를 위해 중요한 선행 조건일 것이다. 각자의 행복은 반드시 다른 누군가가 뭔가를 하는 것에 좌우되는 건 아니다. 이 점을 이해하는 데 고독이 유용하게 쓰인다. 혼자 있는 시간은 자신이 관계 속에서 무엇을 원하는지, 그보다 중요하게 자신이 무엇을 줄 준비가 되었는지 가늠하는 데 도움이 된다. 요즘 세대는 꼭 필요한 희생이라든가 관계 유지를 위한 행동 수정 따위에 별로 마음을 쓰지 않는다는 분석이 종종 들려온다. 좋은 관계라는 명제가 첫손에 꼽히던 때가 있긴 했지만 이제는 더 이상 우선순위가 아니다.

불행히도 모든 사람들이 원한다고 다 멋진 관계를 얻는 건 아니다. 산산이 부서진 마음을 붙안은 채 맞는 짝을 찾으려는 시도를 아예 포기해버린 사람들, 심장에 구멍 술술 뚫린 채 우두커니 외로움과 함께 사는 사람들이 수두룩하다. 우리 중에도 분명 그런 사람이 있을 테지만, 당부하건대 절대 포기하지 말라. 앞에서 우리 어머니 얘기를 했었다. 사랑 없는 결혼생활로 힘겨워하다가 50대에 진정한 사랑을 찾았고 70대에도 또 다시 좋은 분을 만났다. 십대 자녀 둘을 두고 남편을 암으로 잃은 한 여성에 관한 이야기도 있다. 그녀는 일요일마다 남편 묘소를 찾곤 했는데 한 신사분도 사별한 부인의 묘를 자주 찾아오는 걸 알게 되었다. 어느 날 그 남자가 흐느껴 울기 시작했고 여자가 다가가 도움이 필요하냐고 물었다. 그가 말하길 그녀의 목소리가 마치 천사의 음성 같다고 했다. 둘은 데이트를 시작했고 나중에는 부부가 되었다. 자신이 찾고 있는 이상적인 관계가 없다고 해서 희망을 놓아서는 안 된다. 희망한테 내 삶 속에 들어오라고 기꺼이 청하는 이상, 희망은 항시 대기 중이다.

많은 이들은 자신의 개인적 요구를 성취하는 것과 좋은 관계를 유지하는 것을 혼동한다. 좋은 관계란 서로 줄 줄 알고 타협할 줄 아는 능력을 연료로 삼는다. 단순히 동무가 필요하고 깨끗한 집을 원하는 거라면 개를 사거나 도우미를 부르는 편이 낫다.

M. 스캇 펙에 따르면, 사랑이란 또 다른 사람의 영적 성장을 위해 자신을 주는 것이다. 이기적이지 않는 태도가 곧 좋은 관계의 기반이 된다. 자신의 감정적 요구를 안정화시키지 못한 이들은 그저 그 요구를 채워줄 사람을 찾을 뿐이다. 메뚜기마냥 이 관계 저 관계를 계속 옮겨 다니는 이런 사람들은 감정적 요구를 잘 다루는 재주가 있는 누군가를 찾고 싶어 한다. 단언컨대 그런 사람은 없다. 나를 붙들어두고 나의 요구를 정리해줄 사람은 오직 자기 자신뿐이다. 배우자가 나를 지지해주는 존재여야 한다지만, 사랑하는 관계의 목적은 나를 정착시키는 게 아니다. 그건 어디까지나 자신의 몫이다. 하지만 일단 최선을 다해 스스로를 정리하고 다잡은 뒤에는 다른 사람의 영적 성장을 위해 자신을 내놓는 입장에 서게 될 것이다.

관계에 힘 충전하기

우리는 장점을 사랑하는 게 아니라 사람을 사랑한다. 때로는 상대의
장점뿐만 아니라 단점까지도 사랑의 이유가 된다.
— 자크 마리탱,《미국에 대한 고찰Reflections on America》

관계에 힘을 불어넣으려면 자신을 아낌없이 주는 방법이 최선이
다. 하지만 사람들은 때론 자기애가 너무 강해서, 때론 시간이 없어
서 상대에게 실컷 퍼줄 여력이 없다. 혹시 자신의 일이나 개인적 욕
망보다 한참 뒤떨어진 2순위에 현재의 관계를 두고 있다면 언감생심
그 관계가 좋게 유지될 거라 기대하지 말라. 두 사람이 서로 상대의
영적 성장을 지지하겠다는 공통 목표를 갖고 의기투합한다면 그 관
계가 무럭무럭 잘 자랄 환경이 조성된 것이다. 상대방에게 아낌없이
준다는 걸 타협이나 양보로 보지 말고 둘의 더 나은 삶과 강한 연대
를 구축하기 위한 일치화라고 여겨야 한다.

관계에 힘을 충전하려면 단순히 많은 시간을 함께 보내는 게 아니
라 의미 있는 양질의 시간을 같이 많이 보낼 필요가 있다. 용서와 공
감 역시 관계에 힘을 불어 넣는다. 사람들은 본성상 자기 입장을 고
수하고 싶어 하지만 용서하고 잊어버려라. 그리고 지금 이 관계에 집
중하라. 자신이 틀렸음을 인정하는 데는 용기가 필요하지만 힘들더
라도 그 용기를 발동할 가치가 있다.

관계에 힘을 불어 넣는 데 필요한 성정으로는 공감, 이해, 소통, 헌
신 등이 있다. 공감은 다른 사람의 시각을 고려하는 능력이다. 우리

는 툭하면 자기만의 관점에 단단히 붙들려 다른 사람들이 어디서 왔는지, 그 사람의 세계가 어떤지 두루 생각해볼 시간조차 내지 않는다. 순수한 의도에서 나온 말이 종종 잘못 해석돼 분쟁의 씨앗이 되기도 한다. 만약 배우자가 무엇인가 때문에 언짢아한다면 이를 사적인 공격으로 받아들일 게 아니라 상대방이 자기 감정을 표현하는 것으로 판단해야 한다. 불쾌하게 받아들이지 말고 상대의 감정에 자신을 이입해보도록 노력한다. 그게 가능하다면 분쟁 해결의 가능성은 훨씬 높아진다.

감정 이입은 이해심과 매우 밀접한 관련이 있다. 누군가를 이해하고 그 사람의 감정을 정당화하는 시간을 갖기란 쉬운 일이 아니다. 이따금 사람들은 자기 목소리를 들어달라고, 자기를 이해해달라고 신호를 보내듯 감정을 확 분출하기도 한다. 종종 문제 해결사가 되려고 애쓰는 남자들은 여자가 욕구 불만을 표현할 때 어쩔 줄 몰라 허둥댄다. 어떻게 반응해야 하는지 몰라서 남자들이 묻는다.

"내가 어떻게 해줬으면 좋겠어?" 답은 아마 이럴 것이다.

"그냥 내 얘길 좀 들어주기만 하면 돼. 그리고 내가 이렇게 느끼는 게 당연하다고 해줘."

서툰 의사소통 기술이야말로 관계를 늪으로 빠뜨리는 주요 원인일 것이다. 서로의 감정과 욕구를 제대로 전달하지 못하는 커플은 점점 거리가 멀어지고 만다. 효과적인 소통 기술에는 잘 들어주기뿐만 아니라 자기 감정을 잘 표현하기도 포함된다. 요즘처럼 정신없이 분주한 세상에서 양질의 대화 시간을 갖기란 참으로 힘들다. 그래서 많은 커플들이 소통의 시간을 거의 갖지 못한다.

경청이란 진짜로 귀를 기울여 듣는 것을 말한다. 무슨 말을 해줘야 하지, 다음에 뭘 하지 같은 생각도 말끔히 걷어내고 상대방이 하는 말을 열심히 듣고 공감하는 자세가 필요하다. 효과적 경청에는 관계의 현장에 존재하는 것도 포함된다. 배우자를 위해 지금 그 자리에 있어주는 사람이 되고 있는지 돌아볼 일이다. 서툰 경청 기술은 효과적 소통에 장벽을 쳐서 관계를 힘들게 만든다. 누군가 항상 무시당한다면 좌절감이 너무 커져서 소통 통로를 완전히 차단해버리고 말 것이다. 우리가 상대방에게 줄 수 있는 최대의 선물은 우리의 시간과 끊임없는 관심이다. 상대방이 의심의 구름 속에 헤매지 않게 내가 당신을 위해 여기 같이 있다는 사실을 알려줘야 한다. 귀 기울여 들어주기만큼 관계에 힘을 불어넣는 효과적인 방법은 없다.

영성 훈련을 통해서도 관계를 공고히 할 수 있다. 미국 국내 이혼율이 50%를 웃도는 가운데 종교 모임에 함께 참석하는 커플들의 이혼율은 놀랍게도 5%대로 뚝 떨어진다. 더구나 함께 기도하는 커플의 이혼율은 3% 미만이라고 한다. 오늘날 두 사람이 만나 관계를 이룬다는 게 워낙 쉽지 않은 일이다보니 지속적인 신의 도움과 감찰, 개입이 필요한 것일 수도 있다. 아치비숍 풀턴 신이 그의 책《셋이 함께 결혼에 이르니Three to Get Married》에서 지적했다시피, 성공적 결혼생활에는 종종 신이라는 제3자가 필요할 때도 있다. 결국 용두사미로 마무리되고 만 예전의 내 길었던 관계를 생각해보면 그녀와 내가 함께 종교 모임에 참석하지 않았다는 점이 흥미롭다. 지금의 관계에서는 예배에 함께 참석하는 것이 중요한 부분을 차지한다.

관계 향상을 위한 계획 수립

당신이 사랑에 빠진 아가씨를 당신이 좋아하기까지 한다면 그건 특별한 덤이다.

― 클라크 게이블

1. 평가

관계 개선의 첫 걸음은 관계를 평가하는 것이다. 그저 그런 수준의 관계가 특별한 관계로 탈바꿈할 수 있는 시점에서 왜 사람들은 머뭇거릴까? 게슈탈트 심리학에 따르면, 배우자를 선택하는 데 영향을 미치는 복잡 미묘한 문제들, 가령 원가족 문제 같은 게 있다. 게슈탈트의 원리에서 말하는 건 대부분의 사람들이 부모 중 한 명과 자신을 동일시한 다음 나머지 부모 같은 사람과 결혼하는 경향을 보인다는 내용이다. 매우 박식한 상담사가 들려준 설명이 기억난다. 그는 어린 시절이 관계에 어떤 영향을 미치는지를 설명하면서 실제로 세 가지 집단으로 구성된 영향력의 주체를 열거했다.

- 부모: 부모로부터 물려받은 긍정적 특징과 부정적 특징
- 어른: 결정을 내리는 이성적인 성인 자아
- 아동: 어릴 때 충족되지 못한 욕구와 관련되기도 하며, 어릴 때 그랬던 대로 반응하거나 특정 상황에서 지나친 반응을 보일 수도 있음

그 상담사는 내게 한 커플의 예를 들려줬다. 아내는 남편이 뭔가를 하거나 할 일을 잊는 것에 대해 화가 나면 미친 듯 폭언을 퍼붓곤 했다. 알고 보니 아내는 어린 시절 할 일을 마치지 못할 때마다 심한 언어폭력을 당하는 엄격한 양육 환경에서 자라났다. 아내의 노여움 때문에 남편은 자꾸만 움츠러들었고 하던 일도 더 못하게 돼버렸다. 남편은 기질상 갈등이 생기는 걸 아주 질색했다. 이런 모습 때문에 아내는 더 길길이 날뛰었다. 무시당한다는 느낌을 받아서였다. 그러면 남편은 공격 받는 느낌이 드니까 더 뒷걸음치고 움츠러들었다.

종종 사소한 문제 때문에 불거지는 그들의 분노와 후퇴의 점증 과정에는 확실히 성인 자아가 끼어들 틈이 거의 없었다. 대개 그들의 부모한테 받은 부정적 영향과 어른답지 못한 반응이 그 점증 과정을 심화시켰다.

그들은 서로의 정신적 역학 관계를 이해하게 됨으로써 마침내 대부분의 갈등을 싹부터 잘라낼 수 있었다. 아내는 마무리 안 된 일에 대해 절충하는 기술을 좀 더 발휘하면서 채찍보다는 당근이 더 효과적이라는 사실을 깨달았다. 남편은 부드럽게 달래고 살살 설득하는 말에 보다 잘 반응하게 되었다.

이 부부의 예를 보더라도 사랑과 헌신을 포기하지 않는 사람이라면 실제적으로 무엇이든 헤쳐 나갈 수 있다는 희망을 확인하게 된다. 유년기의 부정적 영향 때문에 이 부부는 작은 일에 걸맞지 않은 반응을 보이며 폭발하고 움츠러들 수밖에 없었다. 일단 상태를 평가하고 둘 사이 갈등의 원인을 수용할 수 있게 되자 잠재적으로 격발하기 쉬운 긴장 상태도 이성적 결론으로 끌어가는 게 가능해졌다. 이런 접근법을 우리 삶에도 적용한다면 대부분의 갈등과 충돌을 없앨 수 있을 것이다.

관계에 문제가 생겼다면 전문 상담이 좋은 해결책이 될 수 있다. 때로는 관계를 방해하고 있는 감정적 잡동사니를 제거하기 위해 전문가의 손길이 필요하기도 하다. 그렇다 해도 스스로 문제를 평가하는 데 솔직한 자세로 임하고 관계 개선을 위해 기꺼이 헌신한다면 자기 힘으로도 관계 문제를 해결할 수 있다.

2. 계획 수립

관계 개선을 위한 계획에는 차이점 극복, 과거지사 잊기, 상대방에게 다시 헌신하기 등이 포함된다. 상대방한테 선수를 빼앗기지 말아야 한다. 자신이 먼저 관계 개선을 위해 노력하고 상대에게 주겠다고 마음먹을 필요가 있다. 그런 헌신과 노력이 보상받는 경험을 하게 될 것이다.

현재 자신한테 가장 중요한 관계를 재점검하는 단계야말로 중년의 평가 항목 중 최고 난이도에 해당될 것이다. 내 개인의 경험에 비추어 고백하건대, 나는 이 부분에 있어서 해야 할 것보다는 하지 말아야 할 것에 대해 할 말이 많은 듯하다. 많은 경우 앞서서 살펴본 정서적 튜닝 단계를 똑같이 적용하면 도움이 된다. 가령 용서 같은 부분 말이다. 우리는 다들 중요한 관계에서 실수를 거듭하며 살아왔다. 어쩌면 기대치가 너무 비현실적이기도 했다. 인생에서 맺게 되는 중요한 관계, 이를테면 부부 관계에 대한 나의 롤모델은 너무 끔찍해서 나는 그런 관계를 아예 원하지도 않았다. 모든 부부 관계가 우리 부

모님 같지 않다는 사실을 이해하고 깨닫기까지 상당한 시간과 노력
이 필요했다.

앞에서 얘기한 감정적 응어리는 부부 관계에 영향을 미친다. 자신
의 감정적 응어리를 잘 건사한다면 관계에 임하는 태도도 좋아질 것
이다. 중년의 위기를 말해주는 주요 징후 중에는 관계에 대한 관심
결여, 흥분이나 충족감을 바깥에서 찾고 싶은 욕구가 있다. 그래서
불륜 같은 문제가 생긴다. 이는 매우 파멸적이고 충동적인 행동이다.

다른 모든 것과 마찬가지로 관계 역시 많은 노력을 요한다는 사실
이 핵심이다. 수많은 종교 단체들은 부부 관계 강화를 위한 주말 모
임이나 기타 프로그램을 진행하고 있다. 하지만 사람들은 그 모임에
참석하는 자체가 자기들한테 너무 문제가 많은 것처럼 보여서 아예
발을 들여놓지도 않는다. 그렇다면 얼마나 문제가 많아야 악화된 관
계라고 볼 수 있을까? 기준이 따로 있다고 생각하는가? 자기와 인생
을 함께 나누고 있는 사람을 위해 얼마간의 시간쯤 투자할 가치는 있
다고 생각하진 않는가? 뭔가 계속 배우러 다니거나 체육관에서 운동
할 시간은 있는데도 부부 관계 개선을 위해 시간을 투자하기는 꺼려
하는 사람들이 많아서 안타까울 따름이다.

오랜 기간의 관계에 대한 관점

오래 지속된 관계에 대한 올바른 관점 유지. 이것이 바로 관계적인 면의 궁극적 성공에 도달하는 확실한 해답이다. 부부의 행복을 가늠하려면 신혼여행보다는 결혼 50주년 기념일을 기준으로 삼아야 한다. 오랜 관계를 건강하게 유지하는 데는 내가 바라는 대로 상대방에게 해주는 것도 중요하지만 내가 바라는 것 말고 상대방이 바라는 대로 해줘야 할 때도 있다. 공감과 무욕, 그리고 상대방의 입장에 서볼 줄 아는 통찰력이 필요하다.

이제 우리는 같이 살 수 있는 성격은 어떠하며 오랜 관계에 심각한 영향을 끼칠 방해 요소는 무엇인지 판단해야 한다. 그리고 중요한 사실 하나! 사람이 변할 거라는 기대감에 의존해서는 안 된다. 대체로 사람들은 뭔가 바꿔보라는 요구를 받으면 분개하기 마련이다. 자기 행동이 받아들여지기 힘들다는 말을 들으면 긍정적 기분을 느끼기란 거의 불가능하다. 내가 그 사람과 같이 살 수 있는지 없는지에 대해 현실적인 평가를 내려야 한다. 누군가를 변화시키려고 애쓴다는 사실 이면에는 처음부터 관심을 가졌던 바로 그 사람이 아니므로 여하튼 바꿔보리라는 마음이 있다는 것이다. 일단 결혼해서 그 사람을 변화시키면 모든 게 다 좋아질 거라고 생각해선 안 된다. 관점을 유지하는 관계 속에서 부부가 적응하고 성장하고 함께 변화할 수 있는 능력, 이 능력이 곧 관계가 퇴색되느냐 마느냐를 결정짓는다.

관계와 인내력

관계를 오래 지속하려면 확실히 많은 노력이 필요하다. 이혼으로 문제를 해결하는 대신 사람들 대부분이 이혼을 침통하게 받아들이며 어떻게든 관계를 유지하며 살던 시절이 그리 오래 전 얘기가 아니다. 현재 미국 대부분의 주에서는 무과실 이혼이 허용되고 결혼 무효화 과정이 꽤 쉬워졌다. 추가 너무 심하게 흔들려 멀리까지 와버린 모양이다. 회복 가능성이 있는 관계인데도 사람들은 개선의 노력을 기울이기보다는 취소해버리는 쪽으로 아무렇지 않게 돌아서버린다.

루이지애나 주는 이른바 '서약 결혼' 제도를 시작했다. 결혼을 무효화하기로 결정짓기 전에 부부가 상담을 받아야 하는 법적 구속력이 생긴 것이다. 말하자면 인내력이 법적 필요조건으로 부과된 셈이다. 바라건대 모든 사람들이 좋은 관계를 유지하는 행운을 누리길 바란다. 부부 관계를 유지하는 사람이라면 그 관계가 더없이 좋아지도록 노력하길 바라고, 아직 짝을 찾지 못했다면 부디 자신이 찾고 있는 사람을 발견해서 사랑을 얻고 인내가 보상받길 진심으로 바란다.

나는 카렌을 만나기 전까지 기본적으로 결혼이란 걸 아예 포기하고 있었다. 앞서 언급했지만 나는 오랜 연애 끝에 결국 아무 소득 없는 모양새로 마무리한 경험 때문에 마음이 단단히 꼬여 있었다. 내가 생각하기에 나는 내 생활방식에 가장 잘 맞는 편안한 관계 속에 그냥저냥 어울리면서 꽤 많은 시간을 보냈던 것 같다. 관계라는 사다리를 타고 좀 더 위로 올라가는 데 아무 관심이 없었다. 내가 하는 다른 일이나 목적에 방해가 된다는 이유 때문이었다. 돌이켜보면 나를 아낌

없이 주는 게 싫었던 모양이다.

그런데 카렌을 만나자마자 모든 게 확 바뀌었다. 카렌에게 깊은 매력을 느꼈던 나는 순식간에 사랑에 빠졌다. 단순히 열병처럼 불타던 마음이 사랑으로 변해갈 즈음 드디어 나는 관계에 임하는 나의 모든 문제와 독대해야 하는 상황에 이르렀다. 쉽지 않았다. 관계에 대한 내 전체 패러다임을 바꿔야 했고, 관계 문제뿐 아니라 계속 해결하지 못했던 원가족 문제와도 직면해야 했다. 나한테 많은 도움을 줬던 상담사가 이런 얘기를 했다. 우리는 미해결된 유년기 문제를 우리스스로 해결하게 도와주는 사람을 만나 짝을 이루는 경향이 있다는 내용이었다.

여동생이 결혼하고 사촌들이 결혼하는 동안에도 나는 독신주의자처럼 버티고 버텼다. 사촌의 자녀들까지 결혼하는데도 여전히 싱글이던 내가 카렌을 만나 사랑에 빠진 이후로 드디어 내 마음의 충고를 받아들이고 결혼을 하게 되었다. 나 같은 사람도 관계에 대한 접근법을 튜닝할 수 있었으니 누구든 가능하리라 장담한다.

6

신체적 튜닝

폴스타프가 죽어라 땀을 흘린다.
그의 걸음걸음마다 메마른 땅으로 육수가 뚝뚝 떨어진다.
— 셰익스피어

나는 다른 사람보다 살집이 많으니 약점도 많을 것이오.
— 셰익스피어

신체적 튜닝이 열정을 만든다

… 거의 매일 의학계는 획기적 결과물을 내놓고 세상은 더없이 풍족한 사회가 되었는데도 중년들은 심각한 건강상 위기에 처해 있다. 사고방식을 좋은 쪽으로 변화시키고, 체력과 원기를 높여주고, 행복감을 높이는 데는 충분한 영양 섭취, 운동, 휴식으로 구성된 신체적 튜닝만한 게 없다.

적절한 영양 공급이란, 식료품계의 변방에 있는 몸에 좋은 식품을 섭취하고 손에 잘 닿는 중심 지대에 놓인 몸에 나쁜 음식을 피하거나 줄인다는 뜻이다. 즉 신선한 과일, 채소, 기름기 적은 육류, 가금류, 생선, 곡물, 지방이 적은 유제품을 많이 섭취하고, 가공 식품, 쇠고기, 단 과자류, 냉동 피자 등을 덜 먹어야 한다. 또한 카페인, 알코올 등을 과다섭취하지 않고 담배도 끊는 게 좋다.

유산소 운동과 근력 강화 운동을 배합해 규칙적인 운동을 해야 한다. 일주일에 3~4회 45분씩 꾸준히 운동을 하면 건강에 큰 보탬이 된다. 일단 운동을 시작하면 운동의 효과가 차츰 줄어드는 경향이 있으므로 적당한 운동 요법을 고수해야만 좋은 결과를 얻을 수 있다.

신체적 튜닝의 마지막 요소는 휴식이다. 우리 심신이 최선의 기능을 유지하려면 일정량의 휴식이 필요하다. 대체로 8~9시간의 수면 시간이 필요한데 각자 자신에게 필요한 휴식량이 얼마인지 판단하고 그에 따라야 한다.

적절한 영양 섭취, 규칙적인 운동, 충분한 휴식은 모두 신체적 열정을 위한 주요 성분이다. 내 경험상 적절한 건강관리법을 충실히 따랐을 때 생활을 꾸려가는 힘이 최대치였던 기억이 난다. 특히 스트레스가 많은 시기에도 나는 운동 덕분에 내 삶을 잘 운용할 수 있었다. 신체 활동을 하면 엔도르핀이 배출되는데 이 호르몬은 자연스럽게 행복한 기분을 느끼게 해준다. 격렬한 운동 후 맛보는 도취감, 이른바 러너스 하이(보통 30분 이상 달린 후 느껴지는 쾌감)를 실제로 경험할 수 있으며 이를 통해 굉장한 에너지 충전 효과를 맛볼 수 있다. 나는 달리기뿐만 아니라 다른 유산소 운동을 통해서도 이 기분을 수차례 느껴봤다. 신체적 튜닝은 우리 영혼의 열정을 각성시키는 것은 물론 인생관과 전반적 수행 능력 모두 개선시킨다. 외면을 새롭게 해서 자신을 재정비하는 것만큼 내면적으로 더 기분 좋아지게 만드는 방법은 없다. 적절한 식습관과 운동은 외모에 극적인 변화를 가져다주며 에너지를 높이고 태도 개선에도 도움을 준다. 신체적 튜닝을 통해 생활 전반의 유효성을 높이고, 행복을 키워가며, 수명도 연장할 수 있도록 시간을 투자해야 한다.

건강한 생활습관을 목적으로 삼기

국가들이 사라졌고 흔적조차 남지 않았다
그리고 역사는 노골적인 이유를 제시한다
모든 경우에 해당되는 단 하나의 간단한 이유
국민이 건강하지 않았으므로 국가가 쓰러졌을 뿐이노라
— 루디야드 키플링,《정찰대를 위한 대지와 대양의 전설》

우리는 건강을 잃기 전까지는 건강을 당연시한다. 유감스럽게도 건강의 소중함을 자각할 즈음에는 이미 늦었을지도 모른다. 우리한테는 모두 특정 질병에 대한 유전적 소인이 있긴 하지만 적절한 식습관과 운동으로 확실히 건강을 증진시킬 수 있다. 미국 암학회에 따르면 현대 사회의 가장 치명적 질병의 발병률도 운동과 식습관으로 대폭 낮출 수 있다. 그런데도 우리는 왜 건강한 생활방식이 이롭다는 증거를 죄다 무시하며 사는 걸까?

여느 다른 생활의 변화와 마찬가지로 건강과 관련된 변화도 '첫 단추 채우기'가 어려운 법이다. 넘쳐나는 정보와 선택 사항 틈에서 시작도 하기 전에 숨이 턱 막힐 수도 있지만, 건강한 생활습관을 택한다면 단 몇 가지만 바꾸고도 무수한 혜택을 얻게 될 것이다.

일단 이렇게 자문해보자. 내 기분은 어떤가? 겉모습은 어때 보이는가? 신체 상태는 최고인가? 혹은 지금 해결해야 할 건강 문제가 조금이라도 있는가?

우리 목적은 올림픽 챔피언이 되는 것도 아니고 근육맨이나 모델이 되는 것도 아니다. 적절한 식습관과 운동을 통한 건강한 생활방식을 채택해 오래오래 건강한 삶을 지속하는 것이 우리의 목표이다.

많은 사람들은 피트니스클럽이라는 말에도 더럭 겁을 먹는다. 신체 활동과 관련된 일과를 바꾼다는 생각만으로도 울렁증이 생길 정도다. 더구나 중년층 중에는 어리고 팔팔한 사람들 앞에 자기 몸을 드러내는 게 꺼려지기도 하고 일이 바빠 운동 시간을 내기 힘든 사람도 있다.

하지만 시간에 쫓기는 사람들을 위한 건강관리 방법도 많이 있다. 여성 전용 서킷 트레이닝 프로그램이나 남성 전용 운동 프로그램도 찾아보면 곳곳에 많이 있다. 피트니스센터, YMCA, 건강 관련 시설, 운동 클럽 등 건강관리 프로그램에 참여할 곳은 얼마든지 있다. 구나 시 단위로 운영되는 시설은 비용도 저렴하기 때문에 예산이 빠듯하다면 좋은 선택이 될 것이다. 또는 집에서 사용할 수 있는 운동기구를 구입해도 된다.

적절한 영양 공급과 운동으로 힘 충전하기

피로는 우리를 전부 겁쟁이로 만든다.
— 빈스 롬바르디

1. 적절한 영양 공급

적절한 영양 공급에 필요한 기본 요소는 저당 탄수화물, 기름기 적은 단백질, 허용 범위 내의 지방, 섬유질이다. 아래에는 허용 가능한 식품과 그렇지 않은 식품이 정리돼 있다. 흔히들 생각하는 것과는 달리 적절한 영양 섭취는 그다지 어렵지 않다. 다음은 잊지 말아야 할 중요 지침이다.

- 카페인과 정제 설탕을 과다 섭취하지 않는다.
- 가공 식품을 피한다.
- 신선한 과일과 채소를 많이 섭취한다.
- 생선과 기름기 적은 육류를 섭취한다.

유행하는 다이어트 프로그램을 보면 이런 과정을 굉장히 복잡하게 만들지만 사실은 전혀 복잡할 필요가 없다. 기름진 음식과 정제 설탕 대신 복합탄수화물과 단백질을 섭취하면 된다. 과일과 채소를 더 많이 먹고 셀로판 포장재로 포장된 식품을 피하는 정도의 노력이 필요하다. 일하느라 바쁜 요즘 사람들을 위해 식사 대용 에너지바나 영양 음료 등이 많이 나와 있는데 이런 식품들은 건강에 좋은 영양 공급원 역할을 한다.

빌 필립스가 쓴 책《바디 포 라이프Body for Life》를 보면 복합탄수화물과 단백질을 1:1 비율로 하루 여섯 차례 섭취하라는 권고 사항이 나온다. 처음에는 나도 하루 여섯 끼를 먹는 게 다소 어렵게 느껴졌지만 이제는 하루 종일 조금씩 자주 먹으려고 노력한다.

과식을 하지 않는 것이 중요하다. 특히 하루 중 후반부는 특히 조심해야 한다. 늦은 시간에 섭취한 칼로리는 체내에 축적되기 쉽다. 핵심은 식사를 간소화하는 것이다. 건강에 좋은 음식을 먹는 습관을 길러야 한다. 일단 습관이 들면 차츰 본능적으로 올바른 먹거리를 찾게 된다.

2. 운동

운동으로 힘을 충전할 수 있다. 식습관 관리와 더불어 운동을 병행하면 효과는 배가된다. 각자에게 맞으면서 재미를 느끼는 운동을 찾아야 한다. 자전거 타기, 달리기, 에어로빅 등 종목을 두루 찾아본 다음 하나를 택해서 매일 꾸준히 해본다. 운동을 마무리한 뒤 에너지가 충전된 느낌만큼 만족스러운 기분도 없을 것이다.

신체적 튜닝 계획

　신체적 튜닝은 유행하는 다이어트법을 따르거나 어쩌다 한 번씩 몰아서 운동하는 것이 아니라 생활방식이라는 커다란 틀을 바꾸는 데 전념하는 것이다. 새해 결심을 한들 중도에 흐지부지되기 일쑤다. 단기간에 결판을 내겠다고 덤벼들어서 그렇다. 얼마 동안 10kg을 감량해야지 이런 게 아니라 생활방식을 바꾸겠다는 장기 계획을 세워야 한다. 체중 감량이나 자제하기 등에 집중하기보다는 생활방식을 바꾸는 데 집중하는 게 핵심이다. 속성 다이어트, 몇 주간의 운동 프로그램 대신 궁극적으로 생활방식에 녹아들어갈 수 있는 점진적 단계를 밟아야 한다.

　우리는 쉴 새 없이 돌아가는 바쁜 세상에 산다. 이상적 식단에 딱 들어맞는 식사를 준비할 시간이 없다. 하지만 일단 일상의 과정을 잘 확립해두면 분명 시간을 낼 수 있을 것이다. 아침에 패스트푸드점 드라이브인으로 향하는 대신 과일과 채소를 챙겨 나가보자. 나는 아침마다 저지방 탄수화물바와 사과, 배를 들고 출근한다.

　건강한 식습관은 작은 선택에서 시작된다. 샐러드드레싱 줄이기, 전유 대신 스킴 밀크 마시기, 튀긴 음식 대신 구운 음식 주문하기, 스테이크 대신 생선이나 가금류 요리 주문하기 등 여러 가지가 있다. 신선한 채소에 분명 영양소가 풍부하게 함유돼 있긴 해도 늘 신선한 채소만 먹기는 힘들다. 때로는 냉동 채소나 캔에 든 채소를 먹어야 할 때도 있는데 그것도 괜찮다. 해로운 음식을 먹는 것보단 낫다. 항상 완벽하게 식단에 맞춰 먹기는 불가능하므로 자기 상황에서 최대한 좋은 음식을 찾아 섭취하면 된다. 적절한 생활방식에 맞는 선택 쪽으로 계속 방향을 틀어가다 보면, 체중 조절도 되고 에너지도 생기며 기분이 좋아지는 건 물론 수명도 연장된다.

생활방식 변화에 관한 계획을 세울 때 무리하지 않도록 주의해야 한다. 변화를 줘보겠다고 헬스클럽에 등록하고 개인 트레이너를 쓰고 영양사를 고용하고 최신 식이요법이란 식이요법은 몽땅 시도해 보는 등 강박적으로 접근할 이유가 전혀 없다. 이 모든 방법이 물론 나쁜 건 아니지만 자기에게 맞는 적당한 목표를 정해서 그에 따른다면 훨씬 좋은 결과를 얻게 된다. 다이어트를 실시한 25,000명을 대상으로 한 최근의 연구에 따르면, 체중을 감량한 사람들은 특정 그룹에 속해서 다이어트를 한 게 아니라 자기 혼자서 식이요법 과정을 따랐다고 한다.

우리는 앞에서 운동의 이점에 대해서도 살펴봤다. 운동은 수없이 다양한 방면에서 도움을 준다. 신체적, 정신적으로 기분을 좋게 하는 것은 말할 것도 없고 식욕을 억제하는 데도 효과가 있다. 운동 계획을 세울 때는 반드시 현실적이어야 한다. 자신이 하고 싶은 신체 활동을 찾아 일과의 한 부분으로 삼고 착실하게 해나가야 한다. 생전 운동이라곤 해본 적 없는 사람이라면 개인 트레이너의 도움을 받는 것도 좋다. 그리고 여유가 있다면 트레이너의 지도를 받아 운동하는 횟수를 한 번으로 그칠 게 아니라 최소 5~10회 정도로 일정을 잡는다. 단 한 번 트레이너와 만나서 운동하는 것으론 충분하지 않다. 운동 순서를 제대로 숙지하고 몸에 익히려면 보통 5~10회차가 필요하다. 운동 프로그램을 보다 규칙적으로 따를수록 운동 일과를 꼬박꼬박 잘 지킬 가능성이 높아진다. 내가 경험해본 바로는 그러하다. 나는 수년간 드문드문 1회차 운동 프로그램을 실시했다. 나중에 나와 친구가 된 트레이너가 10회차 일정을 잡는 게 좋다고 설득했다. 나는 10회라는 소리에 약간 숨 막히는 느낌이 들었지만 트레이너의 조언을 따르기로 했다. 운동 프로그램을 몸에 익히는 데 확실히 도움이 되었고 결과도 놀라웠다. 그렇다고 반드시 트레이너를 고용해야 하는 건 아니다. 운동 클럽의 건강 컨설턴트에게 도움을 청할 수도 있다. 단, 얼마나 관심을 갖고 도와주느냐, 경험이 많으냐 적으냐에 따라 그들의 도움은 천차만별일 것이다.

운동 계획에는 웨이트트레이닝과 심장혈관운동(유산소 운동)이 배합되어야 한다. 피트니스 클럽에 따라 유산소 운동과 근력 운동이 결합된 서킷 트레이닝을 실시하는 곳도 있다. 이 훈련은 30분 단위로 쪼개져 있어서 바쁜 사람들을 위해 적합하다. 30분 운동이 별 거 아닌 듯하지만 일단 꾸준히 실행해보면 좋은 결과가 속속 나타나기 시작할 것이다. 너무 무리하지 않으면서 매 운동 시간에 최선을 다한다. 힘들 수도 있지만 즐기려고 노력해보자. 운동 기구 하나하나에 다 덤벼들어 해치워버리겠다는 듯 운동한 뒤 온몸이 너무 쑤셔 다음 날 운동을 못하는 불상사는 만들지 말자. 우리의 목표는 단번의 결과가 아니라 단계적인 변화이다.

운동의 중요한 한 축이 바로 근력 훈련이다. 연구 결과에 나와 있다시피 강한 근육일수록 더 오래 사용할 수 있고 뼈대 강화에도 도움이 된다. 근력 훈련은 원기 회복에도 탁월한 효과를 보인다. 나는 꽤 오랫동안 슬건(오금의 힘줄)에 문제를 달고 살았기 때문에 사실상 달리기도 제대로 못했다. 달리기는 내가 선택한 유산소 운동이었는데도 여의칠 않았다. 개인 트레이너와 함께 운동을 하면서 다리 들어 올리기를 하고 나서야 근육의 상처 조직을 제거할 수 있었고 마침내 통증 없이 달릴 수 있게 되었다. 저항력 훈련 또한 노화 과정을 늦춰준다. 단, 모든 운동 전에 반드시 스트레칭하는 시간을 둬야 한다.

트레이너들은 대개 운동 기계를 사용하지 않고 바벨과 덤벨로 운동을 하는 프리웨이트를 권한다. 초보자들은 올바른 방법으로 기구를 사용할 수 있을 때까지는 기구 운동을 피해야 한다. 그렇지 않으면 괜한 시간 낭비를 할 뿐 아니라 잘못 사용해서 부상 위험도 커진다. 자세, 호흡, 적절한 방법이 결합되어야 최상의 효과를 낼 수 있다. 특히 남자들은 자기가 얼마나 무거운 걸 드는지에 따라 실력 향상의 정도를 가늠하려고 한다. 하지만 몇 킬로그램을 드느냐가 문제가 아니라 정확한 방법으로 자신의 최대치를 드는 것이 중요하다. 운동할 때 들고 내리고, 밀고 당기고 등의 양방향 저항력을 키우고 있는가? 혹시 미는 데만 집중하고 돌아오는 저항력은 신경 쓰지 못하는 건 아닌가? 만약 그렇다면 운동 효과의 반은 놓치고 있는 셈이다.

예산이 빠듯하다면 구립, 시립 운동센터를 활용해보라. 사설 헬스클럽보다 비용이 저렴하다. 이전에 운동 근처에도 안 가본 사람이라면 어떤 식으로든 클럽에 들어가는 게 최선이다. 그래야 올바른 지시에 따라 운동 프로그램을 진행할 수 있다.

신체적 튜닝의 관점 유지

헬스클럽에 발을 들여놓기가 겁나는 이유를 꼽으라면 아마 이거 아닐까? 여기저기 몸 좋고 늘씬한 사람들이 땀 흘리며 운동하는 광경을 보노라면 차라리 그 모습은 위협처럼 다가온다. 나도 잘 아는 기분이다. 나 역시 그런 광경 앞에 너무도 쉽게 기가 죽었다. 무서웠던 것도 같다. 하지만 자신이 얼마나 발전했는지, 얼마나 실력이 늘었는지 판단하는 사람은 다름 아닌 자기 자신임을 잊지 말자. 운동 프로그램을 충실히 따르면 결국에는 본인이 효과를 감지하기 시작할 것이다. 같은 관점을 식습관에도 적용해보자. 다른 사람과 비교할 필요도 없다. 착실하게 조금씩 목표를 향해 나아가는 스스로의 발전 정도를 측정하면 된다. 마치 돈을 투자하듯 자기 몸에 투자한다고 생각하고 그 투자의 이익금을 받는 유일한 사람이 바로 자신이라는 점을 잊지 말자. 그리고 건강한 생활방식의 효과를 완전히 실감하기까지 몇 주, 몇 달이 걸린다는 사실을 알아둬야 한다.

적절한 영양 섭취와 운동이 기존의 일과 속에 스며들어 지속되는 시간이 늘어날수록 변함없는 평생의 일과가 될 가능성이 높아진다. 우리가 운동에 할애할 수 있는 시간은 대체로 다른 요구 사항에 좌우된다. 나 같은 경우는 아침 운동 덕분에 하루에 필요한 에너지가 더 많이 충전되는 것 같다. 비몽사몽이다가 정말로 잠이 깰 즈음 운동이 거의 끝나곤 한다. 저녁 운동이 더 편하고 좋은 사람들도 있다. 여성들은 아침에 이것저것 준비할 시간이 좀 더 필요하므로 저녁 운동이 적합할 수 있다. 예전에 나는 큰일을 진행 중일 때 운동을 그만두곤 했다. 가령 책을 쓴다든가 선거 운동을 한다든가 할 때면 운동할 짬이 없었다. 이렇게 규칙적으로 운동을 할 수 없던 시기에는 괜히 좀이 쑤시고 안절부절 못했다. 그래서 머릿속을 정리하기 위해 체육관으로 달려가야 했다. 집중력을 바짝 높여 하루를 시작하게 해주는 데 아침 운동만큼 좋은 건 없다. 운동을 하는 동안 마음의 틀을 제대로 가다듬고 그 틀 안에서 나를 잘 정리한 다음 남은 긴 하루를 보낼 수 있었다. 현재 나는 15년 전에 비해서 심리적으로도 안정돼 있고 에너지도 넘친다. 가장 큰 이유는 생활방식을 바꿨기 때문이다.

다음은 미국건강재단이 제안하는 권장 사항이다. 신체적 튜닝에 대한 관점을 유지하는 데 좋은 길잡이가 될 것이다.

건강을 위한 황금률

1. 매년 건강 검진을 받는다.
2. 금연한다.
3. 술은 적당히 마신다.
4. 열량을 계산한다.
5. 콜레스테롤 섭취에 유의한다.
6. 영양가에 대해 알아둔다.
7. 여가 생활과 휴가를 즐길 시간을 정해둔다.
8. 일상의 압박감을 조절한다.
9. 운동 프로그램을 짠다.
10. 자신의 신체적 능력과 한계를 이해한다.

신체적 건강과 인내력

곤경이 사라지고 방해물이 자취를 감추기 전까지 인내와 끈기는 마법 같은 힘을 발휘한다.

— 존 퀸시 애덤스

꾸준히 운동을 하고 식습관 관리를 하려면 인내 말고 뭐가 더 필요하겠는가. 수년간 헬스클럽에 다닌 사람으로서 내가 본 헬스클럽 단상은 이러하다. 매년 1월에는 몸매를 바꿔보려는 사람들로 헬스클럽 안이 늘 북적인다. 하지만 1월 말쯤 되면 운동하는 사람들 수는 다시 보통 수준으로 돌아간다. 그 즈음이면 새해 결심 대부분이 아스라이 사라질 때가 된 것이다. 꾸준히 오던 사람들은 그대로 있는데 새 회원들 대부분이 싹 빠져 나간다. 그 회원들과 헬스클럽의 연결 고리는 오로지 매달 계좌에서 인출되는 회비밖에 없다. 식단 관리도 마찬가지다. 끊임없이 식이요법을 시작만 하는 친구들이 있다. 지난번 시작한 다이어트도 못 끝냈는데 계속 뭔가를 새로 시작한다. 제대로 끝내본 식이요법이 있는지 의문이다. 만약 그 친구들이 끈기 있게 계속 식이요법을 따른다면 새로 시작할 일은 없을 것이고, 그저 정상 체중을 유지하기만 하면 될 것이다. 건강한 식습관과 적당한 운동을 양축에 두고 생활방식을 바꿔가려면 인내력을 발휘해야 한다. 효과를 감지하기까지 얼마간 시간이 걸리겠지만 효과는 반드시 나타난다. 양적으로 질적으로 훌륭한 한 해 한 해를 늘려가게 될 것이다.

7

지적 튜닝

선무당이 사람 잡는 법
영감의 샘물을 맛만 보지 말고 벌컥벌컥 들이켜라
한 모금 마시면 머리가 취할 뿐이지만
한껏 들이키면 정신이 다시금 맑아지리니
— 알렉산더 포프, "비평론An Essay on Criticism"

배움의 열정 키우기

… 우리 사회가 정보화 시대 속으로 더욱더 깊숙이 진입함에 따라 지식의 가치는 아무리 강조해도 지나치지 않게 되었다. 과학기술과 각종 처리 과정이 얼마나 빠른 속도로 변하고 있는지 다들 잘 알고 있기 때문에 우리는 새로운 아이디어와 정보로 머릿속을 계속 채울 수밖에 없다. 책, CD, 인터넷, 각종 미디어 등을 통해 쏟아지는 어마어마한 정보는 우리를 도와주는 동시에 질리게도 한다. 하지만 우리는 지적으로 흥미로운 시대에 살고 있으므로 폭발하듯 급증하는 정보에 그리 겁먹을 이유가 없다. 배움에 대한 열정을 키우면 되지 않겠는가. 시장에 히트 상품이 나올 때마다 새로운 장치를 죄다 섭렵해야 한다는 뜻이 아니라 가장 중요한 변화와 정보를 받아들이고 배움에 대해 열린 자세를 취하라는 말이다.

목적은 평생학습

배움이란, 주인이 어딜 가든 동행하는 보물이다.
— 중국 속담

신체적 튜닝과 비슷하게 지적 튜닝 역시 평생에 걸친 노력을 요한다. 나는 지적 토대를 든든히 하고 시대의 흐름을 놓치지 않기 위해 몇 가지 종류의 정기 간행물은 물론 매년 50~75권의 책을 읽는다. 이 얘기에 괜히 헉 하고 놀랄 필요는 없다. 생각만큼 불가능한 일은 아니다. 나는 잡지를 볼 때 처음부터 끝까지 다 읽는 게 아니라 먼저 목차를 살펴본 후 관심 가는 기사를 정독하고 나머지는 대충 훑어본다. 중요한 기사가 있으면 스캔해서 컴퓨터에 저장한다. 책과 관련된 나의 비밀 무기는 오디오북과 CD들이다. 사실 내가 '읽은' 책 대부분은 차에서 '들은' 것들이다. 운전을 하는 등 다른 일을 하면서도 책을 읽는 효과를 볼 수 있기 때문에 오디오는 꽤 편리한 학습 방법이라 할 수 있다.

평생학습의 또 다른 비결은 한가한 시간을 생산적으로 쓰는 것이다. 이런 시간이 얼마나 많이 쌓일 수 있는지, 짬나는 시간마다 배울 수 있는 게 얼마나 많은지 알게 되면 깜짝 놀랄 것이다. 나 역시 그랬다. 약속 시간까지 잠깐 남은 시간, 버스나 전철, 비행기를 타기 전 대기 시간이 모두 유용하게 쓰일 수 있다. 그리고 운전을 많이 하는 사람이라면 차 안을 대학 강의실로 삼아 교육용 CD나 자기계발 오디오북을 들으며 오디오 학습의 장으로 만들면 된다.

배움의 힘

우리는 자기 지평을 넓히기 위해 날마다 해마다 배우고 또 배워야 한다. 사랑하는 것이 많을수록, 관심 가는 것이 많을수록, 즐기는 것이 많을수록, 분개하는 일이 많을수록, 똑같은 일을 겪어도 더 많은 것을 남기게 된다.
— 에델 배리모어

배움을 통해 힘을 충전하는 한도가 얼마나 넓은지 절대 과소평가하지 말자. 단 한 개의 새로운 아이디어가 자산을 늘리고 제국을 건설할 정도다. 그런 아이디어는 새로운 정보를 통해 추동된 경우가 많았다. 그러므로 정신적으로 늘 촉각을 세워 새로운 정보를 받아들이는 자세가 더없이 중요하다. 자기 관심사와 취미, 직업적인 부분에서 현재의 흐름을 놓치지 말아야 한다. 정신을 활동적 상태로 유지해주는 것을 읽고 흡수해야 하며, 끊임없이 스스로 도전 의식을 북돋우고 정신적으로 성장할 필요가 있다.

전문적 지식이나 학문은 분명히 지식 경제계의 주 거래단위이다. 성공하기 위해서는 자기 직업 분야에서 권위자가 되어야 한다. 박학다식해야 한다거나 굉장히 똑똑해져야 한다는 말이 아니라 자기 분야에 대한 권위를 얘기한 것이다. 직업 튜닝에서 살펴봤듯이 하루에 단 한 시간만 자신에게 투자해도 자기 직업의 권위자가 될 수 있다.

직업 분야의 지식적 요구는 특히나 무시무시하다. 더구나 자기 사업과 관련된 정보 흐름을 처리하기 힘들 때가 많다. 무역 저널, 잡지,

신문, 시사 회보, 기타 정보 자료들이 꾸준히 책상 위로 폭포처럼 쏟아지는 것 같다. 무한한 전자 정보 세상과 온라인 세계는 아직 셈에 넣지 않았는데도 그렇다.

직업적인 부분과 개인적인 부분뿐만 아니라 인생 전반에 도움이 될 정보, 동기부여를 해줄 정보, 최대 능력을 발휘하는 데 쓸모 있는 정보도 많이 있다.

개개인의 대화 기술을 향상시키는 자기계발 프로그램을 만든 데일 카네기는 오늘날의 인간관계 기술 및 개인의 유효성 고양 프로그램의 선구자가 되었다. 웨인 다이어 박사가 우리에게 가르친 부분은 '한계 없는' 사람이 되는 법이다. 토니 로빈스는 보다 효과적인 의사소통을 위해 신경언어학 프로그래밍(NLP)을 활용하라고 주장한다. 스티븐 코비 박사는 가장 효과적인 삶을 꾸려가는 사람들의 일곱 가지 습관에 대해 들려준다. 디팩 초프라는 노화와 싸우는 전략, 우주의 총체적 지혜를 입력하는 방법으로 우리를 무장시킨다.

이러한 자기계발 분야의 스승뿐만 아니라 여러 동기부여 강연가들이 채택하는 소재 대부분은 영고불변의 지혜, 경영개발 전략, 상식에 바탕을 두고 있다. 각 저자는 기본 소재에다 자기 나름의 특정 견해를 가미한다. 말하자면 다른 이들에 비해 독특하고 성공률이 높은 해석을 덧붙이는 것이다. 내가 접해본 자기계발 전략 중에는 극단적으로 단순화하거나 과대 선전된 것들도 있었다.

우리가 좋은 태도를 지니고 문제에 대해 아는 게 생겼다고 해서 문제가 그냥 사라지지는 않는다. 아는 게 힘이긴 하지만 개인의 발전에 가장 중요한 정보에 집중하는 효과적인 지적 튜닝 계획을 세워야 한다.

평생학습 계획 세우기

지혜는 오직 고통을 통해서 오는도다.
— 아이스킬로스, 《아가멤논Agamemnon》

평생학습 계획을 세우는 데는 자기 경력에 도움이 되는 지식 평가 과정, 흐름에 뒤쳐지지 않으면서 가치 있는 부분을 배우는 전략 수립 과정이 포함된다.

다음은 평생학습 계획 수립에 중요한 다섯 가지 단계다.

1. 학습이 필요한 영역에 집중한다. 경력, 개인 영역, 자기계발 등.
2. 매일 한 시간씩 학습 시간에 투자한다. 저녁에 무의미한 인터넷 서핑이나 텔레비전 시청으로 보내는 시간을 개인 성장의 시간과 맞바꿀 필요가 있다.
3. 여건이 된다면 교육 프로그램을 신청한다.
4. 자신에게 가장 중요한 분야의 세미나 혹은 무역 박람회를 해마다 적어도 한 번은 참석한다.
5. 한가한 시간을 효과적으로 쓰고 시간을 최대한 활용하기 위해 오디오 자료와 요약본을 사용한다.

학습의 관점 유지하기

생각 없이 배우기만 하면 얻는 것이 없고, 배우지 않고 생각만 하면
위태로우니라.
— 공자, 《논어》

　배움의 관점을 유지하는 방법은 선별력을 높이고 과도한 부담을
피하는 것이다. 알다시피 세상에는 말 그대로 무한대의 정보가 넘실
댄다. 수많은 정보 앞에서 자기 경력과 인생에 가장 중요한 역할을
할 정보원에 초점을 맞추는 능력이 요구된다. 동일 분야 내에서도 선
택적으로 정보를 취해야 한다. 목차를 보고 어떤 부분이 가장 중요한
지 미리 판단한 다음 그 부분을 꼼꼼하게 읽고 나머지는 훑어보면 그
만이다.

　읽을거리에 대해 선별력을 갖게 되면 정말로 중요한 것들에 집중
하는 힘이 생긴다. 모든 정보가 다 똑같은 무게감을 지니는 건 아니
다. 상대적으로 훨씬 더 중요한 정보가 있기 마련이다. 때로는 새로
운 내용을 읽기보다 특별히 중요한 내용을 다시 읽는 게 낫다.

　배움의 관점 유지는 좋은 정보 검색 방법을 구축하는 능력과도 연
관된다. 나는 오랫동안 많은 정보를 프린트물로 보관했다. 이럴 경우
이 정보는 데이터라기보다는 뒤죽박죽 물건 더미처럼 보였다. 그때
스캐너가 눈에 들어왔다. 스캐너는 정보를 디지털화하는 데 매우 유
용한 기계였다. 내가 갖고 있는 정보를 사용하기 한결 더 수월해졌음
은 말할 것도 없다.

배움과 인내력

교육이 지금의 우리 모습을 만들었다.
— 클로드 아드리앵 엘베시우스, 《담론Discours XXX》

일면 지겨운 느낌도 들지만 평생에 걸친 배움의 길을 묵묵히 참아내야 한다. 모든 위대한 예술가들은 끊임없이 훈련과 연습을 이어가면서 죽는 순간까지 배움을 놓지 않았다. 그러니 인내하며 꾸준히 배워야 한다. 과학기술과 정보의 홍수에 휩쓸리지 말고 압도당하지 말고 그저 자신의 학습 계획만 붙들고 가면 된다.

8

영성 튜닝

먼저 알아둬야 할 것이 있으니
천공과 대지와 태양을,
달의 어슴푸레한 구체와 별빛 총총한 행렬을,
영혼이 고이고이 길러냈도다.
그 빛나는 지성의 불꽃이 곳곳에서 빛을 발하며
장엄한 온 천지를 휘젓는구나.
― 베르길리우스

규칙적 영성 훈련을 위한 열정 키우기

··· 나는 꽤 오랫동안 대학에서 비즈니스 과목을 가르쳤다. 상법 수업 중 하나는 미국 법체계의 기원과 발전에 대해 논하는 것이었는데, 미 헌법 작성에 도움을 준 미합중국 헌법 제정자들이 쓴 문서를 다시 읽어보면서 나는 그 내용에 담긴 종교적 속성을 알고 솔직히 꽤 놀랐다.

그들은 창조주와 한 국가 조직의 관계를 인정하는 데 주저하지 않았다. 종교 박해 상황이 발생하지 않도록 헌법이 교회와 국가의 분립을 명시했다 하더라도, 헌법 제정자들은 신에게서 영감을 받았다는 사실을 굳이 비밀에 부치지 않았다. 이들은 개개인이 창조주에게 인권을 부여받았다는 원칙에 기초해서 정부를 설립했다. 말하자면 미국이라는 국가는 영적인 토대 위에 설립되었고 그 토대 위에서 개인의 자유가 창출되고 보존된다고 보면 된다.

"모든 사람은 평등하게 태어났고, 창조주는 몇 개의 양도할 수 없는 권리를 부여했다."는 신조는 오늘날 미국 사회의 초석이 된다. 미합중국을 세운 이들은 창조주가 국가 조직에 힘을 부여했으며 이 사실이 정부 및 다른 기관들이 존재하는 유일한 이유라는 점을 인정했다.

영성은 한 사람의 인생에서 중심점이 될 수 있다. 이런 의미에서 나는 나중을 위해 가장 좋은 것을 아껴뒀던 참이다. 평온함으로 가는 진정한 길은 영성 튜닝 위에 놓여 있다. 역경에 대처할 줄 알고 최선을 다해 살고 진심으로 행복해하고 도덕적인 삶을 사는 사람들을 보면 공통적으로 든든한 영적 토대 위에 서 있음을 확인할 수 있다.

《아직도 가야 할 길》에서 펙 박사는 우리 인간에게 찾아온 넘치는 은혜와 자비, 그리고 본디 영적 존재로 태어난 인간의 모습을 보여준다. 하지만 사람들은 자신에게 주어진 영성에 늘 반응하지는 않는다. 종종 그 울림을 무시해버린다.

가톨릭은 내게 아주 큰 영향을 끼쳤다. 나는 가톨릭 가정에서 성장했고 교구 학교에 다녔으며, 청소년기에는 별로 가고 싶지 않은데도 꼬박꼬박 성당에 나갔다. 우리 할머니는 내가 미사에 참석했는지를 늘 물어보셨고 나는 할머니한테 거짓말을 할 수 없다는 이유에서 계속 성당에 갈 수밖에 없었다. 하지만 그 당시 나는 마치 수감 생활을 하는 듯한 기분이었다. 내가 영적인 영역에서 강제당하는 느낌이랄까, 해야 할 임무를 의무적으로 수행하는 시기를 거치는 것 같았다. 신이 하늘에서 외상장부를 들고 있어서 내가 이걸 해야 뭔가가 변제되고 신이 저걸 해줄 거라는 그런 의무감이었다.

나는 신부님이 낮고 단조로운 목소리로 뭔가를 얘기하는 동안 앉아서 내내 초조하게 손목시계만 들여다보았고 더 중요한 일을 시작할 수 있는 시간이 오길 기다렸다. 돌이켜보면 무슨 특별한 일이 생길 때만 나의 신앙심이 부쩍 커졌던 것 같다. 뭔가 크게 두려워졌을 때, 하느님한테 점수 좀 따야겠다고 느낄 때, 뭔가를 찾고 있을 때, 특정 목표를 위해 애쓸 때, 어떤 문제에 부딪혔을 때 등등.

나는 30대가 되어서야 진심으로 신앙의 가치를 깨닫기 시작했다. 그 시기에 나는 "내려놓으세요. 하느님께 맡기세요."라는 의미심장한 표어가 얼마나 영적인지, 그 말이 나를 어떻게 도와줄 수 있는지 깨닫게 되었다. 그때서야 나는 의무감이 아니라 영적 충만함을 위해 미사에 참석했다. 그것이 바로 규칙적인 영성 훈련의 핵심이다. 영적 충만함!

종교가 무엇이든 상관없이, 혹시 습관적으로 종교 모임에 나간다 할지라도 자기 삶에 영적 기초를 유지한다는 게 중요하다. 내가 크면서 즐겨 듣던 앨범이 있다. 제쓰로 툴이라는 밴드의 음반이었다. 그 앨범에는 〈마이 갓〉이라는 노래가 있었는데 이 노래는 제도적 종교가 때때로 창조주에게 가하는 압박에 관해 들려주고 있었다. 나는 여느 다른 종교 의식보다 규칙적인 영성 훈련을 옹호한다. 나의 영성 수련은 우연히도 로마 가톨릭 교회에서 이뤄진 것이고 지금도 나는 가톨릭교의 예배에 참석한다.

많은 이들이 규칙적 영성 훈련에 참여하는 수단으로 조직화된 종교를 필요로 한다. 종교 체계와 신도의 사귐은 영적 쇄신에 도움이 된다. 어떤 이들은 보다 개인적으로 예배에 접근한다. 중요한 점은 명상 내지 숙고하는 시간을 갖고, 스스로를 신과 교제하게 하는 것은 물론 자기 자신, 그리고 이 세계와 만나는 지점을 만드는 것이다. 규칙적 영성 훈련은 마음속의 찌끼와 부정적인 생각을 없애주고, 특히 스트레스가 많은 때에 스스로를 지켜내게 해준다. 또한 내적 평안을 가져다줄 뿐 아니라 고난과 역경의 시기를 헤쳐 나갈 힘도 채워준다.

맨레사 피정의 집에서 3일간 침묵 수련을 했던 경험이 내겐 가장 강렬한 기억으로 남아 있다. 그것은 내적 자아, 그리고 자신의 영적인 면과 진심으로 교감하게 해준 경험이었다. 우리가 무엇을 하든, 무엇을 걱정하든, 그 가운데 상당 부분은 피상적인 성격을 띤다. 우리는 인생의 피상적인 것들을 처리하느라 매일을 이리저리 동동대며 뛰어다닌다. 내적이고 근본적인 면은 그 분주한 일상 속에 종적을 감추는 경우가 많다. 내면에서 큰 영향력을 발휘하는 영적 차원이야말로 우리의 일상에 매우 중요한 일면이다. 맨레사 피정 기간 동안 나는 놀라운 사실을 확인했다. 그 피정 기간의 모토는 이러했다.

"누구도 서로 이야기를 나누지 않도록 합니다. 하지만 누구나 하느님께 아뢰는 시간을 갖습니다."

내가 영성 훈련을 통해 정서적인 면에서 결정적 돌파구를 찾았던 것은 우연이 아니다. 정서적 건강과 영성은 매우 밀접하게 연관돼 있기 때문이다. 이런 이유 때문에 알코올중독자 협회 등에서 실시하는 수많은 회복 프로그램은 영성에 기초를 두고 있다. 기도는 감정적 응어리를 제거하고 열정 회복에 필요한 통찰력을 전해주는 효과 만점의 방법이다.

맨레사 피정은 강연, 기도, 자유 명상으로 구성돼 있고 운동 시간도 따로 두고 있다. 내게 의미 있었던 메시지는 음주와 관련된 것이었다. 막 조깅을 끝내고 피정 처소 바깥 분수대에서 다리 스트레칭을 하던 그 순간 하느님이 내게 말씀하셨다. 그분의 목소리는 내 머릿속에 아주 예리한 메시지를 채워주셨다.

어쩌면 앞으로도 나는 술을 상대로 끊임없이 고양이—쥐 게임을 할는지도 모른다. 술이 나를 죽이거나 금세라도 시궁창에 처박을 일은 없을 것이다. 하지만 그놈의 술은 내가 인생의 전성기에 도달할 기회를 절대 허락하지 않을 수도 있다.

내가 나를 기만한다는 사실을 내 마음 깊숙한 데서 알고 있었다. 그런 결정적인 문제로 스스로를 속일 수 있다면, 나한테 나쁜 것인 줄 아는 그 문제, 쉽게 통제력을 벗어나는 그 문제, 친할아버지와 외할아버지, 그리고 우리 아버지의 인생을 파멸시킨 그 문제로 스스로를 기만한다면, 나는 그 어떤 다른 문제로도 나 자신을 속여 넘길 수 있을 것이다. 다시 말해, '술 취하지 않은 맑은 정신' 같은 근원적인 문제를 평범한 것으로 치부한다면 나는 실패의 구렁텅이로 빠질 게 뻔했다. 가령 직장 일 등의 다른 영역에도 대수롭지 않게 '평범함'이라는 표를 붙일 것이기 때문이다. 음주=기만=평범함=실패라는 신성한 연역법을 깨닫는 순간 나는 정신이 번쩍 들었다.

나는 맨레사 피정의 집을 맡고 있는 신부님을 따로 찾아가 만났다. 하느님이 정말로 내게 말씀을 하셨던 건지 아닌지 그 신부님의 의견을 듣고 싶었다. 신부님의 사무실에 들어가 자리를 잡고 앉자 책장에 꽂힌 책들이 눈에 들어왔다. 알코올중독에 관한 책이 여러 권 있었다. 나도 잘 아는 제목들이 보였다. 대화를 나누다보니 그 신부님이 최근에 술을 끊었다는 사실을 알게 되었다. 그건 단순한 우연의 일치가 아니었다. 하느님이 내게 말씀하셨던 게 맞다.

나는 그 이후 술 문제를 해결하고 나서야 내 인생의 다른 문제들도 해결할 수 있었다. 그 신부님은 최근에 돌아가셨지만 생전에 맨레사 피정의 집에서 펼친 놀라운 사역과 뉴올리언스의 가난한 이들을 위한 헌신은 오래오래 남을 것이다.

중년기 튜닝은 규칙적 영성 훈련을 제대로 수행하기 전까지는 완성되지 않을 것이다. 조직화된 종교든 개인적인 영성 훈련이든 이를 통해 얻게 되는 이득은 여러 가지다. 마음을 차분하게 하고 절대자와 조우하며 모든 일을 절대자에게 맡김으로써 인생의 광기를 잠재우며 자기 꿈을 실현시키게 된다.

영적인 면의 목적은 절대자와의 교제

나는 통계적으로 신을 증명할 수 있다.

— 조지 갤럽

절대자에게 다가가는 방법은 수없이 많다. 명상 기도가 그 중 하나이다. 인생에서 자신이 지금 어디쯤에 와 있는지 명상하며 진지하게 인생을 고찰해볼 수 있다. 또 하나는 의사 결정을 위해 기도할 때 발휘되는 분별력이다. 절대자는 우리가 옥석을 가릴 수 있도록 도와줄 것이다. 즉 우리 인생에서 중요한 것은 무엇이고 버려야 할 것은 무엇인지 가려낼 수 있는 혜안을 갖게 한다. 별로 중요하지도 않은 것들을 붙들고 시간을 보낸 적이 얼마나 많았던가? 우리는 정작 큰 그림은 보지 않고 사소한 일에 매달려 안달하며 속을 태우고 산다.

진정한 영성을 갖춘 사람들은 대체로 매우 행복해 보인다. 순간순간의 신성함과 커다란 전체 그림까지 잘 볼 줄 알기 때문이다. 그들은 인생이 분절의 순간들로 연결돼 있고 매순간순간이 중요하다는 것을 잘 안다. 또한 보다 높은 차원에 누군가가 존재한다는 점과 이 세상에서 벌어지는 일 대부분이 보잘것없다는 점을 이해한다.

절대자와의 접촉점을 늘 유지하면 마음의 평안을 찾는 것은 물론 매일의 삶 속에서 이것저것 결정할 때 확실한 안내자를 곁에 둔 든든함을 느끼게 된다. 영성 수련이 자신에게 도움이 되도록 하는 게 핵심이다. 자신의 목적을 평가하는 최고의 방법은 성 이냐시오 로욜라의《영신수련The Spiritual Exercises》에 비추어 분석하는 것이다.

1. 하느님이 우리를 창조하셨기에 우리는 이생의 삶 속에서 그분을 알고 사랑하고 섬기며 영원토록 그분과 함께 행복할 것이다. 이것이 바로 우리의 목표이다.

2. 우리를 창조하신 하느님의 목적은 우리가 이 땅에서 사랑과 섬김으로 살아가는 것이다. 그렇게 함으로써 우리는 천국에서 그분과 함께 세세토록 행복을 누리는 목표를 이룰 수 있을 것이다.

3. 이 세상의 모든 것들은 하느님이 우리를 위해 창조하신 선물이니 그 선물을 통해 우리는 그분을 더 잘 알게 되고 보다 확실히 그분을 사랑하며 보다 충성스럽게 그분을 섬길 수 있게 된다.

4. 하느님이 주신 선물 덕분에 하느님과의 연합과 사랑의 섬김이라는 목표를 향해 나아갈 수 있다면 감사히 받아 잘 사용해야 한다.

5. 그러나 그 어떤 창조물이든 우리의 목표를 향해 전진하는 발걸음에 방해가 된다면 주저 말고 그것들을 놔버려야 한다.

6. 매일의 삶 속에서 선택권이 주어졌을 때 어떤 것이 더 나은 선택인지 명확히 알 수 없다면 하느님이 창조하신 모든 선물 앞에서 흔들리지 않고 치우치지 않도록 스스로를 지켜내야 한다.

7. 우리는 본능적인 좋고 싫음에 끌려 다니지 말아야 한다. 비록 그것이 건강이나 병약함의 문제이든, 부유함과 가난함의 문제이든, 동양에 사느냐 서양에 사느냐의 문제이든, 돈 세는 자가 되느냐 율법학자가 되느냐의 문제이든 좋고 싫음에 휘둘리지 말아야 한다.

8. 하느님이 우리를 창조하신 목표를 향해 보다 나은 길로 우리를 이끌어주는 그 선택이 바로 우리의 유일한 소망이자 단 하나의 선택이 되어야 한다.

일상적인 영성 수련으로 힘 충전하기

"나는 너희가 내게서 평화를 얻게 하려고 이 말을 한 것이다. 너희는
세상에서 고난을 당하겠지만 용기를 내어라. 내가 세상을 이겼다."
하고 말씀하셨다.
— 요한복음 16장 33절

요한복음의 성서 구절이 짚어주다시피, 이 세상은 고난으로 가득
차 있으나 하느님과 예수를 통해 우리는 세속의 문제를 극복하고 우
리 삶을 평화로이 꾸려갈 수 있다. 일상적인 영성 수련을 통해 우리
는 굉장한 힘을 얻을 수 있다. 문제가 생기면 우리는 가장 먼저 신에
게 달려가지 않고 이것저것 하다하다 안 되면 최후의 수단으로 신을
찾아간다. 하지만 우리 삶을 신앙의 기초 위에 세워둠으로써 인생의
수많은 도전 과제를 해결하기 위해 스스로를 무장할 수 있다. 하지만
이 모든 게 저절로 이뤄지진 않는다. 우리는 스스로 영성을 쌓아가며
자신의 영적 기초를 다지기 위해 힘을 충전해야 한다. 강건한 영적
토대가 갖춰졌다면 인생의 격랑을 너끈히 견뎌낼 수 있다.

올바른 영적 토대에 서 있다면 불행을 이겨내는 힘은 말할 것도
없고 이 세상의 유혹과 악함에 항거하는 힘도 얻을 수 있다. 우리는
날마다 유혹과 맞닥뜨린다. 우리의 목적과 우선순위를 향해 직진하
지 못하게 하는 온갖 방해물 때문에 길을 돌아가거나 딴 길로 빠지고
만다. 종종 이런 유혹은 전혀 해 될 것처럼 보이지 않는다.

어느 해인가 맨레사에서 피정 기간을 보내는 동안 나는 특별한 피

정 스승 한 분에게 가르침을 받았다. 그분은 이 사회에 뿌리내린 악의 기원에 대한 이야기를 들려주셨다. 많은 이들이 느끼기에 악의 출발점은 루시퍼였다. 루시퍼는 원래 천국에 있었으나 하느님에게 내쫓긴 전직 천사장이자 오늘날에는 사탄과 동의어로 쓰이게 된 존재이다. 루시퍼라는 단어는 '빛의 사자', '빛을 가진 자'를 뜻한다. 종종 우리는 빛 때문에 잘못된 길에 들어서기도 하고 겉보기에 좋은 어떤 것에 미혹되기도 한다. 이런 점에서 본다면 사탄은 우리의 '적군'이다. 우리는 어쩔 수 없는 인간이기 때문에 영적인 면에서 다들 아킬레스건을 갖고 있다. 이로 인해 영적 노정에서 비틀거리고 적의 공격에 쉽게 넘어지는 존재임을 부인할 수 없다. 때론 우리 삶에 끼치는 적군의 부정적 영향이 전혀 무해한 것처럼 보이기도 한다. 특정 상황에서 적군이 우리를 차선책 쪽으로 조종해 가는 사이 우린 전혀 해를 느끼지 않으며 차선책이 뭐가 그리 나쁘겠냐고 자문하기도 한다. 하지만 차선책을 따라가다가 결국 한참 길을 잃어 헤매게 된다.

이 피정기간에 한 유명 인사도 참석했는데 그가 바로 차선책을 따르다 낭패를 겪은 사람이다. 그는 완벽한 가정을 꾸려 행복한 결혼생활을 이어가는 데다 사업에서도 성공하고 지역사회와 교회에서 존경을 한 몸에 받는 인사였다. 이처럼 더할 나위 없이 훌륭한 신사가 어떻게 한참이나 어린 비서와 불륜을 저지를 수 있었을까? 이 능력 있는 회사 중역은 그들의 부적절한 관계가 처음에는 아주 순수하게 시작되었다고 한탄하듯 말했다. 그 당시 비서는 남자 친구와 헤어져서 마음이 아주 복잡하고 괴로웠다. 남자는 비서의 낙심한 마음을 알아차리고 그녀를 자기 사무실로 불러 따뜻하게 위로해주었다. 어느 날인가는 그 여자가 두통에 시달리고 있어서 아스피린을 건넸다. 때때로 그는 힘을 실어주는 의미로 여자를 다정하게 안아주기도 했다. 그러던 어느 날 여자가 남자의 사무실로 찾아와 몸이 좀 안 좋은 것 같다고 말했다. 남자는 택시를 잡아주는 대신 친절하게 자기 차로 여자를 집에까지 데려다줬다. 연민과 호의로 시작되었던 일이 결국에는 일련의 나쁜 선택들을 거쳐 불륜에 이르고 말았다. 이상의 경우 하나하나를 따져 보면 잘못된 일은 아무것도 없으나 그 중 어떤 선택도 최선의 선택은 아니었다. 이는 우리가 얼마나 쉽게 유혹에 빠지고 잘못된 길로 들어설 수 있는지 단적으로 보여주는 예가 된다.

피정 스승은 이 시대 악의 축소판처럼 불리는 9/11 참사와 관련된 감동적인 이야기도 들려줬다. 이 신부님은 그 끔찍한 사건 직후 몇 주 동안 뉴욕에 머물게 되어서 희생자들을 위해 기도하고 싶은 마음이 들었다고 한다. 하지만 세계 무역 센터가 있던 그 자리로 다가가려면 최소 일곱 겹의 경비망을 뚫고 가야 했다. 뉴욕시 경찰청의 경찰이나 사설 보안 요원, FBI 요원들이 그 지역을 겹겹이 둘러싸고 철통 경계를 하고 있었다. 각 경비망을 통과하기가 마치 테스트를 치르는 것과 같았다. 그 테스트를 통과하는 데는 얼마간의 설득과 설명이 필요했다. 하느님은 내내 그 신부님을 도와주셨다. 각 검사 지점에서 의심 섞인 질문들이 이어졌지만 결국에는 신부님을 통과시키라는 결정이 내려졌다. 한 경찰관은 한결 부드러운 태도로 신부님께 자기 조카를 위해 기도해 달라는 부탁도 했다. 그 참사 속에 조카를 잃었다고 했다. 그 조카는 그리 넉넉지 않은 집안의 아들로 태어나 뉴저지의 변두리 동네에서 성장했다. 집안 경제 사정이 좋지는 않았지만 조카는 잘 견뎌가며 학업을 무사히 마쳤고 나중에는 월스트리트에 입성할 수 있었다. 가족과 이웃들이 다들 그를 자랑스러워했고 늘 지지 해주었다. 그러다 이렇게 끔찍한 일을 당했다고 했다. 경찰관의 슬픈 이야기를 뒤로 하고 다음 경비망에 접근하자 처음에는 신부님을 저지하던 경찰이 다른 동료의 설득에 태도가 누그러졌다.

마지막 검사 지점에는 굴착 요원들이 포진해 있었다. 신부님이 다가가자 우람한 현장 감독이 무뚝뚝하게 응수했다. 그 험악한 현장에서 작업하느라 지칠 대로 지친 데다 방해까지 받은 것에 적잖이 화가 난 모양이었다. 애초에 이 신부가 어떻게 저 경비망을 다 뚫고 여기까지 온 거야, 하는 표정이었다. 현장 감독은 잔해가 너무 많아 현장으로 다가갈 수 없다고 신부님에게 말했다. 처음에 신부님은 이렇게 먼 길을 뚫고 왔는데 결국 돌아서야 한다는 걸 믿을 수 없었다. 그런데 놀랍게도 그 현장 감독이 손짓으로 불도저 한 대를 부르더니 신부님을 현장까지 옮겨다주는 게 아닌가. 심지어 불도저 기사는 9/11 사건이 자신과 자기 이웃들에게 어떤 영향을 미쳤는지 들려주기까지 했다. 신부님은 사건 현장에 당도해 성경을 펴고 불도저 앞에 차분히 자리를 잡은 다음 기도하기 시작했다. 굴착 작업을 하던 인부들 모두 작업을 멈췄고 다른 인부들도 진지한 기도로 동참했다. 신부님은 진심과 순전한 결단력 덕분에 모든 경비망을 통과해 대참사의 진원지에서 영적 목적 달성의 힘을 충전했던 것이다.

일상적인 영성 훈련 계획

우리 시대 궁극의 현실은, 우리가 하나님의 자녀로서 그분에게서 떨어질 수 없다는 사실과 지구라는 이 행성이 약하디 약해 상처받기 쉽다는 사실이다.
— 존 F. 케네디

　일상적인 영성 훈련에는 매일 조용한 성찰의 시간을 갖는 과정이 포함된다. 날마다 적당한 시간을 할애해 스스로 영적 자양분을 공급하고 영적인 기반을 다질 필요가 있다. 하루하루 자신의 영적 생활, 정신적 측면을 돌아봐야 한다. 매주 꼬박꼬박 예배에 참석한다 해도 절대자와 매일 교감하는 장이 필요하다. 다음은 성 이냐시오 로욜라의 도움을 받아 정리해본 매일의 영성 수련 모델이다.

• 그날 있었던 좋은 일에 대해 신께 감사하는 시간을 갖는다. 따사로운 햇볕에 감사하고 대지를 적신 빗줄기에 감사하고 기분 좋은 전화 한 통에 감사하고 하루 종일 좋은 기분으로 보낸 점에 감사하고 일을 수행할 수 있는 힘을 주심에 감사한다.
• 신께 감사한 다음, 세상을 명확히 바라볼 수 있는 통찰력을 허락해달라고 간구한다. 그리고 신의 보호 안에서 보다 활기차게 살아가며 신이 주신 재능을 잘 키워가기를 희망한다.
• 신과 나, 나 자신과 나, 다른 사람과 나 사이의 관계에서 벌어지는 행동, 생각, 바람, 그리고 누락된 부분까지 꼼꼼하게 살펴본다. 성

질을 참지 못했던 상황, 간단한 일에 너무 많은 시간을 보내버린 상황, 결정내리는 데 주저했던 일 등에 대해 생각해본다. 신에 대한 믿음과 신의 사랑에 대한 신뢰와 관련하여 내가 어떤 모습을 보이고 있으며, 되풀이되는 내 행동이 무슨 의미를 지니는지 끈기 있게 자문한다.

- 자신이 배운 점을 기도에 실어서 신에게 간구한다. 자기 나름의 언어로 신에게 기도한다. 통찰력을 허락해 달라고 기도하며 믿음과 희망으로 위로해 달라고 간구한다. 보다 절박한 기도 제목을 신 앞에 내놓는다. 반드시 떨쳐버리고 싶은 마음속의 오랜 원한, 교활함, 음흉한 습성, 조물주에게 감사하지 않고 무심하게 보내버린 일상 등에 대해 기도한다.

- 자신의 영혼을 늘 감사로 채우겠다고 결심하고, 자신과 조물주 사이에 놓인 장벽 같은 태도를 걷어내기 위한 조치를 취한다. 마음가짐을 바꾸고 두려움을 떨쳐내며 특별한 방식으로 성장하겠노라 마음먹는다. 크게 내딛은 이 한 발자국이 자신의 창조자를 향한 움직임이 되게 한다.

삶의 영적인 측면에 열심을 내는 또 다른 방법은 용서에 대해 진심으로 이해하는 것이다. 용서는 정신 건강에 매우 중요한 부분을 차지할 뿐만 아니라 관계를 지탱하는 큰 힘이 되기도 한다. 용서의 세 가지 측면은 공감, 사랑, 그리고 잊어버림이다.

공감의 측면에서 우리가 상대방과 자신을 동일시하고 자기 역시 실수하는 인간이라는 사실을 깨닫기 전까지 용서는 절대 불가능하다. 다른 누군가가 신의 은총을 받도록 기도할 때 우리 역시 신이 우리 모두를 어떻게 성장시키는지 깨달을 수 있는 통찰력을 얻게 된다. 공감은 용서를 향한 첫 걸음이다.

그 다음 단계는 사랑이다. 용서의 최대 원천인 사랑은 우리의 마음을 너그럽게 만든다.

베드로가 예수에게 나아가 물었다.

"주님, 제 형제가 저에게 잘못을 저지르면 몇 번이나 용서해 주어야 합니까? 일곱 번이면 되겠습니까?"

예수가 답했다.

"일곱 번뿐 아니라 일곱 번씩 일흔 번이라도 용서하여라."

— 마태복음 18장 21-22절

용서의 마지막 단계는 잊어버림 또는 떠나보냄이다. 종종 이 단계는 가장 고난이도로 다가온다. 반드시 자기 감정을 억눌러야 한다기보다는 부정적 감정의 잔여물이 마음에서 떠나게 하는 것이다.

일상적인 영성 훈련 계획은 자기 삶에 전적으로 신을 개입시키는 것이다. 신이 이 모든 순간을 만드셨고 신이 이 세상을 창조하셨음을 깨닫고 자기를 둘러싼 모든 관계 속에서 신의 개입을 감지해야 한다. 매일 매순간 우리에게 영향을 끼치는 목소리가 있음을 인지한다. 그 목소리가 우리 삶 속에 현존하는 신의 위로의 장으로 우리를 끌어가는지, 신과 멀어지게 하고 버림받은 기분이 들게 하는 영적 황폐함 속으로 끌어가는지 잘 분별해야 한다.

영적 헌신은 우리가 오래도록 매달려온 기본적인 선택에 힘을 실어준다. 어느 길로 가는 게 맞는지 분별력을 갖게 한다. 나는 지금 힘을 쟁취하려고 하는가, 아니면 사랑 앞에 내 자신을 열어 보이려고 하는가? 내 삶을 지배하기 위해 싸울 것인가, 사랑의 요구 앞에 양보할 것인가?

힘을 향해 달려가는 사람들은 자기 삶을 통제하고 싶어 하며 다른 사람의 요구가 자신의 결정에 영향을 미치게 놔두지 않는다. 그들은 승진을 위해서라면 가족들을 끌고 어디든 달려갈 태세를 갖추고 있다. 하루 12~14시간을 일에 매진해야 하므로 자녀들과 함께 보내는 시간은 감히 꿈도 꾸지 않는다. 이런 사람들은 자기 시간을 완전히 장악하고 싶어 한다. 또한 자기 의견에 대해 강경한 입장을 고수하며, 친구들의 설득이 끼어들 틈을 주지 않고, 교회의 가르침과는 머나먼 거리를 유지한다. 통제력을 선택한 이들은 자기 자신에 대해 말하는 법이 없다. 스스로가 자신의 상담사가 되기 때문에 남들, 심지어 배우자에게도 자기 속내를 솔직하게 털어놓지 않는다. 자신을 드러내면 자기 자신과 남들에 대한 통제력이 흔들린다고 느낀다. 대체로 이런 사람들은 권력 체계와 마찰을 빚는다. 자기보다 위에 있는 사람들을 비난하고 무시하거나 소극적 반항을 통해 권력자들을 조종하려고 한다. 무엇보다도 이들은 우정 관계에서 우위에 있으려고 애를 쓴다. 그리고 다른 사람들에게 공격 받기 쉬운 상대가 되지 않으려고 한다. 도움이 필요한 사람이 있으면 도와주기는 하겠지만 도움을 받는 상대방 입장이 아니라 자기 입장에서 도와줄 시간과 장소를 정하고 싶어 한다. 힘을 선택하는 사람들은 스스로를 고립시키지만 자신의 망가진 모습과 절대 마주하지 않는다.

반면에 사랑의 길을 택한 사람들은 자신의 깨지고 부족한 모습을 잘 알고 있다. 겸허하게 자신의 약점을 인정함으로써 영적인 부분이 자신의 삶을 성장시킬 수 있게 한다. 이들은 우정이나 친교 앞에 열린 자세로 다가간다. 사랑의 길을 택한 이들은 친구를 사귀거나 우정을 나누는 데 매우 적극적이다. 우정을 망치는 원흉이 이기심이므로 이를 피해야 한다는 사실을 아주 잘 알고 있다. 이들은 친구와 동료의 영향으로 성장하고 변화할 수 있으므로 상처 받을 수 있는 위험을 감수한다. 만약 기혼자라면 배우자를 소유하겠다는 마음을 버리고 배우자 본연의 모습을 지켜줘야 한다는 사실을 깨닫는다. 신의 사랑 안에서 성장해가면서 우정의 종류가 다르다는 점을 보게 된다. 뭔가를 하면서 성과물을 만들어내는 데 집중하는 친구 관계가 있고 오로지 인간적인 면만 관련된 우정도 있다는 걸 안다. 이들 마음속에는 끊임없이 측은지심이 자라난다. 이들은 계속해서 자신의 무력함을 경험하고 그런 경험 속에서 늘 진리를 찾아낸다. 삶 자체에 기뻐하고 신이 자기 삶에 개입시켜준 사람들과 더불어 일하고 살아가는 것에 즐거워한다. 자기에게 직권이 주어질 경우에는 자신이 사람들을 도울 수 있을 거라고 확신한다. 그러면서 직무를 다하고 사람들에게 봉사하는 것에 흥미를 느낀다.

일상적인 영성 훈련 계획을 통해 자기 삶에 확실한 질서를 세우고 모든 일을 수월하게 극복할 수 있다. 우리는 앞만 보고 달리는 경주마도 아닌데 종종 눈 양옆의 눈가리개 때문에 인생의 난제에 부딪히곤 한다. 좁은 시야로 세상을 바라보기 때문이다. 우리의 실수를 자각하고 전 우주를 볼 수 있으려면 신의 인도가 필요하다. 어쩌면 우리는 나름대로 성공 전략을 갖고 있을지도 모르지만, 때로는 신 앞에 자신의 방법을 굽힐 필요도 있다. 언젠가 해결될 일을 붙들고 노심초사한 적이 얼마나 많았던가?

"내려놓아라. 그리고 신께 맡겨라." 이 정신을 우리 삶에 대입하면 더없이 큰 위안과 도움을 얻을 수 있다. 이 말을 삶 속에 녹여낼 줄 안다면 영적인 힘은 우리 모두에게 실질적 동력이 된다.

이 글을 쓰고 있는 날이 우연히도 일요일이다. 내 자신의 삶 속에서도 영적 해방감을 마음에 새기고 잊지 말자는 결심을 하게 된다. 최근에 나는 일 문제 때문에 특히나 속을 끓였다. 내 생활 자체가 휘청거릴 지경이었다. 아내 카렌과 나는 오늘 아침 일찍 성당에 갔는데 아내는 미사 시간에 성가신 질문을 했다. "무슨 일 있어, 여보?" 카렌이 작은 소리로 물었다. "그냥 일 생각하고 있어." 내가 답했다. 우리는 예배당 맨 앞줄에 앉아 있었다. 카렌이 제단 앞에 있는 십자가 예수상을 가리켰다. "당신 문제를 예수님 앞에 내려놔." 아내의 간단한 조언이었다. 나는 아내 말대로 했고 참으로 오랜만에 처음으로 일요일을 즐거운 마음으로 보낼 수 있었다.

일상적인 영성 훈련 계획에는 기도, 묵상, 기타 여러 가지 명상 훈련이 포함된다. 급속도로 흘러가는 생활 속에 잠시 멈춰 서서 숙고하게 만드는 것은 무엇이든 영성 훈련 계획에 포함시킬 수 있다. 성찰과 영적 쇄신을 위해 삶의 속도를 늦춘다는 게 바쁜 현대인들에게는 만만찮은 과제로 들릴 테지만 충분히 노력해볼 가치 있는 일이다.

일상적인 영성 훈련이 올바른 관점을 갖게 한다

내가 나를 가두게 하지 마.
나한테 제일 지독한 적이 바로 나잖아.
내 친구가 되려 하지 마. 더는 싫어.
나는 딴 사람이 되고 싶어.
— 핑크

우리는 살아가면서 다들 어려운 시기를 겪는다. 나 역시 예외는
아니다. 가장 괴로웠던 시기는 내가 제대로 가지 못하고 있다는 느낌
이 들 때였다. 나는 걸핏하면 신에게 물었다. 내가 정말로 당신을 필
요로 했을 때 당신은 어디 있었는지 궁금하다고 묻곤 했다. 마침내
내가 신의 지혜와 선하심을 믿기 시작하자 그가 결정한 많은 것들이
나를 가장 좋은 방향으로 이끌었으며 내가 실감한 것보다 훨씬 많은
부분에서 신이 나를 돌보고 있음을 깨달을 수 있었다. 이러한 관점
덕분에 나는 한결 평안한 인생관을 갖게 되었다. 실제로 신은 나를
지켜주었고, 모든 일은 가장 좋은 방향으로 진행되었던 것이다.

영적인 관점에서 세상을 보면, 모든 일이 벌어지는 데는 다 이유
가 있으며 예정된 대로 풀려간다는 점을 이해하게 된다. 허구한 날
우리는 이미 벌어진 일에 악담을 퍼부으며 허송세월한다. 주어진 일
에서 교훈을 찾으려 애쓰기보단 욕하는 쪽에 열을 올린다. 자신과 남
을 비교하느라 쓸데없이 시간을 허비하고 왜 자신은 남과 똑같은 행
운을 누릴 수 없는지 의아해하며 속을 끓인다. 그러지 말고 자신이

받은 선물과 기회에 감사하는 게 어떻겠는가? 우리는 자신이 기꺼이 인정하는 수준보다 훨씬 많은 축복을 받은 존재들이다. 과거에 숱한 고난과 역경을 겪었다 해도 지금 우리는 그 어느 때보다도 풍족한 사회에서 일하며 살아간다. 물론 지금보다 더 많이 가진다면야 좋겠지만 지금 가진 바에 감사하는 쪽으로 마음을 돌려보자. 모든 사람들이 그렇듯 나도 내가 가진 바를 당연시할 때가 많다. 건강, 가족의 사랑과 지지, 주변의 좋은 사람들이 저절로 내 인생에 찾아온 듯 당연하게 생각하곤 한다. 자신이 받은 축복을 한껏 만끽하고 감사하는 시간을 가지면 영적인 관점이 뚜렷해진다.

내 인생이 상당 부분 신의 손에 맡겨져 있으며 만사가 신의 뜻에 따라 풀려간다는 사실을 믿고 나자 나는 예전에 비해 거리낌 없이 위험을 감수하게 되었다. 무모하게 모험을 감행했다는 게 아니라 내 목적과 일치하는 일을 위해 위험을 무릅썼다는 뜻이다. 내가 신의 계획에 따라 전진하고 있다는 느낌이 들었을 때 내 인생에는 말할 수 없는 평온함이 깃들었다.

일상 속 영성 훈련 덕분에 나는 새로운 관점을 갖게 되었다. 내가 이 우주의 작은 부분에 불과하고 나의 행동은 더 큰 목적이라는 맥락에 속해 있다는 관점이었다. 이 같은 분별력 또는 길잡이를 요청하는 것이 명상 기도의 매우 중요한 부분을 차지한다. 우리의 영적인 힘이 자신을 이끌어 마음이 원하는 방향으로 데려갈 수 있기 때문이다.

영적 인내력

살아있는 신과 대면하길 원하는 사람은 자기 생각 속의 텅빈 창공에서 신을 찾을 게 아니라 인간의 사랑 속에서 찾으려고 애써야 한다.
― 표도르 도스토예프스키

그뿐만 아니라 우리는 고통을 당하면서도 기뻐합니다. 고통은 인내를 낳고 인내는 시련을 이겨내는 끈기를 낳고 그러한 끈기는 희망을 낳는다는 것을 우리는 알고 있습니다. 이 희망은 우리를 실망시키지 않습니다. 우리가 받은 성령께서 우리의 마음속에 하느님의 사랑을 부어주셨기 때문입니다.
― 로마서 5장 3-5절

영적 인내력은 끈기와 믿음으로 구성돼 있다. 신이 시기를 늦춘 일이 항상 신의 거부 신호는 아니므로 끈기 있게 기다릴 줄 알아야 한다. 내가 가장 힘들었던 기간 동안 나는 신앙 덕분에 견딜 수 있었다. 신의 인도하심을 구하는 내 기도는 한 번도 거부당하지 않았다. 나는 신의 뜻을 믿었고 나의 절대자가 나를 돌보고 있다는 확신을 가지고 있었으며, 무엇보다도 영적으로 인내할 줄 알았던 덕분에 쉽사리 백기를 들지 않았다. 기도하며 인내하기가 쉽지 않을 때가 많다. 하지만 깜깜한 어둠이 지난 뒤 어김없이 새벽은 밝아온다. 그 새벽을 기대하며 부디 인내하길 바란다.

팀 번즈는 중년에 관한 그릇된 통념을 일거에 걷어낸다. 그가 보는 중년기는 비생산적인 인생의 말년으로 터벅터벅 향해가는 두렵고 불안한 여정이 아니다. 통찰력과 열정을 갖고 필요에 따라 방향을 재설정하기도 하는 중년의 튜닝 과정은 보다 의미 있고 만족스러우며 보람찬 인생의 촉매제로 작용할 수 있다.

번즈의 책은 삶의 중심 영역을 업그레이드하기 위한 근본적이고 확실한 단계를 제시한다. 이 책에 포함된 이정표는 개인적 열정, 목적, 힘, 계획, 관점, 인내력을 조망한다. 번즈는 이 여섯 가지 요소를 바탕으로 해서 중년기의 방향을 설정하는 튼튼하고 구체적인 단계를 일곱 가지 핵심 영역으로 정리해 보여주고 있다.

그는 정서, 재정, 직업, 관계, 건강, 지성, 영성에 관해 하나씩 살펴보면서 총체적인 행복을 구축하는 길잡이를 제시한다. 머리와 가슴을 울려주는 값진 인용문과 실생활의 사례들을 보면서 독자는 스스로를 보다 나은 지점으로 끌어올리고 싶어져 마음 깊숙한 데서 뜨거운 무언가를 느끼게 될 것이다.

『중년 연습』에서 팀 번즈는 중년의 위기를 중년의 명쾌함으로 변환하는 방법을 제시한다. 알다시피 로널드 레이건은 배우였다가 정치인이 된 인물이다. 캘리포니아 주지사가 된 나이가 56세였다. 패스트푸드계의 아이콘 레이 크록과 커넬 샌더스가 혜성처럼 나타나 각

각 맥도날드와 KFC를 퍼뜨린 때가 52세, 65세였다. 중년기는 자신의 경로를 평가하고, 필요하다면 궤도를 수정해 전방으로 나아갈 수 있는 이상적인 시기이다.

팀 번즈가 제시하는 상식적 생활방식에 관한 권고 사항들은 자신의 다양한 경험과 관찰에서 길어 올린 것이다. 그 내용 안에는 이 시대에 살고 있는 모든 세대의 성인을 위한 견고하고 명료한 조언이 담겨있다. 인생이라는 무대에서 경기를 치루면서 지금 최고의 자리에 있는 사람이든 최근에 쓸쓸한 낭패를 본 사람이든 모두 이 책에서 큰 도움을 얻게 될 것이다.

중년이라고 해서 위축되거나 주눅이 들 필요가 없다. 인생에서 마흔을 맞이한다는 건 두려움이요, 중압감 그 자체이다. 마흔은 우리 인생의 두 번째 갈림길이기도 하다. 마흔의 족쇄를 풀고 앞으로 나아가기 위해서는 중년에 닥칠 문제들에 대처하는 법을 익혀 둘 필요가 있다. 우울한 중년을 맞이하기보다 생산적인 중년으로 거듭나려면 당신의 중년을 튜닝할 필요가 있다. 중년의 위기를 슬기롭고 지혜롭게 극복하고 싶다면 이 책에 주목하라.

중년 연습

2014년 9월 15일 초판 3쇄 인쇄
2014년 9월 25일 초판 3쇄 발행

지은이 팀 번즈
옮긴이 정미현
편집기획 이원도
교정 홍미경, 이혜림, 이준표
제작 이경진, 서동욱
영업기획 이장호
영업관리 윤국진
발행인 이원도
발행처 베이직북스
E-mail basicbooks@hanmail.net
주소 서울 마포구 동교동 165-8 LG팰리스 1508호
등록번호 제313-2007-241호
전화 02) 2678-0455
팩스 02) 2678-0454
ISBN 978-89-93279-64-1 13190
값 15,000원